# 礼仪、文化与法律秩序

## 传统礼俗转型及其对京津冀的考察

李洪卫◎主编

上海三联书店

# 目　录

## 礼文化重诠与法律秩序

## 冀津文化与风俗礼仪

## 西学拾零

## 岭南地域文化研究

# 礼文化重诠与法律秩序

# 礼的规约与仁的理性

## ——论从规制修身到正义表现和情感升华演进的孔子礼学诠释学

李洪卫

子曰:"谁能出不由户,何莫由斯道也?"(《论语·雍也》)康有为解释为:"孔子创教,自本诸身,征诸民,因乎人情以为道,人出不能不由户,极言不能离之意。"①孔子之道本诸身,因乎人情即仁心、仁道,而其发用则是礼。当代中国的儒学发展如果比较粗略地划分,实际上也已经分成两大派别:一个是仁学派,一个是礼学派,当然,很多学者处于其间,仁且礼者也是多在,仁与礼的端点是赫然存在的,譬如偏于阳明学的心性儒学与偏于公羊学的政治儒学大体就处在仁与礼的两个端点的极点附近。当然,也有学者虽然在阐发仁学,但是,不废礼学,譬如倡导仁学本体论的陈来先生等。我个人倾向于仁学的儒学思想,但是,鉴于礼学也是孔子所创设的儒学思想的核心内容之一,因此,对孔子的礼的思想必须给予足够的重视。一方面是探究孔子礼学的精义所在,一方面有针对性地思考当代儒学不同流派的利钝得失。故本文先要从孔子礼学思想的诠释学入手,择其大要以观之,着重于历代注家在相关方面的贡献,做一梳理,考察孔子礼的思想的基本意义以及重要思想家所给出的解释,进而探讨这一问题在理论方向上的不同进路以及在当代及可预见的未来可能的发展空间。

---

① 康有为:《论语注》,北京:中华书局,1984年,第79页。

## 一、礼的功能世界：
## 节文度数、规范塑形与情感升华

礼在今天的日常用语中，讲的是礼物或礼节礼貌，诸如请客送礼、礼尚往来，以及有礼无礼等等，前者偏物质性，后者偏礼仪性及心理性。但是，我们讨论传统社会的礼首先是礼制或礼序。当然，这里面也包含着各种社会性的交往形式。多数学者借鉴历史学家杨宽《古史新探》中的讨论，把礼看作是古代氏族社会中长老议事遗风的传承与转化，譬如李泽厚和陈来先生都提到这一点，但是，李泽厚又特别强调其中的规制、威仪、行为规范等等内容；杨向奎先生的研究则着重于指出其中的交换与交往，又特别针对郭沫若的敬德说。郭沫若认为，周礼中德的色彩浓厚，礼是人们对有德之人的行为举止的客观化而来。杨向奎认为："对于礼的起源，我们认为不能如郭先生所说，它既不是德的派生物，也不是'古代有德者的正当行为的方式汇集下来'。正如上面所述，礼的来源很早，它起源于原始社会。广义的礼，社会制度，风俗习惯无所不包；狭义的礼，主要包括两方面：1. 礼物交换；2. 人们交往中的仪式行为。这都不是由德的规范行为所派生；相反，正好是礼的规范行为派生出德的思想体系。德是对礼的修正和补充；修正和补充不可能早于原生物。"①他批评了郭沫若关于礼来源于德行者行为规范化的结果，认为，德行源于礼的规范性，同时，他坚持礼的本义是"礼物"，即奉献的佳品；而人际关系中"礼"或"礼仪"是"仪"，比较豪华庄严重大的礼仪称为"威仪"。周公对威仪的形式做了加工，凸显了其中的"德"，那就是乐舞化，"礼不应当仅是物品的交换，仪也不应当仅是外表的仪容，他把它们伦理化，美化；如果说他以德代礼，也就是以乐舞代仪。从此中国传统的礼乐文明建立起良好基础，以后，孔子又以仁丰富了礼的内容，使礼

---

① 杨向奎：《宗周社会与礼乐文明》（修订本），北京：人民出版社，1997 年，第 337 页。关于郭沫若的有关内容也参照该文。

从'天人之际'回到'人人之际'中来,礼用以处理'人际'关系,所以礼为仁之目"①。杨向奎提出了他自己所认可的礼演化的三个连续阶段:从基本的礼物交换之礼和仪式及威仪之礼,进化为周公改造的仪式之礼,即乐舞的人文化和德性化,进而是孔子的仁的改造与渗透,这是春秋以前整个礼的三个时期,也是礼的三个向度。

李泽厚与杨向奎的看法有很大不同,他对中国古代礼的考察基本不考虑所谓礼物交换这一个层面,他十分强调礼的制度演进层面,同时也兼顾礼仪发展,尤其是周公制礼作乐以及孔子的以仁释礼。他和其他学者最大的不同是他特别强调巫术在人类早期的政治和文化功能,他认为,礼乐是巫术理性化的结果。虽然,同样接受杨宽先生关于氏族长老议事会的礼仪规范形态的传承,但是一般讲就是自然延续的制度进化,但是,李泽厚在里面加上了巫术去魅而艺术化的进化历程或者说,他特别欣赏这一点,也特别表彰发展这一观点。换句话说,如果仅就杨向奎来说,他讨论的是威仪的传承变化所致"礼乐",而李泽厚则是说,原始氏族制度中的议事会制度和神秘主义的巫术的一体化形态构成周公礼乐形成的基础。因此,他讲的最多的不是交换行为、礼仪行为而是礼的制度规范调节作用。他同时指出了两点:制度规范的等级性,同时基于原始氏族的民主性,周礼的内涵里面有原始的民主性和人民性或人道主义:"'周礼'是甚么? 一般公认,它是在周初确定的一整套的典章、制度、规矩、仪节。本文认为,它的一个基本特征,是原始巫术礼仪基础上的晚期氏族统治体系的规范化和系统化。作为宗法制的殷周体制,仍然包裹在氏族血缘的层层衣装之中,它的上层建筑和意识形态直接从原始文化延续而来。"②实际上,他认为,礼仪主要不在"仪",礼仪就是规范、规则、规矩、制度,"远古氏族正是通过这种原始礼仪活动,将其群体组织起来、团结起来,按着一定的社会秩序和规范来进行生产和生活,以维系整个社会的生存和活动。因之,这套'礼仪'对

---

① 杨向奎:《宗周社会与礼乐文明》(修订本),北京:人民出版社,1997年,第338页。
② 李泽厚:《孔子再评价》,《中国古代思想史论》,合肥:安徽文艺出版社,1994年,第12页。

每个氏族成员便具有极大的强制性和约束力,它相当于后世的法律,实际即是一种未成文的习惯法。到'三代'特别是殷周,这套作为习惯法的'礼仪'就逐渐变为替氏族贵族服务的专利品了"①。"所谓'周礼',其特征确是将以祭神(祖先)为核心的原始礼仪,加以改造制作,予以系统化、扩展化,成为一整套宗法制的习惯统治法规('仪制')。"②礼的规范性是李泽厚关注的焦点,同时,他也认为,孔子讲礼或礼制,绝不是一个干巴巴的教条,更不是把礼制僵硬化,而是有他自己的发展,所以,李泽厚在《孔子再评价》中对孔子所讲的礼,有一个著名的说法,叫作"以仁释礼",后来他又进一步发展到"释礼归仁",这两者构成他所诠释的孔子"礼"的概念的全体。以仁释礼其实并不是改变礼而是使礼的行为从单纯外在性向人的自觉性转变,这是李泽厚对孔子仁礼关系的主要看法,当然,他也认为,仁的思想原则的提出有重大意义,尤其是其中的情感原则是其他诸子学派所没有的,构成了中国文化中的重要特征,这也是李泽厚所特别推重的儒家思想,所以,他对于孔子礼的诠释与他的思想认知譬如情感调节和"度"的把握联系起来了,这也是本文特别考察的重点之一。

### (一) 节与和

如果我们不从礼尚往来或礼物交换等角度看礼,而是仅仅从秩序调整与规范认同的角度看礼,就涉及到儒家对于社会等级的看法。所谓礼,其实就是确认这种等级性秩序,但是,不能限于这种结构的僵化和非人性化,而是在等级前提下的自我定位和遵守定位的相应规范,同时,定位之间也有必要的"仪",即超越形式等级的客观化的"情"或"情感"存焉,首先是有等级。瞿同祖先生曾经指出:"儒家根本否认社会是整齐平一的。认为人有智愚贤不肖之分,社会应该有分工,应该有贵贱上下的分野。劳力的农、工、商、贾是以技艺生产事上的,劳心的士大夫

① 李泽厚:《孔子再评价》,《中国古代思想史论》,合肥:安徽文艺出版社,1994年,第13页。
② 同上书,第14页。

是以治理人民食于人的,各有其责任及工作,形成优越及从属关系的对立,'贱事贵,不肖事贤,是天下之统义'。"①"'物之不齐,物之情也',儒家认为这种差异性的分配,'斩而齐,枉而顺,不同而一',才是公平的秩序。无贱无贵,生活方式相同,维齐非齐,强不齐为齐,反不合理,而破坏社会分工,违反社会秩序了。"②除了这种社会性差异,还有人伦秩序方面的差异,即家族体系中的长幼、尊卑、亲疏内外等也是与上述社会性差异相似并同等重要的差异。因此,确认差异同时不使社会差异导致社会仇恨是儒家的主要任务,这就是礼的目的。

《管子》中一句话基本上将上述内容讲清楚了:"登降揖让,贵贱有等,亲疏有体,谓之礼。"(《管子·心术》)关键是这个礼的目标是什么,又如何达成?《论语》中一句话,把这个问题讲得十分明白:"有子曰:礼之用,和为贵。先王之道斯为美。小大由之,有所不行。知和而和,不以礼节之,亦不可行也。"(《论语·学而》)对这句话,朱子《集注》为:"礼者,天理之节文,人事之仪则也。"③朱子在这里讲了两点:一是"天理之节文",这是宋明儒家的一个基本套路,即天理说。这说明,在朱子看来,世俗的礼仪规则是天理天道的外在展现,节文是文化仪轨和法度的意思,也是一种外部呈现的含义。《周易》有言:观乎人文,以化成天下,化成天下的本原其实是理、道,大道分解裁成天下,曲成万物。从根本上说,朱子认为,这是人性,人性是天道、天理,世俗的日用规则和仪轨法度是人性的展示,不是纯粹外在的强加于人的"物什",不是与人不相干的虚无缥缈的事物,这才是这句话的根本。但是,朱子并没有详细解释这其中的更多内涵。康有为和钱穆都比较详尽地阐发了礼在别与和(同)上的功能。康有为说:"礼者为异,和者为同。礼为和敬,乐为和爱。礼为别宜,乐为敦和。礼为无争,乐为无怨。礼为天地之序,故群物皆别,乐为天地之和,故百物皆化。故礼乐并制,而小康之世尚礼,大

① 瞿同祖:《中国法律与中国社会》,北京:中华书局,2007年,第292—293页。
② 同上书,第294页。
③ 朱熹:《四书章句集注》,北京:中华书局,1983年,第51页。

同之世尚乐。"①钱穆:"礼主敬,(此前人所言)若在人群间加以种种分别。实则礼贵和,乃在人群间与以种种调和。""先王之道,以礼为美。和在礼中,亦即以和为美。""节,限别义。如竹节,虽一气贯通,而上下有别。"②

康有为和钱穆都详细阐释了礼的二重性。钱穆说得比较实在,康有为也和朱子类似上推到天道、天理,认为人伦秩序或差别是先天的,因此,礼也是天地秩序的一种表征,人伦差别就是天序,用礼展现出来和规定下来。但是,天地本身还有"和"的规定性,这一点也是天地之本,因此,乐就是天地之和的外在体现。礼乐的功用在于别与和,别是因为男女、夫妇、长幼、上下都有差异,必须明确这种差异,规定展现这些差异。但是,作为人,还要敬爱,还要和乐,这一点同样重要。我们可以认为,康有为的思想对于人性之同更加看重,这在他的《大同书》里展示无疑,但是,康有为与一般思想家的不同就在于,他对社会事务的看法既有根本性的观照,又有阶段性、战略性的考察,他的本质思想是佛老的和心学的,因此,他其实排斥荀学,因此,所谓的《礼运》大同才是他思想的根本,他的"三世说"还是真正看重"太平世"。但是,从阶段性战略考量,他认为儒家思想的小康战略是现实的迫切的必要,因此,解决时下的现实需要必须要弘扬孔子思想,乃至于确立孔子为王才能实现小康世的道德与政治治理上的统一性和同一性。所以,他这里竭力表彰人生之异、差、别,我个人认为,这不是他的最根本的思想,他的思想是"人皆为天子",这个"天子"是天之子,这个天之子之间有什么差别?有什么不同?没有什么差别和不同。但是,基于现实考虑,基于现实人性的差异,康有为还是肯定孔子的学说,并且认为,这是在现实世界中中国人依据传统所能受到的可能最好的"教养",其实就是自我驯化的方便。钱穆在上文提出了一个很好的富有见地的说法:人与人之间,心是贯通的,但是心与心之间又有节,这个节就是差异、分别,这个是人

---

① 康有为:《论语注》,北京:中华书局,1984年,第12页。

② 钱穆:《论语新解》,北京:九州出版社,2011年,第15页。

类之间的现实的不同，虽然一气贯通，但是，节节有别，节节不同，各自有各自的特点、同时，也须要为这种种差别作出规定，这就是礼，礼既有别的功能，同时也有和与美的功能，这二者在钱穆看来是统一的，是二位一体的，因此，我们可以看到在不同思想家那里，对于礼的看法其实貌似近似，实则有很大差异。礼在一般看来，是别与和的统一，是实现异与同的调整，但是，在钱穆看来，这是别与和的同一，是别与美的同一，因为在他那里别就是美。而在一般思想家那里，别是有限的、非本质的，同与美才是本质的、根本的，也许钱穆的思想更加接近于朱子的天理、天道的展现的脉络。李泽厚在这个问题上又提出了另外一种思路。

李泽厚在《论语今读》中就该篇写道："在氏族社会和远古传统中，'礼'即人文，涵盖一切，包括'乐'在内。'礼''乐'虽并提，'乐'毕竟仍是礼制的一个方面，'乐'的和也仍是实现、辅助、从属和服从于'礼'的。""这章更重要的问题，是'恰到好处'即'恰当'。'恰当'为'和'、为'美'。这就是'度'。我以为，'度'是中国哲学特别是中国辩证法的特点和主要范畴。"①李泽厚在这里强调了两个方面：一个是礼乐教化本质上是礼制、礼序，乐的和乐只是从属的附属地位，它是礼的附属物，可以理解为只是为礼的强度发挥调适和缓和的派生物；但是，同时他又讲到第二点，这一点显然具有更重要的意义，即"和"是"度"，它是表征一种节奏是否合宜的尺度，所以，换句话说，"和"成为人们在日常生活和社会交往过程中的标准，对礼来说，尤其是如此。如果做不到"和"，就说明礼的实施过程还有待于完善。马克斯·韦伯在讨论中国儒家的时候，他根据自己所能接触到的有限的材料，提出了十分深刻的并符合儒家礼乐教化之内在本质的看法，韦伯说："受过传统习俗教育的人，会以恰如其分的礼貌虔敬地参加古老的仪式典礼。他会根据他所属的等级的习尚和'礼'的要求——一个儒教的基本概念——处理自己所有的行

---

① 李泽厚：《论语今读》，合肥：安徽文艺出版社，1998年，第41—42页。

为,甚至包括身体的姿势与动作,做到彬彬有礼,风度翩翩。"①他在把儒士和伊斯兰教士的对比中发现,儒士的内省功夫十分深厚,一方面对行为举止的自我观照十分注意,同时,时时处处在一种自我审查的过程中,抑制个人情感的爆发是他们的第一要务,当然,这就是遵循礼法的结果和一种表现方式了。韦伯说:"这样的人,在任何社会状况下——无论等级是高是低——都会按照自己的社会地位行事,而不会失去自己的尊严。这样的人的特点是,沉着冷静、风度大方、文雅、威严,符合那种遵循礼仪秩序的宫廷沙龙的要求。与古伊斯兰的封建卫士所具有的热情与炫耀相反,我们在中国发现的是警觉的自制、内省与谨慎,尤其是对任何形式的热情(包括欣喜在内)的抑制,因为热情会扰乱心灵的平静与和谐,而后者正是一切善的根源。不过,此种摆脱并不像佛教那样扩展到所有欲望,而只是针对一切非理性的欲望。"②但是,韦伯同时敏锐地意识到,儒士并不是宗教徒,他的个人自省不是以信仰的彻底性为前提的,也不是为了彻底征服自己的欲望从而实现内心的彻底的宁静,这只是社会法则的要求,是社会性的人存在的基本规律,我们遵循这个规律而为人,这才是人,因此,他既没有在此中实现救世的愿望,也没有从中试图获得完全出世、彻底摆脱人生枷锁的诉求,恰恰是人生就是在这种"礼"的方式中存在和自我完善的。他说:"儒教徒并不希望通过弃绝生命而获得'拯救',因为生命是被肯定的;也无意于摆脱社会现实的救赎,因为社会现实是既有的。儒教徒只想通过自制,机智地掌握住此世的种种机遇。他没有从恶或原罪(他对此一无所知)中被拯救出来的欲望。他唯一希望的是能摆脱社会上的无礼貌的现象和有失尊严的野蛮行为。只有对作为社会基本义务的孝的侵害,才是儒教徒的'罪孽'。"③

这种礼貌成为一种社会的相互交往的法则,则人人遵循之,而违背

---

① 韦伯:《儒教与道教》,南京:江苏人民出版社,1995年,第182页。
② 同上书,第182页。
③ 同上书,第182—183页。

这种法则,则就失去道义上的立足之地,即不合礼便不合理,不合礼就遭遇到别人的轻视、歧视,这就是上面韦伯所看到的无礼貌的现象会带来尊严的丧失,因为,这就变成了一种"相互性":彼此以礼相待,一方无礼就导致对方的无礼的回应,所谓耻辱就是这样产生的。"有子曰:信近于义,言可复也。恭近于礼,远耻辱也。因不失其亲,亦可宗也。"(《论语·学而》)恭敬的姿态也要以礼的形式呈现出来才能实现它的最终目的,不以礼的形式出现则无法实现它的价值,孔子所谓好学,在一定意义上就是学习这种做人的方式方法:"子曰:君子食无求饱,居无求安。敏于事而慎于言,就有道而正焉。可谓好学也已。"(《论语·学而》)清人刘宝楠解释此句说,"虽恭敬于人,不能中礼,或为人所轻侮,而不免耻辱。"①避免一种打入底线以下的生活是学礼的要务,即人生的目标可能有多重向度,但是,循礼而行才不至于不能立身,这就是孔子礼学的另一个意义。这是从个体情感调适服从社会规范的角度看礼,而从自我完善的角度,礼是在社会规范限制下获得立身的条件。

### (二) 一与立

礼有"别"的功能,即分开人群,确认大小、贵贱与等级的差异等等,"别"需要以"和"来融通、调适,这也是礼的规范功能之所在,这是礼相应于人的情感层面的自我调适,李泽厚称作为"度",情感发用的自我节制与适当是礼的重要表现。礼的另一个规范性功能是齐一的作用,这也是度,这是度的另一种表现形式,这个度就不仅仅是适合、合宜的特性了,更主要是底线。这个度的上遂是立,孔子所谓"立于礼",就是在底线基础上的确立,同时更高层次的追求也是礼,更高层次的立也要建立在知礼、行礼的基础上,这是在"别"的基础上的更具体的行为方式的现实化,这个调整或法度,古人称之为"一",一与立是礼的重要的社会功能。

---

① 刘宝楠:《论语正义》,《诸子集成》第一卷,北京:团结出版社,1996 年,第 20 页。

"子曰：导之以政，齐之以刑，民免而无耻。导之以德，齐之以礼，有耻且格。"(《论语·为政》)刑或礼在历史中的注释家那里没有分别，譬如朱子，就都看成是礼法制度，关键是其中的"齐"，朱子直接训为"一"，即整齐划一之一，就是齐一化的意思。朱子说："礼，谓制度品节也。格，至也。言躬行以率之，则民固有所观感而兴起矣，而其浅深厚薄之不一者，又以礼以一之，则民耻于不善，而又有以至于善也。"①朱子训政为"谓法制禁令也。齐，所以一之也。"②康有为则训为"正"，意思大体相近。换句话说，礼具有政令的相近功能，也就是礼法了，这就是齐一的根据。李泽厚说："孔子之后，孟子由'性善'讲'四端'，发展了孔学的内在心理方面；荀子强调'礼乐行政，其实一也'，则甩开了心理方面，重视建立制度规范。一个发展了宗教性道德而回归神秘经验，一个发展了社会性道德而走入政治—法律。"③李泽厚将它看作是中国传统泛道德主义政治的发展，"由于它已发展成非常复杂完备的制度规定、理论系统和心理习惯，从而，一方面它使中国没有独立的社会、政治的法规体系；另方面它也使中国无独立的宗教心理的追求意识；二者都融合在'伦常道德'之中，这就使一定社会时代的相对法规无法从'普遍、必然'的绝对律令中分化、区别开来。"④李泽厚指出了一个很重要和现实的问题：礼乐教化发挥了法制政令的功能，法律体系的独立性、自足性就丧失了，它的自我发展的空间和可能性就不存在了。荀学虽然发展了政治法律方向，但是，其实是以礼教代政治法律，虽然不可能完全以此替代法律政治的治理，但是，很大程度上削减了法律政治的统御性和独立性，使政治法律系统尤其是法律体系和人文体系融合不分，同时，其实是将礼制置于了最高的层次，这就是"一"。这个"一"既是顶层设计，也是底线规范，即礼是最高规范，一切以礼为圭臬，同时，违反礼的基本教条也是触犯底线的要求，因此，礼的法则是共同的、普遍的

---

① 朱熹：《四书章句集注》，北京：中华书局，1983年，第54页。
② 同上。
③ 李泽厚：《论语今读》，第51页。
④ 同上书，第49页。

和无所不在的。孔子曰："天下有道,则礼乐征伐自天子出;天下无道,则礼乐征伐自诸侯出。自诸侯出,盖十世希不失矣。自大夫出,五世希不失矣。陪臣执国命,三世希不失矣。天下有道,则政不在大夫。天下有道,则庶人不议。"(《论语·季氏》)大道不废,礼乐征伐这些天下国家最重大的"仪轨"都是从天子发出的;如果大道败坏了,也就是纲常伦理的常道摧毁了,秩序紊乱了,就会政令多出,甚至乱出,当然,这样的话,天下就不能"一"了。"一"之就是传统社会自商周以降的法度,这也是度,这个度不是平衡而是底线。

所谓礼的"一"的功能也同样体现在个人修身的方式上,修身一则以修,一则以立,修德目标在于立,所谓立身,这其实是儒家成人的根本性诉求,孔子所谓"立于礼"能够见出其中礼和立的关系,就是立身要从习礼、尊礼上开始。所以,我们说礼的一个历史传统功能是"立",这里,礼还是基本底线,是做人的底线,站立在这个底线上,就可以基本做到"立身"了。但是,因为礼是一个"相互性"关系,即依赖性、依存性的关系模式,即对等的等利害模式,因此,礼并不是简单的尊卑概念,这一点怕是孔子的一个重要发明,所以,我们在说孔子礼的"立"的意义的时候,就是在说这种方式的展开特质。"定公问:'君使臣,臣事君,如之何?'孔子对曰:'君使臣以礼,臣事君以忠。'"(《论语·八佾》)朱子诠释:"二者皆理之当然,自尽而已。"[1]朱子一贯用"理之当然"来概括孔子所认定的各种人际关系,是有其依据的,这里涉及到"理"的蕴含是什么? 这里面包含着什么样的"理"? 这个"理"其实就是古代人所言的"定分",就是康有为所讲的"共天职",只有超越了世俗的人际关系的实际限制,看到它背后的根据,我们才能界定"理"的表象之"礼"。康有为:"君之于臣,虽有尊卑,而同共天职者也,故待如嘉宾,是为礼。"[2]康有为说的是互相敬重、互为宾主的意思,其实也就是我们讲的"相互性",这个相互性就是在一个共同规范下的互相礼敬,而不是单向的礼

---

[1] 朱熹:《四书章句集注》,第66页。
[2] 康有为:《论语注》,第40页。

敬。因为这个所谓天职不是哪个个人规定的,而是先验的、先天的普遍的规定性,大家都互相尊重这个规则,这就是相互性,就是天职的实现,这就是理,遵循这个理就是在现实世界中这些种种礼,因此,这个礼是一种天理,不因个人或时代而改变。我们遵循这个礼就是尊严的体现,不是一种人身压抑与束缚,在这个条件下是可以谈及立身的说法的,因为它可以保持一个人的尊严。尊严是我们守礼和立身的条件,没有尊严,这个礼就是一种压迫工具,如果从君臣对等性来说,孔子这句话具有十分重要的意义,是当时历史条件下身为臣子的最好的处世方式,当然,我们这是从历史条件下来讨论的,今天当然就完全不同了。但是,如果仅就当时历史条件说,孔子的论说也与后世有很大不同,李泽厚尤其强调孔子这个说法和董仲舒的差别。他说:"这与汉儒接受法家思想,强调'君为臣纲'(从董仲舒到《白虎通》)以及后世'天王圣明,臣罪当诛'(韩愈)的专制政制下的君臣关系颇为不同。后世帝王对臣下、子民的欺侮凌辱,无所不至。臣下、子民必须无条件地绝对服从和接受等等,并不符合孔子和原典儒学所主张的礼制。"①"儒家提倡忠孝,却又反对愚忠愚孝,要求任何事情都要问个原由或讲出道理,反对制度上(群体)和情感上(个体)的盲目信仰或盲目服从,正是中国实用理性所在。"②当然,比较一下上述注释家的看法,这个"理"还是康有为讲得更加地道、明白。李泽厚用实用理性作为诠释,也有十分独到合理之处,因为,这种实用理性的根基应该是有价值尊严的,而不是没有尊严和底线的。同时,我们从《论语》中多次谈到的"约之以礼"也可以看到,这个礼的"约"未必就是简单的束缚、约束、制约,从注释家们的角度看,也持同样的观点,这就是自我修养,我们也把它称作是"立",立于礼,就是一个自觉的、理性的"约",以合理的礼来规约自己,但是绝不能是任意的无原则、无条件的规范,我们从上文看到,孔子的"礼"都是双向的,虽然里面体现着一些迂腐、困涩,但是,价值尊严的追求

---

① 李泽厚:《论语今读》,第93页。
② 同上。

还是孔子礼的思想的基本内核，因此，他的规约层面也是能够体现这一点的。

讨论礼的规约特质必须考虑到人的社会性存在，这是儒家思想的出发点。思考社会性存在的个体之归宿，这是孔子思想的核心，个人不是一个超越性的存在而是社会性存在。子曰："君子博学于文，约之以礼，亦可以弗畔矣夫。"（《论语·雍也》）钱穆："礼，犹体。躬行实践，凡修身、齐家、从政、求学一切实务皆是。"①钱穆在这里做出了一个十分有价值的解释：礼释为体，即身体力行的躬行实践的意思，体就是实践、践履，这个意思正好和前面的博学于文对照起来，"子夏曰：贤贤易色，事父母，能竭其力，事君，能致其身，虽曰未学，吾必谓之学矣。"（《论语·学而》）就表达了学习的目的在于实践、践行，因此，约之以礼可以理解为博学于文的目的达成，可以解释为"践行""身体力行"。李泽厚的理解与此相似："'约之于礼'经常译作或释作'约束控制'不从。释统领为佳，所谓'立于礼'，正在于以原则、规范来统帅行为，以此为人、做事。"②颜回在感叹孔子的教育之宏大以及自己不能望老师项背时喟然叹曰："仰之弥高，钻之弥坚，瞻之在前，忽焉在后。夫子循循然善诱人，博我以文，约我以礼。欲罢不能，既竭吾才，如有所立卓尔。遂欲从之，末由也已。"（《论语·子罕》）都是在说同样的意思。但是，我们需要特别注意的是，孔子有一个问题是从来没有确立个体道德价值的超越性，从而不能确立个体的最高尊严，这不光是他的自己的问题，这是整个儒学建立的基础性问题，这个问题在今天依然存在。当然，我们在这里试图强调的是，孔子对礼的看法有其十分重要的、显赫的合理性，他是比较认真地考量了个体在社会性存在中的尊严和地位了的，这是值得我们重新认识的地方。礼的社会价值在于规范，个人价值在于个体人格的形成，而礼在形态表现层面实际就是"度"，规范、约束或立身都基于对"度"的把握。

---

① 钱穆：《论语新解》，第149页。
② 李泽厚：《论语今读》，第164页。

### （三）礼的名度与情度

"度"这个概念可能能够较好地表达礼的社会向度。这个度与黑格尔辩证法的"度"有相通之处，而黑格尔之度又为李泽厚所推崇，从情感反应与社会规则的同一性视角观察，这个"度"反映到社会结构关系中就是名分和礼仪的整合即"礼"。故古人将之综合自然社会事务林林总总，称之为"名物度数"实则反映这个社会关系的实在。李泽厚说："'人类如何可能？'来自使用—制造工具。其关键正在于掌握分寸、恰到好处的'度'。'度'就是技术或艺术（art），技近乎道。可见，'度'关乎人类存在的本体性质，非常明显而确定。"[①]他在这个层面上直接想把"度"放到人类学本体论的层面上来看待，这个问题的思考方式也是有意义的。但是，如果说儒家《中庸》说"中"具有的诚的表现性，而诚具有本体性意义基本上没有问题，因为"诚"和个体的生命状态的本体性联系在一起，而"度"一般来说，我们更多地还是从方法论的层面上来考察它，李泽厚也把中、和放到一起来作出评价："从上古以来，中国思想一直强调'中'、'和'。'中'、'和'就是'度'的实现和对象化（客观化），它们遍及从音乐到兵书到政治等各个领域。"[②]"'度'—'和'、'中'、'巧'，都是由人类依据'天时、地气、材美'所主动创造，这就是我曾讲过的'立美'。掌握分寸、恰到好处，出现了'度'，即是'立美'。"[③]当然，他这里说的"度"和儒家的"中""和"既有相通之处，也存在着重要差异，但是当他把度和实践本体论联系在一起的时候，度的价值和意义反而更加凸显出来。

"概而言之，'实践'作为人类生存—存在的本体，就落实在'度'上。'度'隐藏在技艺中、生活中。它不是理性的逻辑（归纳、演绎）所能推出，因为它首先不是思维而首先是行动。它是本体的非确定性、非决定

---

① 李泽厚：《历史本体论 己卯五说》，北京：生活·读书·新知三联书店，2006年，第9页。
② 同上书，第10页。
③ 同上书，第9—10页。

性(ontological uncertainty, indeterninaiton),它与美、审美相连,所以也才充分地表现在艺术—诗中：准确又模糊,主客体相同一的感受——如此等等。"[1]李泽厚在这里说的度带有一定的模糊性、不确定和复杂性,但是,儒家如孔子在其思想中所说的礼则是相对稳定的一种名分和情感的表现。

子曰："恭而无礼则劳,慎而无礼则思,勇而无礼则乱,直而无礼则绞。君子笃于亲,则民兴于仁,故旧不遗,则民不偷。"(《论语·泰伯》)孔子在谈到人的几个品德的时候,就恭、慎、勇、直发表了自己的看法：恭敬、慎重都是谦虚谨慎内敛的美德,而勇敢、刚直则是勇猛外向的美德,居于德性的两端,在这其中,礼都发挥着居间协调的功能。也就是说,礼是调适个人品德的,使之达到一个相对平衡、稳定和适宜的程度,如果单纯地发挥任一个偏向,在孔子看来都不能得到好的结果,所谓劳、思、乱、绞都是偏于一曲的后果。礼对上述行为类型的平衡性,是礼的调节能力和功能,是使个体获得尊严感(譬如前两者)或获得优雅(譬如后两者)的方式。这种礼的背后又是"理",即情理。而情理的发挥就涉及到"度",或亚里士多德的中道。中道问题一直是孔子思想的核心,礼、文都是围绕这个中道而来,目标在于"和"：不卑不亢和礼让文雅的姿态是"礼"的价值标准。朱子说："礼以恭敬辞逊为本,而有节文度数之详,可以固人肌肤之会,筋骸之束。故学者之中,所以能卓然自立,而不为事物摇夺者,必于此而得之。"[2]礼的谦逊做到位,还有什么可做的? 这是一个底线,站到底线上则无所畏惧。这是人格规范性论述,确立人格的基本要求,是儒家的典范,这在道家则是不可想象的,因此,它是社会性价值的基本特征。朱子在这里说到了礼对人身体的"束"和"固",是从血气充盈和肌肤筋骨的坚强与稳固层面上说的,到我们后面讨论梁漱溟的身心升华的时候还要涉及到相关内容。礼要做到对人身

① 李泽厚:《历史本体论 己卯五说》,北京：生活·读书·新知三联书店,2006 年,第15 页。
② 朱熹:《四书章句集注》,第105 页。

的固化还要借助于它的外在形态那就是"名"。礼教又称作"名教",子路曰:"卫君待子而为政,子将奚先?"子曰:"必也正名乎。"子路曰:"有是哉,子之迂也。奚其正?"子曰:"野哉由也。君子于其所不知,盖阙如也。名不正则言不顺,言不顺则事不成,事不成则礼乐不兴,礼乐不兴则刑罚不中,刑罚不中则民无所措手足。故君子名之必可言也,言之必可行也。君子于其言,无所苟而已矣。"(《论语·子路》)礼的笃行是遵循一种"形式化"的规范展开的,任何礼都有一个对应的名称,即名物度数和形式化的规仪,这个名就给"礼"设计了"仪",即上下左右前后尊卑是非等等,这是个体身体和内心寻求在社会中相应定位的依据,换一种说法,这就叫"度",尊礼就是守"度",度就是节,就是亚里士多德的中道,就是孔子所说的"和"。

关于名与礼的关系,朱子引范淳夫言:"事得其序之谓礼,物得其和之谓乐。事不成则无序而不和,故礼乐不兴。礼乐不兴,则施之政事皆失其道,故刑罚不中。"①这里明白显示理学家对"礼"的看法,礼就是礼序,也就是理序。这段话虽然出于范祖禹,但是通于程伊川等人思想。礼的背后是理,而且是天理、天道而非普通事理情理,即所谓普遍性和先验性。所谓"礼"的后验性也有两个来源,一个是先验的天理天道,一个是后验的人心情理,但是人心情理本又源自天道天理,尤其是心学一系更是把二者打并为一。如果"礼"是"序",那么,"礼"自然也首先是"名",有名,才能分,有分才有序,有序才是礼,所谓"礼"不过是"序"的优雅称号。同时,因为礼还有人际关系中的尊重、和谐和文明表征,所以,仅有序又不能概括之,因此,名之曰"礼"恰如其分,这个"恰如其分"正是说明"礼"的"人文"特性的一个词语,这个个人通过自我规约和优雅表达所展现出来的应接事物的"度"。

礼是社会规范的具体规则和行为实践体系,而名就是那个"名称",当然,绝不仅仅只是名称而已,而是那个"概念"。这个概念的存在及其抽象化、命定化,就构成了一种"理"的存在,这就是礼与理的循环,这个

---

① 朱熹:《四书章句集注》,第142页。

循环有正当的也有不正当的。就如涵摄了社会规范性伦理价值的弗洛伊德的"自我",它是融入了社会规定性,但是这种规定性可能仅仅就是一个"名称"而已,所以,当一个礼是"实"的时候,即它是某种事实性存在的实践行动过程,人们或因时而变、因势而变,但是,当它规范化、教条化、名理化后,很容易成为一种抽象的规则,而成为对世人的先验约束,这就是"礼"上升到"理"后的问题。所以,反而基于情理的考察,是我们研究思考的"礼"的形成及其变迁的重要前提条件。但是,孔子所说的和还有内心情感的持守与范围,这种内在化的形态是情,就是人的内心情感,这两者都要达到一定的"度"才是合理的、可欲的。对礼的考察回到"情"是礼学的应有之义。

梁漱溟就把中国人礼的生活看作是一种情志表达及其升华的形态,它对应于西方人的团体和宗教的生活方式。梁漱溟一方面感叹中国人没有团体生活,不会遵从纪律约束,但是,他又看到礼教在情感慰藉方面的价值。他说,中国于今最缺乏的两件事,无组织——缺乏团体生活、无知识(科学知识),而缺乏组织更为重要。[①] 中国人因为没有团体生活而导致两个弊端——第一,缺乏纪律习惯,人多时不能有秩序;第二,不会商量着办事。[②] 但是,梁漱溟又认为,孔子教人在社会中得一个"仁"的生活,它的理念和方式几乎和宗教类似,但不是宗教。这也是一种情感慰藉和升华的良好形态。梁漱溟认为,宗教是人类的一种情感性生活或情志生活。人类的情志生活有两类最重要,一个是宗教,一个是艺术,宗教的力量又远大于艺术。但是,儒家尤其是孔子的教人生活方式也是情志类型的,但不是宗教类型的,因为它不具有西方严格宗教那样的一些重要因素。但是,另一方面,它又有类似西方宗教般的对于人生的绝大作用。因此,梁漱溟在这个意义上说"孔子差不多有他的一副宗教"。[③] 那么,孔子教的法门是什么呢? 在梁漱溟看来就是两

① 梁漱溟:《乡村建设大意》,《梁漱溟全集》第一卷,济南:山东人民出版社,1989年,第627页。
② 同上书,第629—631页。
③ 梁漱溟:《东西文化及其哲学》,《梁漱溟全集》,第一卷,第467页。

个：第一，孝悌的提倡，第二，一定礼乐的实施。① 因为梁漱溟把宗教也看做是情感类生活，这一点和一般人既相同又不同。譬如，冯友兰就同时或者更强调宗教赋予人生一种超越性的关照：超道德的生活。这一点在牟宗三那里也得到了类似的注意，但是，牟宗三强调中国人有自己的超越性，德性之内在同时又是超越的。梁漱溟基本悬设了宗教的超道德价值，不置可否，也可说他对此不曾特别注意或有特殊的领会。因为，正如当时的梁任公所说，梁漱溟是泰州学派的门徒，因此，情感的直下是他思想的特点，因此，宗教的另一个层面在他是不大注重的。这也是他所谓的"道德代宗教"立论的根据，但是，牟宗三等人不敢这样轻许，必须说上人的德性是配天的，冯友兰则说人的最高境界是同天的。梁漱溟未必比他们理解的更弱，但是，他把宗教生活和人类生活区分得很严格：宗教的根本方向是出世的，孔家则不是，但是，孔子根源人的仁心本原，运用他的方法技巧获得了和宗教类似的功能效果。

梁漱溟论孝悌的作用和钱穆相类似，但是，他是从人的感情的出发的，钱穆则是从对人的感性的训导出发的，二者细较起来有很大的不同。梁漱溟和钱穆同样的认为，只要教人在家孝悌，其他一切就自然而然了。人在儿童时期的情感萌发是长大以后情感发用的源泉："《论语》上'孝悌也者其为人之本与'一句话，已把孔家的意思说出。只须培养得这一点孝弟的本能，则其对于社会、世界、人类，都不必教他什么规矩，自然没有不好的了。"②梁漱溟认为，孝悌其实是顺着人类情感发生的，而不是逆反着来的，因此，这种教化其实是情感的激发和培固，也是水之就下，这正是儒家心学一系的思想，只是他特别倾向于心学的自然一系而已。因此，梁漱溟其实对宋学还颇有微词，认为他们有点照顾外边太多，个体自身内里的生活关照不够，这当然主要指的是程朱一系，但是即便是陆王一系，他特别表彰的也只是泰州及其门下：

---

① 梁漱溟：《东西文化及其哲学》，《梁漱溟全集》，第一卷，第467页。
② 同上。

"阳明之门尽多高明之士,而泰州一脉尤觉气象非凡;孔家的态度颇可见矣。"①泰州学派顺乎人性自然的倾向推动梁漱溟更加走向孝悌和礼乐与自己内心的统一而不是对人的宰制,所以,将儒家生活的宗教性和人文性的整合推向艺术化就是梁漱溟的必然归宿。

这个艺术化就是梁漱溟特表《礼记》中的《乐记》,认为它对人之血气调和有特殊的方法。譬如"本之情性,稽之度数,制之礼义,合生气之和,道五常之行","故乐行而伦清,耳目聪明,血气平和,移附易俗,天下皆宁"等等。这样的礼乐当然是人之性情调顺中和的路数,而不是程朱直接压抑遏制的方式,甚至他也认同戴震对宋学的反拨。②这样孔子的礼乐教化就不仅仅是一种对人性感情层面的遏制,而是顺向着人类情感的开展,以艺术的方式使之涵养、中和,把礼教强制性的色彩淡化、内化,以服从人的情感的适当抒发的形式展开来。礼乐就不是一种单纯的外部性的存在,而是依托于人的内心生命的自然流露而展开的。梁漱溟晚年更加突出了这种看法。他将道德代宗教改称之为"以美育代宗教"。

在梁漱溟看来,宗教的教化源于它的日常的教堂环境的构设及其礼拜等生活的具体操作过程,其实质是发展成了一种艺术化的身心洗礼过程。一个人在教堂之中"一时超脱尘劳杂念,精神上得一种清洗。或解放,或提高。这得之于什么力量?这得之于艺术的魔力。非止于种种艺术的感受,而且因为自己在参加着艺术化的一段现实生活。这种生活便是让人生活在礼乐中。礼乐是各大宗教群集生活所少不得的。宗教全藉此艺术化的人生活动而起着伟大影响作用,超过语言文字。"③梁漱溟将宗教、艺术、礼乐看作了一个连续的环节,又看做是一个合三为一的事物。虽然三个名称,但是本质上有相通之处。梁漱溟把宗教的功能艺术化了,而把教堂的各种施为更加艺术化了,其实不是

① 梁漱溟:《东西文化及其哲学》,《梁漱溟全集》,第一卷,第476页。
② 同上书,第477页。
③ 梁漱溟:《人心与人生》,《梁漱溟全集》,第三卷,济南:山东人民出版社,1990年,第741页。

艺术化了,在梁漱溟看来,这实质上它本身就是一种艺术,而且只有是艺术形态了,它才能涵化人的身心,使之陶醉进入意境,受到熏染和沉醉。这就是梁漱溟为什么强调儒家的礼乐的问题。他的礼乐和程朱的礼乐基本上是两种概念了,梁漱溟的礼乐是艺术,是对人的陶养,不是赤裸裸、硬邦邦的教条或家族族长的训诫,因此,他把孔子之学看做是艺术,就在这个地方。这是梁漱溟的儒家人文主义而不是宗教但具有宗教功能的一种重要的看法。在梁漱溟看来,孔门或周孔的礼乐教化是道德教化,但它不借助于一个超然的偶像崇拜,它是人类内心之伟大。待人类未来的发展终有一个境界那就是悠然自得的境界,不分工具目的的形态,这便是没有道德的道德生活,而真正的没有道德的道德生活则是艺术的生活,"纳一切行事于礼乐之中,即举一切生活而艺术化之。所谓'礼乐不可斯须去身'(语出《礼记》)者,不从言教启迪理性,而直接作用于身体血气之间,便自然地举动安和,清明在躬——不离理性自觉"①。梁漱溟认为这是人类未来发展的终极方向。而这个方向就是艺术化的宗教,人文性的宗教,准宗教性的道德教养,有宗教功能的人文主义行动哲学。这是现代新儒家中比较将礼乐内在化和理想化的一种见解,但是,在一定意义上代表了现代新儒家的总体看法。如果说他们的理性主义是德性、仁心本根的,那么同时也具有艺术化的倾向,即仁心的展开的目的存焉。

## 二、礼的理性根据世界:
## 礼与仁的关系及公共正义问题

### (一)礼的仁本情理根据

讨论孔子之礼,必然谈到两个词,一个是仁,一个是理。从未来中国儒学可能性发展的视角看,我们今天对礼的探索必须着眼于它

---

① 梁漱溟:《人心与人生》,《梁漱溟全集》,第三卷,第750页。

的可持续性的生命根基才行，没有这个根基，礼就是一种外在性的价值，在不同的历史条件下就会失去它的存在意义。如果回到这个问题，则必须继续考究礼的理据。说理是宋明儒家的法宝，尤其是程朱理学，每每必讲到理，当然，他们不仅仅是在说礼的时候讲到理，而是在任何时候都要讲到理，但是，讲礼和理的关系尤为密切。从宋明儒来看，礼就是天理的外显状态，理就是礼的内在规则和天道秩序，二者是同一性的关系。我们这一部分讨论礼的根据，不是讨论礼的本原的形上根据，而是讨论礼的情理根据，这是孔子思想的根基，也是孔子礼学思想的根基。所谓情理根据就是孔子思想的核心概念：仁。所谓情理乃梁漱溟先生所发明的重要的儒学新范畴，是表征儒门思想的现代性的最高体现，仁即理性，理性即仁，这是梁漱溟的重要发明，但不是无端的和武断的，而是确有根据、根基的说法，这就是仁的内在情感的普遍性问题了。从这个角度出发，我们就不会陷入程朱思想的冷冰冰的抽象的理的说教，这是重要的进展，但是，从孔子思想本身来谈论，我们还必须回到礼思想的仁或仁学根据，因为，仁才是孔子的语汇，同样，另外一个重要的依据"义"也是如此。如果不明"仁"、"义"，我们谈论礼就是一种纯粹的外在化的说法了。因此，离开仁义说礼，是背离孔子思想的空谈，讨论孔子礼的思想必须以仁义为根据来研讨。

《论语·八佾》集中讨论礼的问题，而这些讨论中一个核心的问题就是礼的本，或者叫礼的根据。前面我们已经谈到该章中的一个重要命题：君使臣以礼，臣事君以忠。这个命题的实质还是关于人际关系的相互性问题，即礼是一种对等设置，等利害交换，俗话说，你敬我一尺，我敬你一丈，是一种回环往复的制度性结构，互相制约，如果彼此有任何一方做不到规定的礼仪，这个等利害结构的等利性也就是等礼性也就随之丧失。这还是礼学的结构学问题，而不是礼的本体问题，有关于礼的仁本根据也几乎都在此章。"孟懿子问孝。子曰：'无违。'樊迟御，子告之曰：'孟孙问孝于我，我对曰无违。'樊迟曰：'何谓也？'子曰：'生，事之以礼，死，葬之以礼，祭之以礼。'"（《论语·为政》）孔子在这里说的孝就是以礼对待亲情,但是,礼的亲情是在养的基础上的,不养则谈不上所谓的礼或下面孔子说的"敬"了。"子游问孝。子曰:'今之孝者,是谓能养,至于犬马,皆能有养,不敬,何以别乎?'"(《论语·为政》)孔子在这里说到的孝道主要是事养,同时是以礼和敬的事养。他虽然强调的是礼和敬,但是养是前提条件,不养则一切谈不上,但是没有礼尤其是没有敬,那也失去了人道的涵义。敬当然是礼的表现,但是,它所强调的是内在的真情实感,既要有礼仪的形式更重要的是还要有实质性的情感寄托在内,是作为人子发自内心的尊敬、尊重和对待。子曰:"人而不仁,如礼何! 人而不仁,如乐何!"(《论语·八佾》)"子曰:居上不宽,为礼不敬,临丧不哀。吾何以观之哉!"(《论语·八佾》)仁和敬都是一个心理问题,也就是心理情感问题。没有情感支撑的礼是一种虚假的形式。

仁礼结构是一个以人心的仁心为本所发出的形式化的身体表现状态,它必须以人的内心为真实的根据,否则就是假的,王阳明斥之为演戏的戏子:

> 爱曰:"闻先生如此说,爱已觉有省悟处。但旧说缠于胸中,尚有未脱然者。如事父一事,其间温清定省之类有许多节目,不知亦须请求否?"先生曰:"如何不请求? 只是有个头脑,只是就此心去人欲、存天理上请求。就如讲求冬温,也只是要尽此心之孝,恐怕有一毫人欲间杂;讲求夏清,也只是要尽此心之孝,恐怕有一毫人欲间杂;只是请求得此心。此心若无人欲,纯是天理,是个诚于孝亲的心,冬时自然思量父母的寒,便自要去求个温的道理;夏时自然思量父母的热,便自要去求个清的道理。这都是那诚孝的心发出来的条件。却是须有这诚孝的心,然后有这条件发出来。譬之树木,这诚孝的心便是根,许多条件便是枝叶,须先有根然后有枝叶,不是先寻了枝叶然后去种根。《礼记》言:'孝子之有深爱者,必有和气;有和气者,必有愉色;有愉色者,必有婉容。'须是有个深爱

做根,便自然如此。"①

王阳明在这里谈到了两个方面:孝子必须有深爱,深爱的重要标志如《礼记》所言必是和颜悦色、温敬体贴。要做孝子只是在这颗孝心上用功,这是犹如大树的树根,把这个根基培植好了,所谓温清定省的细节是自然而然的,因为它们都是从这颗心上发出来的,其表现正是孔子所说的"敬",就是《礼记》的和气、婉容、愉色等等,但是,所有这些都以诚心为本。阳明的弟子在讨论这个问题的时候追逐细节,王阳明给予了严肃的批评和纠正:

> 朝朔曰:"且如事亲,如何而为温清之节,如何而为奉养之宜,须求个是当,方是至善,所以有学问思辨之功。"先生曰:"若只是温清之节、奉养之宜,可一日二日讲之而尽,用得甚学问思辩?惟于温清时,也只要此心纯乎天理之极;奉养时,也只要此心纯乎天理之极。此则非有学问思辩之功,将不免于毫厘千里之谬,所以虽在圣人犹加'精一'之训。若只是那些仪节求得是当,便谓至善,即如今扮戏子,扮得许多温清奉养的仪节是当,亦可谓之至善矣。"爱于是日又有省。②

阳明虽然是心学,讲心理,但是依循宋明儒家的法则也会讲到天道、天理上去,因为儒家心学本身就是心、性、天的三位一体。孔子的仁—礼结构其实也可以理解为朱子所说的抽象的"理—礼"结构的衍生和分解,理与礼的统一与分解是说明礼的形成与存在是有根据的,但是它的分解是表明理不是一个抽象的外在的教条,而是源于个体内心情感的,即王阳明说的良知、梁漱溟先生所说的情理,这个情理就是人道、

---

① 王守仁:《传习录》,《王阳明全集》,吴光等编校,上海:上海古籍出版社,1992 年,第 2—3 页。
② 同上书,第 3 页。

仁道,这个仁道按儒家《中庸》以及《孟子》其实都是天道。康有为:"人者仁也,取仁于天,而仁也以博爱为本,故为善之长。有仁而后人道立,有仁而后文为生。苟人而不仁,则非人道。盖礼者,仁之节;乐者,仁之和。不仁,则无其本,和节皆无所施。""有其体式,而无其精神,亦不足为礼乐也。"①钱穆对上述解释也大体如此:"孔子言礼,重在礼之本,礼之本即仁。孔子之学承自周公。周公制礼,孔子明仁。礼必随时而变,仁则亘古今而一贯更无可变。"②

礼随时而变,仁则亘古亘今不会变易,因此,仁是礼的根基,是礼发用的心体根据、人本根据。但是,在孔子那里,还有一个以礼释仁的方向,这体现了他思考礼和仁的关系的双向进路。"颜渊问仁。子曰:'克己复礼为仁。一日克己复礼,天下归仁焉。为仁由己,而由人乎哉?'颜渊曰:'请问其目。'子曰:'非礼勿视,非礼勿听,非礼勿言,非礼勿动。'颜渊曰:'回虽不敏,请事斯语矣。'"(《论语·颜渊》)礼是仁? 仁是礼乎? 孔子作为东方思想家的特质不同于西方哲学家的演绎论证,不是定义式的解释,而是随处指点,基本上也属于直指人心的方式。因此,从这个角度说,这不是严格定义。仁当然不限于礼,而是说,克己复礼可以达到仁的基本要求了。这个要求从个体说,其实主要还是外在形式性的表现。如果从天下秩序来说,礼是根本性的,但是,对个人来说则是基本要求,因为我们仅仅从礼的形式的表达还无法完全确认礼是个体内心之仁心的真实体现。如果从公共层面,这里还涉及到"公共性价值"是否可以界定为"仁"? 私人性、社会性、公共性等之间的不同,还有所谓宗教性道德、道德与法律规则、道德与习俗规范等等内容之间的差异和关联,即天下归仁的含义阐释可能特别复杂,因此,我们这里还是仅仅限于个体的礼的遵循与表现。

朱子对这句话的解释是:"仁者,本心之全德。克,胜也。己,谓身之私欲也。复,反也。礼者,天理之节文也。为仁者,所以全其心之德

---

① 康有为:《论语注》,第31页。
② 钱穆:《论语新解》,第49页。

也。盖心之全德莫非天理，而亦不能不坏于人欲。故为仁者必有以胜私欲而复于礼，则事皆天理，而本心之德复全于我矣。"①天下归仁："日日克之，不以为难，则私欲净尽，天理流行，而仁不可胜用矣。"②朱子在这里把礼看做是社会规范，但是是发自于天理天道的规范规则，而复礼就是个人用礼做克服私欲过程的努力，而仁心就是全德，复礼的过程就是回归内心全德、回归天道本体的过程，所谓私欲净尽，天理流行，即此之谓也。礼是在天理和私欲之间的桥梁，当然是跨过私欲走向天理的桥梁而不是相反，因为，正如他一向认为的，礼者，天理之节文。如果我们从心学的角度看待这个解释，其实就是以心观心的过程，是天理的本心战胜私欲的心的过程。在这个地方，我们看到仁与礼之间的关联：心。礼是由欲心向理心转换的桥梁，这样，礼是外在的，礼又是内在的，所谓内在的就是指礼的仁心根据，它是由仁心发用而得的。但是，对于朱子的这段阐释，后世学者既有认同，更有各自的反弹，尤其是对于朱子将"己"训为人的私欲，都表示了各自的不同理解。康有为没有明确说己是否私欲，而是突出人生的本性为善，但是生而具有气质之偏，因此，克己是克的气质之性，这个可以理解为私欲，也可以做一种中性的理解。康有为就此段给出的解释："仁者，天性之元德；礼者，人道之节文。""夫人者仁也，所以行仁之路，释回增美，以致中和，礼也。性无善恶，而生有气质，既有毗阴毗阳之偏，即有过中失和之害，甚者纵欲任气，其害仁甚矣。惟胜其气质之偏，节其嗜欲之过，斯保合太和，还其元德。"③康有为在这段解释中讲出了宋儒思想的精髓，即礼之所在实为克征人的气质之偏，比朱子所言要明了很多。这就明确了仁与礼之间的相互关系及其在孔子那里的位置，故此，孔子对周礼的继承与改变也可以大为彰显出来。

钱穆和李泽厚则在这个地方都提出了一些个人看法，即对于朱子

---

① 朱熹：《四书章句集注》，第 131 页。
② 同上书，第 132 页。
③ 康有为：《论语注》，第 176 页。

所解释"己"为私欲,提出不同意见。钱穆:"克,有约束义,有抑制义。克己,约束己身。或说:克己去私。下文'为仁由己',同一己字,皆指身,不得谓上一己字特指私欲。或又说:克己犹言任己,谓由己身肩任。然下文四勿,明言约束,非肩任义。"[1]"复礼:复如'言可复也'之复,谓践行。又说:复,反也。如'汤武反之'之反。礼在外,反之己身而践之。故克己复礼,即犹云'约我以礼'。礼者,仁道之节文,无仁即礼不兴,无礼则仁道亦不见,故仁道必以复礼为重。宋儒以'胜私欲全天理'释此'克己复礼'四字,大义亦相通。然克己之己,实不指私欲;复礼之礼,亦与天理意蕴不尽洽。"[2]"人心之仁,温然爱人,恪然敬人。礼则主于恭敬辞让。心存恭敬,斯无傲慢。心存辞让,斯无伤害。对人无傲慢,无伤害,凡所接触,天下之大,将无往而不见其归入我心之仁矣。"[3]钱穆认为,看"克己复礼"与"为仁由己"都是一个"己"字,这样,克己复礼的己就不应当是"私欲",克己是自任的意思,就是由自己勇敢承担去践行礼。钱穆把"复"也解释为"践行"或"践履",这个解释别有新意,虽然未必恰切,但是也是可以自圆其说的。因为,他把"己"理解为自己承担了,复解释为实践、践行就比较合适,总体大意就是不愿意接受朱子所说的把"己"解为私欲。钱穆其实不是心性论者,或者说不是心学一系的思想家,他自己对朱子也情有独钟,但是,在这里他也不太愿意将"克己复礼"理解为消极的、被动的和外在他律的自我约束,可见朱子天理人欲二分对立的思维模式对于多数学者来说,既是对儒学的一种重要阐释,但是也的确有太多可以商讨的空间。朱子把个人修养的主体性严格限制起来,把人在现实生活中的私欲和社会意识形态外在约束相联系是现代学者所不能轻易就照单全收的。因此,礼的诠释其深刻含义就需要有一个清醒的把握才行。

李泽厚也批评朱子将礼解释为理,将己解释为人欲,但是,他的批

---

① 钱穆:《论语新解》,第 28 页。
② 同上书,第 281—282 页。
③ 同上书,第 282 页。

评是从社会文化风俗的"软约束"和社会风俗的自然生长的视角看待礼的。他反对的是朱子的两分法导致了一种个体内在的尖锐的思想和道德的自我冲突,他认为这并不符合社会礼俗秩序发展的目的。他说:"其实,整个问题的关键在于,'克己复礼'(有关行为)为什么是'仁'(有关心理)?理学直接把'克己复礼'归结为道德斗争的心性问题,虽深入一层,却未免狭隘。视听言动,明明是有关行为举止,即礼的'仪文'实践,礼及理(理性)正是通过这种种仪文实践活动而非通过思辨、语言、心性追求而建立(就群体或个体言均如此),它的源头仍与巫术有关。""其次,这也说明孔子将实践外在礼制化作内心欲求,融礼欲于一体而成为情(人性,即仁)的具体过程。'仁'不是自然人欲,也不是克制或消灭这'人欲'的'天理',而是约束自己(克己),使一切视听言动都符合礼制(复礼),从而产生人性情感(仁)。具体'约束'可以随时代社会环境而变化、增删、损益,但人性需经人文的培育,却普遍而必然。"①朱子将礼看作是天理人欲之间的争斗性成果,将遵礼看做是确立天理、降服人欲的过程,而天理人欲之间存在着非此即彼不可调和的冲突,这是李泽厚思想所不接受的。他有两个方面的思想值得重视,其一,就是他所提倡的"情本体"论。李泽厚的情本体论也有两点,首先情本身是生命的根据,这是本体,而并非性甚至天理、天性、天道,或者说天性就是"情",情可以向不同方向偏向,所谓"礼"就是规划、归化这个"情"的走向的设置;以此,有其二,这就是"礼"是社会性的,它是社会构成、社会组织和社会人文化和自我调控的产物,"仁"是情,是情的有机化,这就是礼了,这个时候的仁与礼合二为一。在他这里,情既是先天的本体,是礼的施为对象,同时,情又是后天的,是礼欲交融以后的"仁心",总之,礼是情的成果,是情的根基上生长的,同时,礼又是对情的约束,是社会控制的结果。

李泽厚后面还借用格尔兹(C. Geertz)说法强调,不要将文化看做是一组传统风俗习惯和传统的组合体,而是看做是一套控制人体行为

---

① 李泽厚:《论语今读》,第277页。

的"控制机制"或程序(各种规范、指令等)。李泽厚认为,这个说法很好地解释了"礼"作为"文化心理机制"的功能:它是外在的指令、符号、规范和程序控制统辖着人的行为,这使其成为历史的,其次,它又具体落实于个体身心成为个人的。他又指出:"这里还要指出的是,在孔子时代,承续氏族社会传统,个体的心理建构和人性塑造(仁)与社会秩序、政治体制(礼)是相连接而混同,也充分表现在这一章里。因而在今天就不能适用了,而应予以分疏、解构。"①"宋明理学倡导'高标准、严要求'的心性理论,反而造就大批假道学、伪君子和'以理杀人'。'礼''仁'分疏,区别于'礼''仁'合一,或'礼''仁'对抗,似乎才是出路。"②

礼作为情的成果、作为情的约束调控之二元统一,这个说法最早不是李泽厚说的,最早说的是梁漱溟,说得最好、最完善、最成熟、最突出的也是梁漱溟。他把"仁心"作为人心,而仁心就是理性,这个理性是有根的,同时,又是有情的,在这个情之上结成"礼",而"礼"就不是对人的约束、束缚和压制了,而是人的道德情感在社会生活范围内的再升华。梁漱溟把仁心称作"情理""理性"。梁漱溟提出的孔子的"理性"概念颠覆了我们通常从西方哲学所接受的"理性"概念,他指的是人的"情理"。梁漱溟对"理性"的界定,本于他在《东西方文化及其哲学》中的直觉,尤其是仁心之"寂"和"感"。寂是根本,感是寂的直发状态,是理性具体的呈现,它以寂为本。寂不是枯,而是平和,从根本上说也不是一般的平和而是一种完全的不受外界扰动困惑的心理状态,即喜怒哀乐未发谓之中,即中的状态,但是作为本体之中显然不易得,因此,梁漱溟有时候也用我们寻常的平和说理性。梁漱溟说:"所谓理性者,要亦不外吾人平静通达的心理而已。这似乎很浅近,很寻常,然而这实在是宇宙间顶可贵的东西。宇宙间所有唯一未曾陷于机械化的,亦只在此。"③梁漱溟是通过人际交往的彼此相入、相得而没有杂念于其间为理性的状态:

① 李泽厚:《论语今读》,第 277 页。
② 同上书,第 278 页。
③ 梁漱溟:《梁漱溟全集》,第三卷,济南:山东人民出版社,1990 年,第 123 页。

"你可以观察他人,或反省自家,当其心气和平,胸中空洞无事,听人话最能听得入,两人彼此说话最能说得通的时候,便是一个人有理性之时。"①准此,梁漱溟的理性其实与人的德性相关,如他在《东西文化及其哲学》中所讲的直觉或仁,这是他自己独有的,因为他不像西方哲学家亚里士多德、康德那样虽然同样讲道德层面的理性,但是必须说明讲的是实践或人的行动的哲学,而不是纯粹理性或知识理性的哲学。而在梁漱溟,他将知识理性或纯粹理性归之于"理智",他对二者做了严格的判分,这是他确立他的理性观念的最重要的前提条件。所以,他说:"总起来两种不同的理。分别出自两种不同的认识必须屏除感情而后其认识乃能锐入者,是之谓理智,其不欺好恶而判别自然明确者。是之谓理性。"②这种中国文化的"理"或"理性"在梁漱溟是作为情理而存在的。所谓情理其实就是人的"心理",但不是我们一般心理学意义上的"心理",它是一种"无偏私"的心理状态,同时是一种"情感"。在西方思想中,理性恰与情感相对照、相对待。在梁漱溟那里,理性是心理的一个方面,另一个方面就是理智,二者正相反对并构成梁漱溟认识中西文化的哲学基础——理性与理智对待的两种文化根基。他虽然强调仁心的理性,但是要开发出人的理性,仅仅靠理论或说教不能实现,因为情理本身就凝结于人的血性、气质,要在人身上用功,他说:"孔子深爱理性,深信理性。他要启发众人的理性,他要实现一个'生活完全理性化的社会',而其道则在礼乐制度。盖理性在人类,虽始于思想或语言,但要启发它实现它,却非仅从语言思想上所能为功。抽象的道理,远不如具体的礼乐。具体的礼乐,直接作用于身体,作用于血气;人的心理情致随之顿然变化于不觉,而理性乃油然现前,其效最大最神。"③梁漱溟所说的这种礼的情感化以及礼对情感的提升、升华其实也符合孔子的思想:"子夏问曰:'巧笑倩兮,美目盼兮。'何谓也? 子曰:'绘事后素。'

① 梁漱溟:《梁漱溟全集》,第三卷,济南:山东人民出版社,1990 年,第 123 页。
② 同上书,第 128 页。
③ 同上书,第 110—111 页。

曰：'礼后乎?'子曰：'起予者商也，始可以言诗已矣。'"(《论语·八佾》)朱子在这个地方的解释倒是确当的："礼必以忠信为质，犹绘事必以粉素为先。"①从孔子与子夏的对话可以看出来，礼是文，它是起于人的朴素情感本性的。所以，孔子才会说"刚毅木讷近仁"(《论语·学而》)，刚直是人的朴素底色，文化礼仪是建立在这个底色基础之上的，脱离了它就不是仁，那就是"巧言令色，鲜矣仁"了。此正所谓"质胜文则野，文胜质则史，文质彬彬，然后君子"(《论语·雍也》)。文要建立在质的基础上，这才是有根基的文与礼，若在梁漱溟那里就是人的"理性"。由上可见，礼是社会规范性与个体人格自我完善的二元统一，那么在未来的中国，这个趋势又将如何？这是我们下面需要简要讨论的一点。

### (二) 礼作为公共正义的表现形态

上面我们说到礼的社会规范属性和个人自立的特征，在这个特征中，个人与社会统一性已经被看做是儒家或孔子礼的根本性征。但是，我们从梁漱溟关于仁的理性的论证出发，我们就会看到孔子礼学的一个重要特质就是从仁心出发，这当然是孔子礼学的题中之义。不过，这里仍然存在着一个问题是：仁的理性发出是一个单纯的个人问题还是也有社会意义？这个社会意义的规范性是外在的还是内在的？我们从孔子说"人而不仁如礼何"当然能够看得到这种礼乐的仁心出发点，应当有内在性，同时作为一个规范价值又是外在的、公共的，问题是这个公共性的根据究竟为何？在孔子那里是如何呈现出来的？在今天它的意义究竟在哪里？我们考察孔子的思想，可以认为，仁是礼的个人情感出发点，梁漱溟所讲的仁的理性是这个出发点向现代社会做新的转化的重要理论根据，但是，这还是不够的，也许在论述礼的公共价值层面，义是更重要的转折环节。"棘子成曰：'君子质而已矣，何以文为?'子贡曰：'惜乎，夫子之说君子也。驷不及舌。文，犹质也；质，犹文也。虎豹

---

① 朱熹：《四书章句集注》，第 63 页。

之樗,犹犬羊之樗。'"(《论语·卫灵公》)这段话表达了儒家质文之间的相互表里的自我认识,而就此更重要的表述是孔子的一句话:"子曰:'君子义以为质,礼以行之,孙以出之,信以成之。君子哉!'"(《论语·卫灵公》)孔子最爱说的话之一是"文质彬彬,然后君子",礼是文,质依从我们前面说的是人的本性,或者说人的朴素的本质。但是,当孔子说"义以为质"的时候,这个义既是个人的正直的本性,同时也是社会的正义、公道或公正,用宋儒的话可以说义也是理。我们看朱子所说:"义者制事之本,故以为干。而行之必有节文,出之必以退逊,成之必在诚实,乃君子之道也。"①康有为在引征朱子话语以后谓:"此为君子行事之法,行一事本末始终如此。若不言事而言心,则立心之大本在仁也。至于行事,则必以义为质。而后能随时得宜。"②朱子说,行事之本是义或义理,然后基于这个本再辅之以节文,就是"礼",也就是"文质彬彬"的含义。但是,这个文质彬彬不是质朴的质,即不是个人品性的质了,而是社会道义价值和义理,当然,这个义理也不外乎于个体的内心之仁,这句话康有为阐释得更加详尽而完善。康有为把言事和立心分开,立心之大本是仁,即仁心,而社会事务的根本机理是道义、义理或者直接就是正义,遵循正义则事事能够各得其所。这样行事就是一种探究社会价值和社会公德的问题,李泽厚也做了这种解释,这说明孔子不仅仅在讨论个体价值和仁心,同时也在思考探讨社会价值、社会道义乃至正义问题,虽然,可能还是相对较少、较狭窄而不是具体的和丰富的。

李泽厚对这句话有以下解释:"此似可作社会性公德及制度方向解,固不同于一己修养之宗教性私德。今日之政制性体系应本诸现代经济发展,诸如契约关系、个体自由、公平竞争、社会正义等等原则,莫不为是,均今日生活之公共社会法规,而不必一定求诸源自传统。各文化传统大有差异,但同此走向、趋势,固因物质生活、食衣住行之无可避免之现代化也。因此尽管传统各有不同,而社会之公共法规却日趋一

---

① 朱熹:《四书章句集注》,第 165 页。
② 康有为:《论语注》,第 236 页。

致，所谓可求共识（共同同意）的相互叠加（overlape）之部分。从而各传统文化只起范导性原则（regulative principle）之作用，而使社会性公德和政制规则在共同中又略有差异。孔学儒家之教义同此，如尽量使现代生活更具人情味更重协调、和解、合作互助精神等等；而绝非'由内圣开出新外王'，由个体一己修养开出今日之民主自由。我始终认为，今日之民主自由建立在现代化生活基础上（以现代经济为基础），并非源自文化传统。这点似应明确。本读之所以强调区分社会性公德与宗教性私德，亦此之故，前者当有助于今日社会体制，后者则仅与个体修养有关。'信以成之'，本属宗教性私德，即来源于巫术礼仪的'诚'（言而成功），如今改为信守契约、诺言，则社会性公德矣。但原始儒学的宗教性私德又仍对今日社会性公德可起范导作用。另一方面，今日社会性道德又将逐渐影响、改变传统儒学的宗教性私德。两者处在一种相互作用的辩证关系中。"①人所共知的是，李泽厚有一个所谓的社会性道德与宗教性道德的二元分化，虽然不甚准确，但是似乎亦可以做一些解释，即他把私人性道德价值看作是宗教性道德的归类，而把社会公德纳入社会性道德价值之中，大体是成立的。他在这个地方所强调的是，儒家的内圣外王的模式是不成立的，社会性道德价值的确立应该依据社会发展进程本身而不是私人性或宗教性道德的延伸，这个说法也可以成立，虽然他对孔子、儒家以及牟宗三等的理解存在着严重缺陷。其实，内圣外王的说法有它不成立的一面，也有它成立的一面，尤其是牟宗三的"内圣开出新外王"的良知坎陷说自有其解释方式，这是现在绝大多数学者并未能参透理解的，这个问题我们这里姑且不论。李泽厚这里还强调了罗尔斯的"重叠共识"说，这对这段话的理解比较有意义，因为正义价值不是某一种价值的专利，而是人类之为人类之共同体的共同价值，这一点必须明确，现在文化相对主义和文化民族主义盛行的时候，人们自觉不自觉地试图遮蔽这个价值坐标。义就是社会公德，而且是人类公德，这一点其实在今天最应该确定下来，同时，既探寻仁心

---

① 李泽厚：《论语今读》，第366页。

与社会道义义理之间的关联性,同时又要对二者作出适当分梳。礼既要建立在个体性的仁心的根基上,这个是它的立足之本,没有人心仁心,礼没有可确立生长之处;同时,又要将礼建筑在社会价值的公共性上,没有这一点,礼也没有着力点。其实,传统的礼就是建筑在社会价值之上,但是,那是传统社会的价值范畴,它的公共性建立在传统社会的意识形态及其束缚之上,这是它的最严重的问题。故,我们今天所要重构的礼乐文化既要遵循个体道德仁心之本,同时又要遵循现代社会人类所共同遵循的普遍性价值,这也是人心仁心的展现,是人们适应现代社会和人性本身所展开的价值,即东西方的不同文艺复兴所奠基的各自的人文主义的价值观念和现代法治精神、权利意识等等。

对孔子"义以为质"的理解,现代学者倒有相对趋近的共性。劳思光也认为这段话是典型的礼依据于本质的正义的说法:"'义'是'礼'之实质,'礼'是'义'之表现。于是,一切制度仪文,整个生活秩序,皆以'正当性'或'理'为基础。人所以要有生活秩序,所以大则有制度,小则有仪文,皆因人要求实现'正当'。换言之,一切习俗传统,不是'礼'之真基础,而要求正当之意识方是'礼'之真基础。"[1]劳思光在这里更加明确地强调"礼"是"义"的表现,这当然就是孔子的本意,但是,他直接将义解释为"正当",这就是最显著的现代西方政治思想的术语了。劳思光在这里提出一个重要的看法是:礼俗传统不是礼的基础,习俗不是礼的根基,而正当、正义才是礼的基石,是礼的真基础。如此,劳思光否定了礼的流变性特质,而强调了它的契约性和结构性特质,他说:"孔子以前,谈'礼'者大抵只视为传统,而当作一事实去肯定,纵作解释,亦不过袭原始信仰而将'礼之基础'归于'天道'或某一意义之'自然秩序'。孔子提出'义'观念,于是'礼之基础'归于自觉,而'礼'成为一'自觉秩序'即'文化秩序',不必依'天道',不必傍'自然'。此是'摄礼归义'一大肯定意义所在。"[2]劳思光在这里明确地认为,孔子关于礼的思

---

[1] 劳思光:《新编中国哲学史》,第一卷,桂林:广西师范大学出版社,2005 年,第 86 页。
[2] 同上书,第 87 页。

想在此发生了一个革命性的转折。所谓依天道、傍自然都是一种自然秩序或社会自然秩序的延伸,而将礼归之于"义"的界定,是将礼放到了一个人类自觉的视角,从社会正义的角度看待礼的根基和演变架构。我们虽然可以说,劳思光的这种解释多少有一点过度诠释的嫌疑,但是,这也部分地体现了孔子思想中的另一个侧面,就是在遵循天道自然秩序和人类社会的演化秩序之外,他也在考虑儒家礼序的正义的架构问题,即理序问题:礼的先验根据究竟是什么? 虽然,这个工作在孔子那里没有完全成熟,其实已经有一个端倪。① 冯友兰在阐释孔子礼的思想的时候强调的是,孔子是将仁和礼互相论证的。冯友兰认为哲学的特征是"反思",以此,他认为,孔子的目标是要确立一个完全的人格,但是,人是生活在现实世界中的,这个现实世界中又存在着社会组织、社会制度和社会秩序,其中包含着各种人际关系,这种关系就是"礼",对礼的反思必须回到仁上来。孔子讲仁是要"推己及人",但是讲礼又要"克己复礼",这两者似乎是矛盾的。冯友兰认为,推己及人与克己复礼为仁之间并不矛盾。这里面涉及到你如何践行"推己及人"? 它践行起来实际上比较困难,但困难的原因在于:人不能"克己"。人有私心、私欲,有的时候不仅不能"己所不欲,勿施于人",反而要强施于人,这个时候就要反思、省察、克制、去私,这就是实现推己及人的前提:克己,因此,克己也是"仁"。② 劳思光则认为,孔子完全改变了传统中以天道为礼之本的观念,"然则孔子如何发展其有关'礼'之理论? 简言之,即摄'礼'归'义',更进而摄'礼'归'仁'是也。通过此一理论,不唯本身不同于仪文,而且'礼'之基础亦不在于'天',而在于人之自觉性或价值意识。于是,孔子一方面固吸收当时知识分子区分礼仪之说,而脱离礼生传统;另一方面,更建立'仁、义、礼'之理论体系,透显人对自身之肯定,离开原始信仰之纠缠。"③劳思光在这里没有明确区分孔子的仁和义之

---

① 参见拙著《良知与正义——正义的儒学道德基础初探》,上海:上海三联书店,2014 年,以及相关论文。

② 冯友兰:《中国哲学史新编》,第一册,北京:人民出版社,1982 年,第 136−138 页。

③ 劳思光:《新编中国哲学史》,第一卷,第 83 页。

间区别,在他看来,孔子对于礼的思想的创发就是从社会性自然演化的礼俗观念和礼俗秩序向人的自觉性的转折。摄礼归仁、摄礼归义都是这种自觉的根本标志,至于仁与义的区分,劳思光当然也是清楚的,但是,他有时候并没有完全自觉地去澄清这种有关礼的自觉性方面的差异,他认为这二者都是人性自觉的表征,是礼重新回到人本身来考察、来设定的标志。我们现在重新思考这个问题,当然会注意到冯友兰先生和劳思光先生这两种论断的微妙但也显赫的差异。现在,我们也许需要把这二者做一个综合,即仁与义的统一构成礼的价值基础,这是我们当代社会来重新思考建构新的礼俗风尚的考量根源。胡适则认为,孔子之"正名"就是确立是非善恶标准,就是在传递一种正义规则与观念。胡适认为,孔子眼见当时的邪说暴行,要建立是非善恶真伪的标准,方法就是"正名",名实即规范与概念,或规范概念与事实的对应等,"怎么说'事不成则礼乐不兴,礼乐不兴则刑罚不中'呢?这是说是非真伪善恶没有公认的标准,则一切别的标准如礼乐刑罚之类,都不能成立"①。

虽然,在当代中国,哈耶克的演化秩序或扩展秩序理论风靡一时,但是,在现代社会之中所谓自然演化和人为塑造二者之间的关系已经难分彼此,因为我们处在全球化的浪潮中,各种文化及其观念的输入、输出和混合演化都在不停地发生着,企图存在着一种完全自然演进的社会秩序已经不可能,尤其是自人类进入现代社会以来,我们在这些方面已经取得了很多重要的共识,这是我们需要考察而借鉴的,回到自然演进和文化自觉的双重轨道上是合理的方案,而这个文化自觉不仅仅是对本土文化的认同,更重要的是对本土文化重新认同基础上的反省和提升以及再造,所谓仁与义的价值基础及其思考正是这个出发点。仁与义的重新回归就是重新回到人性本身的良知端点省察人类的天道本性,重新回到社会价值的原点确立正义、正当的公共性,把个体性的仁心、仁德和公共性的认同统一起来。公共性的认同既是一个理性重

① 胡适:《中国哲学史大纲》,上海:上海古籍出版社,1997年,第70页。

新建构的问题,同时又是一个社会性的个体情感在社会层面上的调适、调和的问题,这也是儒家的题中之义,这个问题在李泽厚有较多的阐发,这就是他所提出的情感本体和"度"的问题。

礼的诠释涵盖了哲学和社会学的层面,譬如对于礼的规范和控制导向的解释就是社会学的解释,而对于它的理性、情理和公共正义向度的思考则是哲学的。我们从未来中国的礼学演进的角度思考,这两个视角都不可或缺,我们还需要从现代的解释中获得新的创新条件,尤其是需要结合现代西方社会学和人类学的理解,因为,他们的思考形成了一些规范性概念,这些概念是我们继续考察的出发点。如果孔子礼学在新的全球化时代实现创造性的转换,就需要对此有一个总结和在中国哲学和社会学、人类学上的再出发。

## 三、结语:礼文化的社会学诠释向度及其中国哲学走向

礼俗作为人类文化的一种重要现象,它首先是一种文化表现,是一种意义表达基础上的人文类型,用人类学家怀特的话说:"人类心灵和其他任何别的物种的心灵存在着根本性的差异,这个差异不是等级的,而是种类的。只有人类才具有对事物和事件生发和赋予意义的能力,而且这种被赋予的意义可以被他人所理解。"[1]他举了一个"圣水"的例子。他说"圣水"不同于一般的普通的水,因为它自有特殊的意义在焉。但是,这种意义的来源何在呢?"它当然不依赖于流动液体的物理构造或化学成分,它依赖于人类有机体的独特能力,创生和赋予外部事物和行为的意义的能力。"[2]任何单独的动作或仪式活动,以及外在对象都可以从人类心灵那里获得"意义赋予",譬如你一个"咬手指"的动作,都可以被赋予意义。[3] 其意义在于这是动物所不具备的。当然,这种行

---

① Leslie A. White *Symboling: A kind of behavior*, *Ideas of Culture: Sources and Uses*, edited by Frederick C. Gamst Edward Norbeck Holt, Rinehart and Winson 1976, p. 26.
② Ibid.
③ Ibid.

为或行动的意义赋予,无论是个体的还是群体的,都是和人的心灵相联系的。那么回到人类心灵的方向来考察,就是我们日常所说的知情意三个方面的投射能力,但是,它一定是和人类群体性的共同接受的"规范或价值"结合在一起的,同时又因各民族特有的大文化特性而有所不同。譬如韦伯所说的儒教徒和佛教徒的不同,和伊斯兰教义的差异所导致的各自意义与规范的差异,以及仪式上的差异等等,但是,综合起来也不外乎规范与激励两个方面,只是这种激励来源于自己内心的情感、欲望或良知还是预设的外部的超越性存在等等。

帕森斯在讨论涂尔干的思想时说:"常态中的具体的个人在道德上是受过熏陶的。这首先意味着,规范性成分对他来说已经成为'内在'的和'主观'的了。在某种意义上可以说,他同这些成分'融为一体'了。"①帕森斯在这里特别强调涂尔干提出的共同价值在个人行动中的隐蔽性的但是不可或缺的制约性,它付之于个体的理想价值目标乃至于行动方式,它构成一种集体表象,集体表象实际上已经代替了个体行动的内在欲望的直接表现而成为个体行动的指南,这其实就是我们前面所提到的弗洛伊德的"自我",这个超越了本我的社会性的"自我"是集体表象的展现:"集体表象中包括共同的理想规范。集体表象的社会方面,主要不再是用共同的符号来表示同一个经验实在,如同我们在某种意义上有着关于太阳的'集体表象'那样,而在于这些集体表象作为理想规范在道德上约束着叫做'社会'的这个集体的各个成员。涂尔干在已经使用的论断中得出了如下见解,即共同价值体系是社会成为处于均衡之中的稳定体系的必要条件之一。并且从这个新见解出发,又有了这样一个看法即认识的方面如前所述,不可能完全穷尽与行动有关的这个价值体系所有的特点。因为理解一个规范及其对行动的影响,并不仅仅是承认它的道德约束性。除了认识方面的成分之外,还有对规范的尊重态度成分。"②认识态度和尊重态度的二元一体化,既

---

① [美]帕森斯:《社会行动的结构》,南京:译林出版社,2003年,第430页。
② 同上书,第434页。

使认识的理性成为必要,同时也使尊重作为一种情感展现的态度成为必要,当然它还要依赖于认识,但是,这种情感态度又是自足的,这就是规范特性的自我延伸及其维护所造就的后果。帕森斯在评论涂尔干时说,"他不仅洞察了社会控制问题的实质,而且对道德一致性的作用和意义提出了重要见解。因为社会的存在确实很大程度上取决于成员的道德共识,如果这种共识瓦解得太彻底,所得到的惩罚就是社会的灭亡。"①"虽然观察者可能把规范(其中包括道德理想)作为经验现象对待,但是绝不应该忘记,规范是一种非常独特的现象——它们是对于行动着的个人的规范和理想。"②他这里的意思是,规范并不都是现实的规则,而是包含着"理想",但是这种理想—规范的形式出现在人们面前,显然,它就这样把经验的规范和价值引导结合起来,不管这种价值引导是否具有确定的可现实性。"这个问题的解决,取决于行动着的个人的努力以及他们所处的条件。这就是人与规范之间关系中的积极成分,是这种关系中有创造力的或唯意志论的一面。"③

帕森斯把社会规范的积极意义做了特别充分的强调,即理想价值在社会规范中的引导性意义,显然,他在突出价值内在对人的生存方式层面的主导性、引导性而不是过分强调它的约束性乃至于控制心灵的特性,而格尔兹则把风俗习惯直接看成是一种控制机制的程序:"为了从人类学方面努力做出这样一种整合,以得到一个更准确的人的形象,我想提出两个观点。第一是最好不要将文化看做是具体行为模式的复合体——一系列风俗、惯例、传统、习惯——总的说来就像直到现在都是如此的状况一样,而是看作一套控制机制——计划、食谱、规则、命令(电脑工程师称'程序')——用以控制行为。第二个观点是,人类恰恰是极端依赖这种超遗传的、身体以外的控制机制和这种文化程序来指导自身行为的动物。"④所谓具体行为模式的复合体就是不同类型的行

---

① [美]帕森斯,《社会行动的结构》,第 440 页。
② 同上书,第 441 页。
③ 同上书,第 442 页。
④ [美]格尔兹:《文化的解释》,上海:上海人民出版社,1999 年,第 51—52 页。

为反应模式和文化模式下的习惯的一种组合,缺乏系统性、整体性和内在性,而把它看作是行为机制甚至是控制机制,很显然,这就非常不同了,它就不再仅仅停留在表象层面上,而是深入人类尤其是个体的行为动力的深处,发挥着可能是支配性的作用,即行为模式类型不再是表象的组合而是行为的发出机制。

对于格尔兹来说,他很重视人的先天的行为机能的自然性、本能性和生物性,而不是所谓理想价值和情怀情操等等出于人的道德理性的自觉能力的发展,甚至于他直接想要说的是人的直接的生物性的反应能力,因此,他才重视行动机制的调控性,他说:"对于人类而言,与生俱有的是极其普通的反应能力,尽管这些反应能力有可能是人类行为具有极高的可塑性、复杂性——并且在一切都运转正常的广泛场合下——和有效性,但很少得到准确地调节。那么,这是我们论点的第二个方面:没有文化模式——符号的有意义组织系统——的指导,人类行为实际上是不能控制的,只是一些无序的无谓行动的和感情爆发,他的经验实际上杂乱无章。作为这些模式的积累总和,文化不仅仅是人类存在的一种装饰,而且是——其特殊性的主要基础——它不可缺少的条件。"①格尔兹的看法似乎近乎极端,他认为,如果没有这种"外在的行为机制",人类行为就是一篇杂乱无章的图画,而且是不受控制的无机性的拼图,即行为的无序、无效、无意义等等,也就是一套本能反应和情绪随机反应的综合而已,显然,这样说,反过来证明人类文化或文明发展出来的各种行为机制是多么的珍贵和重要。这些机制或行动模式首先是个体生理机能的内在基础性条件的必要反射,但是"文化"的效果恰恰是对这种纯粹天然或先天的机能反应的有效控制或重新定向,有的甚至是直接的压抑和约束,否则文化的意义就失去了。但是,文化和人的本能之间的关系是一个最复杂的问题,它不仅在道德领域和宗教领域受到重视,而且在文化领域也同样如此,因为所谓道德和宗教的价值及其实现最终体现在各种文明或区域文化的"文化模式"中,

① [美]格尔兹:《文化的解释》,第53页。

所以,格尔兹说它是一套控制机制自然是合乎情理的。"当文化被看做是一套控制行为的符号手段和体外信息源时,它在人天生能变成什么和他们实际上逐一变成了什么之间提供了链接。成为人类就是成为个人,我们在文化模式的指导下成为个人;文化模式是在历史上产生的,我们用来为自己的生活赋予形式、秩序、目的和方向的意义系统。这里指的文化模式不是一般的,而是独特的——不仅仅是'婚姻',而且是关于什么是男人、什么是女人,夫妻间关系如何相处或谁和谁结婚合适等一套特殊的观念。"①从这儿出发,格尔兹就不再提供留在他的相对于本能反应的控制机制上面,而是已经产生了"文化价值"的含义,就是在社会关系中人的"人文特性"开始展现出来,他对此基本上是借用了哲学的思维路径,认为是世界观发挥了个体定向的路径依赖作用,而从社会评价的角度就构成了礼俗秩序的导向性因子。

格尔兹认为,实际上文化系统不管是宗教的还是伦理的(他一般列举宗教的例证),都包含着两个部分:一个是认知的,即对现实世界的解释和认可,被称作是"世界观"(world view);一个是被称作是道德的和审美的,是评价性因素,往往被看做是民族的"精神气质"(ethos)。世界观中包含了最全面的"秩序观念"②,这个看法与冯友兰先生的看法相一致。这里面的一个重要环节是通过仪式展现出来的各种神圣象征。"神圣象征将本体论和宇宙论与审美和道德相连:其特有的力量源于最根本的层次上它们是否足以为实施赋予价值,是否足以给予实际以理解上的标准意义使之脱离仅是实际的地位。这种对象征的综合在任何文化中都数目有限,尽管在理论上我们也许认为一个民族可以完全随意地抛开任何形而上对象(metphysical referent)而建构一个价值体系、一个无本体论伦理体系,但事实上我们从未发现这样一个民族。在某一层次上综合世界观与精神气质的趋向如果不是逻辑必需,那至少也是实践的强制;如果它不是从哲学上被认为应当,至少在实际

---

① [美]格尔兹:《文化的解释》,第60页。
② 同上书,第148页。

中也是普遍存在的。"①

格尔兹实际认为,任何民族文化或文明的行为系统中都有着深层次世界观的影响,这种世界观和人的日常生活伦理存在着一致性的整合,换句话说,世界观(当然包括民族的宇宙观等等,譬如中国人的天道、天命等等)是民族文化的深层基石,即便它不一定在表层上展现得那么突出或明显。冯友兰先生就认为中国思想中的哲学代替了西方宗教价值中的"超道德价值",但是这不等于说,中国思想仅仅就是像黑格尔所评价的只有几条干巴巴的"伦理教条",而是有其深厚的宇宙论基础,不要说道家或其他思想,儒家也同样如此。也就是说,中国传统儒家的思想中仁不是简单的情感的各种释放或投射,礼也不仅仅是一种社会性的礼仪约束,而是有各种背后的价值引导在内。当然,现代思想家的看法不会都是一样的,李泽厚先生就显然更强调儒家思想的社会性维度,而不是凸显它的先验性维度,因此,他的核心理念就是两个概念:第一是"情"或叫"情本体";第二是"度",这是从黑格尔和马克思主义学说借用而来的一个概念,在李泽厚看来,特别适用于儒家思想的表达,当然,对于儒家之礼是再合适不过了。当然,另一个维度就是现代思想家的梁漱溟先生提出的礼乐升华的路径取向,甚至于这个认知的力度不仅不小于格尔兹和李泽厚,也许更有在时代背景下的发展潜力。但是,梁漱溟提出的"理性"概念及其发展可以有多重维度的取向,这是个好事,但是也可能带来复杂性和认识上的不一致。

梁漱溟强调:"从来中国社会秩序所赖以维持者,不在武力而宁在教化;不在国家法律而宁在社会礼俗。质言之,不在他力而宁在自力。关乎其中者,盖有一种自反精神,或曰向里用力的人生。"②所谓向里用力,就是依据伦理本位的构造社会,就是在人伦日用关系上着力,第二是从职业分途上用力,而不是在阶级对立、对抗上用力,依据伦理本位,这就需要人人省察克治;而依据职业分途,则需要自我勤俭、刻苦、自

---

① [美]格尔兹:《文化的解释》,第149页。
② 梁漱溟:《乡村建设理论》,《梁漱溟全集》第二卷,第179页。

励、要强等等。① "试求所谓教化、所谓礼俗、所谓自力，——果何？则知三者内容，总皆在'人类理性'之一物。所谓自力，即理性之力。礼必本乎人情，人情即理性。故曰'礼者理也。'"②梁漱溟把人情看作是理，当然，他的人情不是我们通常意义上说的人情，而是清明平和的心，是心的自然清明状态，其实是人的本心，在这个意义上说，如果礼发自于人心，那可以说是理的表现，但是，事实是，正如格尔兹所讲的，礼在很大程度上不一定是人心的自然展开，而是基于人心的欲望束缚所作出的人为的规定，这就是成了控制调节的问题。同时，礼乐教化制度明显还有名分制度的层面，而不仅仅是礼乐教化。梁漱溟其实也意识到了这个问题，他曾经自陈，最初十分不喜欢"名分"这个词，认为，这是封建，故此，也不喜欢孔子的"正名"说。后来他在理解了中国传统社会是一个伦理本位的社会后，才完全接受这个理念。③ 而能够接受它，在于他认识到，宗教或传统秩序盖不能外于任何民族的萌发期，而在孔子之后，理性逐渐代替了家族或封建秩序中的单纯的等级身份秩序："中国之伦理名分，原出于古宗法古封建，谁亦不否认；却是孔子以后，就非宗法封建原物，愈到后来愈不是。此其变化，与礼乐、宗教之一兴一替，完全相联为一事，同属理性抬头之结果。"④梁漱溟把孔子发展的礼乐教化同理性画了等号，这显然有对孔子思想夸大的嫌疑，当然，他也看到了，儒家礼的关系中的"相互性"（reciprocity）："封建社会的关系是呆定的；伦理社会，则其间关系准乎情理而定。孟子不是说过：君之视臣如手足，则臣视君如腹心；君之视臣如犬马，则臣视君如国人；君之视臣如土芥，则臣视君如寇仇。"⑤意思是儒家的理解不是孤立的、静止的，而是动态的、均衡的。这就是他理解的情理，也是他理解的现代人讲的

---

① 梁漱溟：《乡村建设理论》，《梁漱溟全集》第二卷，第 180 页。
② 同上书，第 181 页。
③ 梁漱溟：《中国文化要义》，《梁漱溟全集》，第三卷，第 115 页。
④ 同上书，第 116 页。
⑤ 同上书，第 117 页。

"正义感"：正义感是正义的认识力，离开这个认识力，正义就不可得。[①]
而所谓正义感，就是他讲的"情理"，人们在情感中的认知与接受，或情
感的直接否定，这都是情理的表现，与之相对应的是静态的"物理"。
"总起来两种不同的理，分别出自两种不同的认识：必须摒除感情而后
其认识乃锐入者，是之谓理智；其不欺好恶而判别自然明切者，是之谓
理性。"[②]我们其实真的期望现实社会中的礼俗是理性的，是梁漱溟所
理解的理性概念的意义上的，基于这种清明平和的仁心的理性来制礼
作乐，最终超越礼俗规范而达到一种潇洒自然之境：

> 子路、曾皙、冉有、公西华侍坐，子曰："以吾一日长乎尔，毋吾
> 以也。居则曰：不吾知也。如或知尔，则何以哉？"子路率尔对曰：
> "千乘之国，摄乎大国之间，加之以师旅，因之以饥馑，由也为之，比
> 及三年，可使有勇，且知方也。"夫子哂之："求，尔何如？"对曰："方
> 六七十，如五六十，求也为之，比及三年，可使足民。如其礼乐，以
> 俟君子。""赤，尔何如？"对曰："非曰能之，愿学焉。宗庙之事，如会
> 同，端章甫，愿为小相焉。""点，尔何如？"鼓瑟希，铿尔，舍瑟而作，
> 对曰："异乎三子者之撰。"子曰："何伤乎？亦各言其志也。"曰："暮
> 春者，春服既成，冠者五六人，童子六七人，浴乎沂，风乎舞雩，咏而
> 归。"夫子喟然叹曰："吾与点也。"（《论语·先进》）

---

① 梁漱溟：《中国文化要义》，《梁漱溟全集》，第三卷，第128页。
② 同上。

# 礼仪重审与礼仪重建的若干分析前提

罗云锋

中国古称礼仪之邦，讲究礼乐教化。君子之教，亦讲究礼乐威仪。并以此教化百姓，人文化成，而成东亚社会之特色。

然而当代中国人在礼仪方面，据说却似乎颇多欠缺，每多不良表现，国内固然不鲜见，海外亦复如是，每多新闻报道当代中国人之粗鲁不文明处，虽或有以偏概全之处，然终是一现实问题。而反躬自审，或对照文明国家及其国民素质，本诸"见贤思齐，见过自讼"之态度[①]，笔者自身亦觉颇多欠缺处。

此何故邪？论者每谓是传统文化中断之故，文教上又稍不注重，无相应之内容制度，而导致如今之局面。其实，1949 年之后，也并非没有礼乐之教，不过其时之礼乐教化，乃为革命主义之礼乐，乃为集体主义之礼乐，乃为社会主义之礼乐。由革命年代而进于和平年代，礼乐亦当随之而变。其后，中国接续上晚清以来大倡其风的学习西方文化的历程，继五四之后，西方文化再度大行于中国，然亦同样疏于现代礼乐或现代仪礼之系统教化养成。

其实礼仪教育之前提与基础乃是礼义之教。而礼义则牵涉国家战略和文化战略。论者每谓现有三种传统：儒释道等中华文化传统，革命文化传统（以及社会主义传统），西方文化传统，而各有其相应之礼义与礼乐——当然，这三种文化传统也并非单一化的，而仍然有多重面目，呈现出丰富多样的复数形态，这是必须首先强调的。然此三种文化

---

① 参见罗云锋：《人类学视野下的跨文化交流》，加拿大《文化中国》，2013 年 2 期。

传统之礼义礼仪系统,或有系统或无系统,皆应对或对应于当时之特别文明形式与生活形式,比如传统礼乐乃对应于农业宗法制文明,革命文化应对和对应于革命任务和目标,现代西方文化传统则应对或对应于西方之工业文明、自由主义和仍然发挥极大作用的西方宗教文化等。各有各的优长,亦各有各的某些内在缺陷——其实,谈及优势与缺陷,同样必须涉及各自目的,或本来就是基于特定之国家战略、文化战略或统治群体的权力利益战略等。质言之,更关键的乃是各有各的对应的目标,以及基于此种目标而来的评估,而不是脱离相关整体背景的简单的高下轩轾的关系。

但文明或文化战略总须回应当下和未来的根本目标和任务,并据此进行调整。对于本论题而言,礼义、礼仪乃至礼制的选择和安排,亦是国家战略和文化战略的重要内容之一,国家战略和文化战略又必须根据对于国内形势(国情)和世界形势的判断来进行设定,故礼义、礼仪或礼制系统亦必须据此进行审慎的思考和妥善的安排。总的说来,本文将从如下一些角度稍作分析,重点在于说明思考相关文化战略以及进行当代中国礼义礼仪系统的设计时所必须考虑的因素和变量,而力避臆必固我的断言,甚至力避任何主张本身——这非我当下之力所能及,或者,亦非一人之力所可及也,必有志者群策群力,共同思虑筹划倡导践行而成之也。

## 一、礼仪的多元学科性分析

### (一) 礼仪与礼义

礼仪系统建基于礼义系统,并在礼义系统中得到合理性说明和解释论证,换言之,礼义系统为礼仪系统提供意义,提供合理性解释。这种礼义系统既可能是(被文化英雄、文化精英阶层、权力阶层或统治阶级等)精心规定设置的(比如周公的制礼作乐等),亦可能是在社会生活中逐渐形成的,成为一种习惯,进而被人们所接受和认同,或者被某些人整理成文字条文,整理成礼义系统,比如所谓的文化系统,或所谓的习惯法(礼仪系统亦复如是)。礼仪的合理性和合法性在于礼仪背后的意义系统,即礼义系统。礼仪系统的目的根本于礼义系统的目的,缺乏礼义的礼仪是不存在的。尽管有些人对于某些仪礼的目的并不了然,但这并不意味着礼仪没有意义,人类学家和社会学家常常能够通过民族志或田野调查等的研究,精确地说明和解释某种礼仪行为乃至礼仪系统的社会功能和社会意义,及其政治意义。没有(社会)意义的"礼仪"不可能存在,不成其为社会礼仪,而只不过是人类的随意动作而已,或只具有一时的行为功能,或者只具有一时的审美功能(这显然并不包括在本文的论述范围之内)。所以,判断某种礼仪系统或某一礼仪行为的必要性和合理性,其实是追问和评估礼仪背后的礼义或礼义系统。对礼仪的审视和批判必然牵涉到对于礼义的审视与批判。故礼仪建设首先是礼义建设,礼仪批判也首先是礼义批判。其实,对于国家文化战略而言,首要的乃是礼义教化,其次才是组织资源和组织方式,有好的礼义教化,才有好的人,也才有好的组织实践,或让好的组织形式能够发挥正向的、良好的组织作用或社会功效,让好的制度和战略获得良好的效用。没有好的礼义教化,就没有好的人,则一切制度、组织、战略都无所赋形,荒腔走板,画虎类犬,南橘北枳,南辕北辙。故关于当代中国的制礼作乐的战略任务的正确的思考路向乃是:先应有了好的礼义,再来思考如何设置相应的礼仪系统,以便更好地促进和固着礼义系统,取得更好的社会效果。当然,国家在不同阶段的不同目标和任务,亦会影响国家适时制定相应的礼义系统(前述革命礼乐即是当时适应革命形势而由革命党所借鉴创设出来的),就此而言,则须首先判断国家当前所处的阶段、所面临的国内国际形势、所需要达成的目标、所当完成的任务等,以及长远目标和任务,综合平衡,系统考量,据此来制定相应的礼义和礼仪系统。但中国礼义和礼仪系统一定要回应如下根本问题,即其和诸如平等、自由、人权、博爱、正义、民主等现代价值观念或现代礼义系统的关系问题。

### (二) 礼仪作为社会组织方式

礼仪可以是一种社会组织方式和生活组织方式。几乎所有的强固组织都有特别的礼仪系统,双方乃成一种正向或正相关的关系。礼仪系统、礼义系统(包括教义系统,而礼义系统还涉及权威来源的自我解释)和组织系统(包括礼制系统)互相配合,成就严格之组织,而发挥组织之作用。民主国家亦是一种组织系统,亦有其特别之礼仪系统。社会主义国家同样如此。而宗法制农村亦有其特别之组织系统和礼仪系统,封建国家、专制国家乃至极权主义国家等亦复如是。通过特殊的礼仪,将某些群体组织起来,获得共同的身份(认同)、习惯、价值观、生活方式、行为方式、情感表达方式乃至特别的统一行动纲领和力量。不同的社会结构和社会组织有着不同的礼仪系统,以及更为关键的背后的礼义系统。质言之,礼仪也对应着不同的社会层次,比如包括学校、单位、企业、职业、党派、群体、社会组织团体、宗教组织等组织内部礼仪,亦可包括整个社会、国家乃至世界(大同社会、天下主义、共产主义、世界村等)的普遍社会礼仪。而当民族国家仍是当代世界的主流建制的时候①,那么对于国家而言,特殊群体组织内部礼仪和普遍社会礼仪的关系亦是值得注意的一个极为重要的思考点。大多数情形下,特殊组织群体内部成员在社会中,亦必须遵守普遍社会礼仪系统,以维持整个社会共同体的认同感与和谐统一,而不是以特殊组织礼仪去对抗普遍社会礼仪,故意形成内部分裂和对立。但在特殊组织群体内部,则往往有普遍社会礼仪之外的额外内部特殊礼仪系统和礼义系统(前提是不能违背普遍社会礼仪,或在普遍社会礼义礼仪系统与特殊组织礼义礼仪系统之间找到合适的平衡点,关于此点,国家往往倾向于将一切特殊社会组织,比如非政府组织、党派组织、群众组织和宗教组织等,纳入到

---

① 参见[英]安东尼·吉登斯:《民族—国家与暴力》,北京:生活·读书·新知三联书店,1998 年 5 月版。

国法的有效管辖和控制之下)①。

以上是比较理想的情形,但在现实生活实践上,却往往存在着许多冲突。即组织群体内部礼仪和普遍社会礼仪冲突,比如宗教群体的礼仪系统、党派或其他特殊组织群体的礼仪系统对于国法、普遍人权和普遍社会礼仪的矛盾冲突("沙门不拜王者"是佛教徒与世俗权力之间的冲突②,纳粹党的党派礼仪亦和普遍社会礼仪存在冲突,等等)。有的组织礼仪是内敛的,退守的,并不排外(比如佛教,主动避处山林,远离人世,避免介入世俗生活,避免与世人争利,亦不歧视其他人群或群体,甚至多有慈悲之心怀,愿行善事,并仍允许世俗人群前来朝拜或参观,不必行其礼,但须予以尊重,等等。道教亦差不多);有的组织礼仪是排外的,温和的排外(不与其他群体接触,不歧视和攻击其他组织群体及其礼仪,不干涉其他人群的自由、权利、价值观和生活方式,并且自身组织亦有自由加入和退出的自由,不是强制性的对人身自由和人心自由即信仰自由的控制。比如有的基于特别生活取向或兴趣爱好的组织群体等③);有的组织礼仪不但排外,歧视其他人群和群体,而且咄咄逼人,表现出强势的攻击性的排外倾向(攻击组织外群体和个人,比如纳粹组织等);有的组织是强制性的、攻击性的(比如历史上某些极端宗教组织乃至邪教组织,就没有信仰自由或信教自由。所谓信仰自由和信教自由,指既有信教的自由,亦有不信教即退教的自由),等等,并因此导致种种文化政治问题,需要予以特别的注意和应对。

关于"礼仪作为社会组织方式"这一命题,还须重点分析普遍社会组织与特殊社会组织、开放性社会组织与封闭性或排外性社会组织之间的关系,对于特殊社会组织,需要满足普遍社会组织和开放性社会组

---

① 参见《中华人民共和国宪法》第五条:"一切法律、行政法规和地方性法规都不得同宪法相抵触。一切国家机关和武装力量、各政党和各社会团体、各企业事业组织都必须遵守宪法和法律。"
② 慧远:《沙门不敬王者论》,参见《庐山慧远大师文集》,北京:九州出版社,2014年版。
③ 英国史学家麦克法兰在谈及现代英国人的组织方式时,指出兴趣是最重要的因素之一。参见[英]艾伦·麦克法兰:《现代世界的诞生》,上海:上海人民出版社,2013年8月版。

织的基本要求,以其组织原则为前提,比避免成为封闭性、排外性乃至压迫性的组织存在;对于封闭性和排外性组织,尤其当予以特别的注意和有效约束。质言之,一定程度的封闭性组织,其存在的合法性需要满足一些基本前提和条件,比如,遵守国法,尊重其他群体和个人的人权和自由,信仰自由,等等。值得再三予以强调的是,当某个社会或某个群体中,只有一群人组织严密或严密组织起来,却不允许或客观上其他人都不能组织起来,这个社会就存在着奴役或被奴役的危险(即有组织的群体、民族、宗教、阶层等对缺乏组织资源和组织形态的那群人、民族、宗教信徒乃至绝大多数个人化或原子化的群体的奴役或压迫),而无论这群人是宏观的政党、民族、宗教还是微观的组织、单位,甚至临时性群体等。在现代社会,组织资源或组织资本的不对等会导致许多文化政治问题。按照意大利政治学家莫斯卡对政治的定义来看,统治即是一小群有组织的人对绝大多数没有组织的人的权力控制。[①] 这种控制发展到过度状态,甚至有可能变成奴役、压迫乃至屠杀,这是必须让人十分警惕的。而按照现代政治学理论来说,不是强调统治,而是更加强调治理,多元主体参与的治理,其目的其实就是让各个阶层、群体、组织、个人等的组织资源、组织资本或政治资源、政治资本尽可能地分散化、多元化、均衡化和民主化,避免统治阶级与被统治阶级的对立,以及可能的专制社会的出现。所谓增加社会中间层次,在国家和个人之间增加缓冲结构,亦并非建立各种互相冲突对立的封闭性社会组织,而毋宁说是接受宪法和国家法律有效约束的多元化的开放性的社会组织,而宪法所规定的游行、示威、聚会、结社等的自由权利亦只能从这个角度来理解。

值得注意的是,组织资源或组织资本的不对等,会导致严重的后果。就此而言,礼仪作为一种社会组织方式,必须考虑平衡普遍组织方式即普遍社会礼仪与特殊组织方式或特殊社会礼仪之间的关系,及其可能的文化政治后果。简言之,应更加强调普遍社会组织方式,予以均

---

① [意]莫斯卡:《政治科学要义》,上海:上海人民出版社,2005 年 10 月版。

衡化,避免过激的特殊组织方式造成的社会分裂,即不能过分强调特殊组织方式和组织礼仪,如果不能对此进行必要的条件和前提设定以及有效规制的话。

不过,与此同时,也必须看到,如果(一个人乃至整个民族、整个社会都)放荡失检、礼义廉耻荡然、毫无生活与道德的组织纪律和礼仪规范,同样存在着自我毁灭或被其他组织严密的群体或组织奴役的危险。历史上,这样的例子屡见不鲜,比如被某个严密组织的内外邪恶社会群体或文化群体——诸如部落战斗团体、军国主义、帝国主义或殖民主义、严酷残忍的神权政治,甚至包括所谓的相对看上去温情脉脉的皇权主义等——所奴役。这既和周边部落或国家的野蛮战斗团体或军国主义政治结构相关,也往往和中国内部礼义荡然、礼仪失检密切相关,内无廉耻而外侮立至。千万不要以为这在现代社会或当代社会是不可能的事情,历史上中国作为拥有巨大人口数量和财富的大帝国,往往都可能被人口财富根本不成比例的小的少数民族政权,或异族蛮族外族军国主义、部落战斗团体所征服和奴役(最近的例子是日本帝国主义和军国主义试图灭亡中国,以及其他一些大大小小、或隐或显的例子),则其殷鉴岂在远哉!

当然,有压迫就有反抗。攻击性、敌对性、排外性的国家内外部的严密组织或紧密团体,总会引起人们的疑虑、担忧、警惕乃至敌对,造成其他人(或民族)也会相应组织起来进行对抗和反抗,在内部,就会造成对于压迫的反抗和抗争,当然,也就造成内部分裂。所以,从一开始就必须特别警惕,及时消弭掉这种可能导致内部撕裂的组织和礼仪极端化的因素、倾向和萌芽,提倡普遍社会礼义和礼仪,在此基础上进行适度的特殊组织建设和特殊礼仪建设,而反对违背普遍社会礼义和礼仪的特殊化和极端化的礼义和礼仪,以避免内部分裂和纷争,以及弥补这种分裂和纷争所可能导致的更大的社会成本;在外部,也就造成被压迫的民族和国家对于帝国主义和军国主义的反抗,比如中国历史上,在民族和国家存亡危急之时,总是促使中国人空前团结和紧密组织起来,民族意识高涨,一致反抗、抵御敌对势力或敌国的侵略和压迫,最近的例子便是抗日战争。民气不可侮也！（某种意义上，现代中国之结束内战、一致对外乃至统一，作为外部组织的攻击的日本侵略亦是重要因素之一）

小群体严格社会组织在历史上和现代社会都屡见不鲜，既有组织起来进行统治和奴役的情形，也有组织起来进行反统治和反奴役的情形，后者在某种意义上，甚至可以视为"弱者的武器"或弱者反抗的必然方式，因为不如此则不足以改变弱者对于更强大组织群体的力量对比。[①] 但目的和手段往往不能匹配，乃至适得其反，历史上这样的情形也非常多，因为一旦小的群体严格组织起来，就会引发连锁反应，导致其他原本松散联系乃至个人化或原子化零碎存在的人群同样组织起来，各各凸显身份意识，泾渭阵线分明，进行对抗，最后两败俱伤，造成巨大的社会震荡和社会成本。所以更加重要的是国内的平等、公正和自由，减少贫富差距、身份差距等种种所可能导致内部分裂或内部对抗的因素，包括阶级对抗和阶级斗争——这是政治家和政治学家所要真正考虑的大问题。在良好政治经济政策措施极力建成贫富差距小的公正社会的基础上，通过重建普遍社会礼义和礼仪系统实现充分国家融合（减少各种社会群体的离心力，实现全面有效融入和融合）。举例来说，在西方发达国家，移民问题往往是重要政治论题和社会问题之一，许多国家都面临移民融入的问题，故有些国家开始试图规定移民入籍必须掌握基本的移入国的语言，比如德国政府近年来规定，土耳其移民入籍德国就需要掌握基本德语，参加德语"学习班"，以期在"学习班"上全面了解德国的宪法、历史、文化和价值观，甚至进行"入籍考试"，等等——当然，这一政策措施是针对所有想入籍德国的移民的。语言亦是一个国家或社会的礼义和礼仪系统的重要组成部分，此种措施同样是建设普遍社会礼仪和实现充分融入的一部分——其实，所谓官方语言，乃是出于同样一种考虑——当然，与此同时，为了照顾少数民族或

---

① 关于"弱者的武器"这一命题，参见［英］詹姆斯·C.斯科特：《弱者的武器》，南京：译林出版社，2007年。

少数群体的利益,有的国家和地区也会宣布多种官方语言。行文至此,只是为了强调,一个国家和社会,往往会存在两种相反相成的趋向:小群体为改变自身弱势地位而愈发加强封闭性内部严格组织,与重建普遍社会礼仪的必要性和努力,这两者之间,往往存在很大的矛盾、张力和此消彼长的关系。事实上,两者相反相成、相生相克,关键在于把握其中的平衡点,减少不必要的内部消耗和社会成本。没有普遍社会礼义礼仪系统,谈何全面融入? 拿什么东西去融合? 但普遍社会礼义礼仪系统又必须是全社会形成共识和认同接纳的,不然普遍社会礼义和礼仪系统的尝试又恰恰可能撕裂社会。如果未能形成共识,或重建本身就有巨大问题、和现代良好先进价值观念背道而驰的所谓普遍社会礼义礼仪,就很难真正吸引人参与到这一普遍社会礼义和礼仪系统的重建中来,那么就只能强制推行,而这种失却民意基础的强制推行又会导致更多的抵制和反抗。当然,重建社会礼义和礼仪系统也不是一味迎合人性的弱点,仍需有振作乃至一定强制的因素,人文化成和道德重建何尝不有一定程度的强制性,对人性弱点的强制,但不可过度,不可超过人类良善价值观而走向重建社会礼义和礼仪系统初衷的反面。

在某种程度和某种意义上,中国或中华民族之能成其大,一方面在于中国宗族组织及其礼义礼仪系统的强大社会组织能量,以此种结构安置一切新的外来人口,重新组成中国式宗法社会结构,另一方面又恰恰在于平常时期或常态化时期其组织的开放性乃至相当程度的无组织的存在状态,或者怀柔远人,或者主动被动地接纳周边少数民族加入中华民族大家庭。当然,从另外一个角度来分析,这也造成了中国和中国民族的斑斑血泪史,尤其是面对组织严密、手段残酷的部落战斗团体、外敌、外部军事化组织,或各种不友好内外政教文化组织群体或共同体的时候。所以,对于组织资源和组织形态等问题,因为事关国家治理乃至民族存亡等根本问题,真是不可不慎重深远地筹划经纬。

## (三) 礼仪与自由

任何作为已经经由现代价值观念洗礼的中国人,都非常珍视自由,和享受自由。生活中的基本自由,是生活幸福感的重要来源,不受任何人干涉的基本自由,亦是自由人之所以为自由人的根本原因。所以,礼仪不能违背基本自由(人们一般强调言论自由、信仰自由、新闻自由、游行结社组党等的积极自由,殊不知还有消极自由,比如:沉默的权利和自由,离群索居的权利和自由,不受干预和干涉地生活和存在的自由,公民不参与的权利和自由,公民退出的权利和自由,公民不服从的权利和自由,等等。当然,上述自由同样是有其前提和限度的)。但自由的定义也并非一般人所理解的随心所欲的绝对自由,而是相对自由,即在遵守基本社会规则或共同社会规范的基础上不受干涉和侵犯的自由,也可以进行如下解释:自由就是,我不侵犯你的权利和自由,你也不侵犯我的权利和自由,在这样一个自由均衡状态下互相和谐共存。自由是遵守基本法律、人权乃至风俗习惯基础上的不受其他任何权力、组织、群体、个人干涉的权利。据说在这方面,中国人有些走过头了,有些中国人试图将自由扩展到法律之外,扩展到侵犯他人的自由和权利的程度,或者,不尊重他人,不能宽容他人的并不违反现行法律的价值观、信仰和行为习惯等,这就有问题了。对此,基于此种相对自由基础上的合理礼义系统的特定礼仪就有纠正此种过了头的自由的功能——事实上,如果要在文教系统中加入基本礼仪教育和训练的内容,也只有在这个目的上才能获得其合理性和合法性解释。

这便涉及礼仪和自由之间的关系问题。无论是礼仪,还是背后的礼义,目的都在于约束随意干预、干涉乃至侵犯他人自由权利的绝对自由,或暴力,而肯定和维护相对自由,并进一步以礼仪系统来维系相互间的情意和和谐秩序。质言之,礼仪不能干涉基本自由,但自由亦不可过度,故适度而必要的礼仪亦有价值。反之,则有人说,如果任何人或任何组织群体,不能提供合理的理由和解释,便要求我放弃基本自由,加入某个组织,实行某种违反我基本权利的礼仪,并不给予任何合理的解释,或不过分的权利的让渡或置换;或者,这个组织乃至这个社会的教义系统和礼仪系统违反基本人类价值观和国家法律,那么,我是拒绝加入任何组织和实行任何额外的礼仪的。对于此一种观点,理性的人是完全可以理解和接受的。因为没有自由,秩序和稳定毫无意义,而往往会变成压迫和奴役。虽然人们并不否定秩序和稳定的正面价值和必要性,但不能故意地以秩序和稳定为名乃至为要挟,去损害自由和侵害人权。秩序和稳定的目的即是保卫自由和人权。

但有关现代公民自身必要修养的必要礼仪除外,因为这对自己与社会都是有好处的,所谓的现代礼仪,很大程度上就是这样的一种性质,以自我要求的礼仪进行自我负责,提高修养,以便共同生活或和谐共存。为此甚至可以有条件地让渡一部分自由,比如在大街上大呼小叫的自由或在公共场所大声讲话的"自由",衣冠邋遢、不修边幅的自由,奇装异服、行为怪诞的自由(或辩称曰:反正"我"没有干涉到他人的自由),等等。当然,这种让渡同样并非是强制性的,如果有人就是要奇装异服、不修边幅、行为怪异,只要不干涉他人的权利和自由,社会亦能予以宽容,而只是觉得其比较怪异或修养稍有问题而已——就此而言,现代礼仪涉及个人修养,不是一种强制性的规范,虽然这种规范对社会共同生活是有好处的,所以现代礼仪可以在学校中予以教化推行。

接着上述"让渡一部分自由"的话题来讲。必要的普遍礼仪,并且不能违反基本权利,或至少有权利的平衡让渡或平权措施。所谓平衡让渡或平权措施,最简单的一条是:可以有退出的自由。与此同时,也必须强调,对于礼仪系统的制定和推行而言,让渡的自由必须作出合乎理性和合乎逻辑的解释,换言之,其目的必须经得起现代价值的推敲,比如,将礼仪落实在和谐共存、共同生活上,落实在自身修养上,而自身修养同样是为了在社会共同体中和谐共存,等等。就此而言,中国古代的礼仪教育并非没有其正面价值,只是在礼义系统方面尤其是在等级制方面出了一些问题,需要予以修正,尤其是等级制的问题。

### (四) 礼仪与平等

在中国,有关礼仪的争论,最招人非议的便是等级制的礼仪及其合理性、合法性问题。当思考重建礼仪系统的论题的时候,就必须对此予以严肃的审查和批判分析。很明显,这里牵涉到对传统文化及其礼仪的态度和评价问题。一般说来,传统儒家礼仪以其三纲五常或三纲五伦为中心。三纲皆有等级制之因素乃至严重问题,必须重新审视和批判分析,剔除其等级制内容,而汲取某些有价值的内容;五常或五伦则有对等性或对等制因素,可作批判继承和创新发展。质言之,彻底抛弃等级制,抛弃任何特权思想,任何人不因与生俱来的某些因素比如性别、年龄、家世或地位等,以及后天获得的某些因素比如身份、职位、财富、学识等,而获得法律上的特权,或实行人格上的等级制。任何人在人格上和身份上都是平等的,不需要等级制礼仪予以拉开和强调两者之间的人格等级或身份等级——礼仪涉及情意和修养,不涉及特权与人格等级。故在基于年龄的礼节方面,学校中学弟学妹或可尊重学长,学长或可关爱照拂学弟学妹,却并没有命令学弟学妹的权力,甚至没有一定要求对方简单地行一个礼的权力——这些礼仪建基于自愿,建基于双方的情意。同样,年轻人可以尊重年纪大一点的人,应当尊重老年人,给其让座,但年纪稍大一点而仍然健康乃至健壮的六十岁上下的老人,并无权力或权利一定要求年轻人让出其座位(真正的行动不便的老人尤其是古稀耄耋老人除外),除非本身就是安排给老弱病残孕的座位。让座涉及修养、情意、礼貌与尊重,不涉及权力与权利。如果没有其他特殊原因,年轻人不让座(确有需要的老人)与老年人强制要求年轻人让座,乃是两相失之情意与两相无礼的事情,完全违背了礼仪的本来初衷,单纯地去谴责某一方都是不公正的事情。年轻人不让座往往会受到舆论谴责,但亦不排除某些不让座的年轻人当时确实有其他特殊原因,甚至,其也并未违反法律,亦并未侵犯他人之权利。老年人将此当作理所当然的权利,却并不能同时表现出相应的感谢情意和礼貌,甚至出口伤人、大打出手,那也哪里有任何礼仪和修养。而关于其他社会关系,如果一定要规定相关礼节的话,一定是本着平等、情意和修养等理由,互敬互尊。比如妻子要尊重丈夫,但丈夫同样要尊重妻子,如果有相互礼仪的话,也只是相互行礼,相互举案齐眉,而不是单向的夫为妇纲。又比如下属可以尊重上司,上司亦当尊重下属,而各有相互之礼节情意,而不是单向的权力控制、人格等级,乃至人身依附等情形。

质言之,礼仪不能变成一种特权,或变相的特权要求。

### (五) 礼仪与权利

礼仪不能侵犯公民的基本权利,比如言论自由、良心自由、信仰自由、新闻自由以及其他基本人权。对于包括宗教组织在内的种种组织内的礼仪,在尊重宗教或组织内部的某些特别规定之外,亦不能违背基本的人权,尤其关键的是,作为某种有效的制衡和自由的一部分,任何组织成员和宗教信徒都有退出包括宗教组织在内的所有组织的自由,即基于自由意志和自愿性,自由选择和退出某种组织的个人自由,这样就不会导致组织成为一种专制性、强制性、裹挟性、胁迫性的压迫人的力量,亦不会因为组织的固化而一反初衷成为压迫性的存在——事实上,若是基于自由意志和进出自由的自愿性,恰恰能有效防止组织的固化。组织群体所制定的章程、规范等(比如佛教寺院仪轨戒律等)亦不能违反最基本的人权。所有的国民首先是公民、是自然人,然后才是各种身份性的存在,故首先必须确保其最基本的公民权利和人的权利,在此基础上制定平等的公民礼义和礼仪,其次才是各种社会身份性的礼仪、礼义要求,以及和社会组织相联系的礼义和礼仪要求。公民礼仪乃是普遍性的,而特殊身份礼仪和组织礼仪并不强求所有成员都遵守。打一个并不十分适切的比方,就像包括食品进口等在内的商品进口,国家会要求其符合基本标准,比如 ISO9000 质量认证系统,只要满足这一基本条件,亦是强制性要求和条件,就可以进口(只有满足这一点,才是可以让人们放心的食品与商品),至于人们到底是选择更高质量标准的食品和商品,还是选择一般性食品和商品,就交由人们自由选择。与此同时,在强调公民权利的同时,那些试图以特殊身份逃避世俗政权和世俗法律的监管,或者逃避世俗政府所要求的国民义务,都是和现代政治观念比如政教分离原则、法治原则或宪政原则等背道而驰的,而在历史上,这些情形也导致了种种严重的后果,比如中国历史上某些人为了逃避赋税而托身于寺庙、西方历史上的王权和基督教的冲突等。质言之,礼仪不可侵害基本公民权利,不能干涉公民自由,包括选择自由和良心自由等,礼仪亦不能变相成为一种权利享受或特权。

### (六) 礼仪与修养

礼仪亦是一种修养,个人修养和社会修养。但礼仪往往首先是及己的,用来自修、克己、自我负责、自制,而非首先用来律他、责他的。比如中国传统礼义礼仪系统中的君子人格和君子威仪,便是如此,首先乃是要求自身修身端谨,戒慎恐惧,忠信友爱,谨言慎行,在装束打扮、住行坐卧、交接应对、立身行事等方面都有颇为严格戒律和规范[1],等等。又比如僧人亦有威仪,其威仪是建立在自身严格遵守种种佛教戒律和仪轨的基础之上的[2]。与儒者交往,如沐春风,原因何在?便在于这样一种内化的礼义、礼仪和修养。其实西方的绅士传统亦是如此,其礼仪同样体现了一种个人修养。

在礼义和礼仪系统层面,中国更注重"敬诚"(《礼记·曲礼》第一句即为"勿不敬"[3],《大学》《中庸》皆特别重视"诚")、"仁爱"、"忠信"等。

### (七) 礼仪与纪律

礼仪与纪律,同样是很重要的一个思考角度,这其实亦可置于"礼仪作为一种社会组织方式"或"礼仪与公民礼仪"等论题中来分析。引申开来,还可以从集体主义、民族或国家目标等角度来分析礼仪——事实上,虽然人们往往正如上述强调礼仪是一种自我修养,但礼仪系统亦常常被用来实现某些宏观政治目标,而带有强烈的文化政治目的。不管是否赞成此点(比如自由主义更加强调个人权利,而不是国家目标或集体主义目标),却不能忽视这一事实本身,尤其是在民族国家体制或列国竞争体制在可以预见的范围内,仍将持续相当长的时间的情形下,以及中国仍然处于发展中国家的现实情形下,更是如此,而于此亦当再

----

[1] 儒家之君子讲究"礼仪三百,威仪三千"。参见《中庸》。
[2] 佛教亦有"三千威仪,八万细行"的说法。
[3] 《礼记·曲礼上》。

三致意焉。

### (八) 礼仪与权威

然而,如果没有权威和权力,谁来推行礼仪? 这涉及礼仪系统的合法性来源,亦涉及礼仪的组织者、掌握者与推行者——当然,更进一步的追问是：谁的礼仪? ——卡尔·马克思就是这样追问的,从而将权力和阶级因素带入对于问题的思考和分析之中,此处按下不表。

普遍基本礼义系统和礼仪系统确有其社会利益和必要性,但关键问题之一在于：礼仪的权威从何而来? 如果缺乏具有合理解释的权威,既很难被人们所接受,也很难推行下去。质言之,此处所谓之"权威",包括两层意义,第一乃是礼义和礼仪系统本身的权威何在? 礼义和礼仪系统如何自证其身? 或者亦可大致置换为马克斯·韦伯的合法性命题,合法性何在? ——当然,也可以借用马克斯·韦伯对合法性来源的三种归纳[1]。第二乃是礼义和礼仪系统由哪种权威力量和相应手段来推行、维护或赋予权威? 两个问题既有着密切的相关性,比如前者往往决定后者,或导致后者的实际效用;又有明显的区别,前者是合法性来源问题,后者是手段问题。换一种说法,两者的关系又既可能是一致的,也可能发生冲突,而当一个社会对威权来源存在分歧的时候(包括文化转型或社会过渡时期),强行推行其中的一种威权价值观,往往就会导致对抗和冲突,或者导致后者不能发挥真正的效用。

关于合法性来源,马克斯·韦伯当然有其高度概括。在笔者看来,往往包括宗教权威、圣贤权威(然亦托命于天)、理性权威(文化精英如何证明自身)、基于人性论预设(认知或共识)而来的权威(此亦可以说是理性权威,或建立在人类学预设或人性论预设基础上的理性权威和知识权威,因为对于人性本身的判断跟理性和知识到底有多少关联性,亦是值得怀疑的。偏激者甚至宣称,人性不过是一种假设而已,或者仅仅是一种假设后的事实而已)、暴力权威等几种形式。关于维护权威的

---

[1] 参见[德]马克斯·韦伯：《经济与社会》,北京：商务印书馆,1997年。

手段,亦和作为合法性来源的权威概念密切相关,按照现实主义的分析思路,暴力和国家在其中发挥着关键性的作用,此处不细论。

此处重点想追问的是:礼仪重建到底应该是一种国家行为还是社会行为? 此处亦不展开论述,而只是谈一些历史事实。往往在立国之初,统治者挟其威势,定鼎立政,则制礼作乐往往就是自上而下的国家(强制)行为;在立国既久之后,往往就变成社会行为,即对国家礼乐系统的调整和修正,这一过程往往在国家和社会互相配合的时候能够发挥更好的作用,即社会层面的自下而上与国家层面的自上而下的有效配合补充。从其入手路径上,先以自下而上的社会行为行之,收其成效,得其向心力,靡然成风,则可在进行审慎审查的基础上(看其是否和现代基本价值观相冲突)逐渐变成国家行为,而在国家层面推行之,包括在文教体系中大力倡导推行之。当然,在这一过程中,无论是历史上的实践或事实,还是理论上的可能性,文教精英都往往乃至必须在这一过程中发挥了重要的作用——当然,既有好的作用,也有坏的作用。良好的制度设计就是避免坏的结果。

## (九) 礼仪与肃然起敬

关于肃然起敬的问题,正好可以作为一个较为适切的例子来说明礼仪与威权的关系。笔者于自己所开设之"人情社会学"的课程上讲到中国传统礼仪时,偶有打趣曰:"什么叫'肃然起敬'? 你且'肃然起敬'一下给我看看?"虽是笑语,然实在包括重要之问题。据说,现代人——尤其是现代中国人——已经失去了"肃然起敬"的情意与能力(不知何为严肃,严肃何为,用 20 世纪 80 年代思想界常提及的一句话就是:拒绝崇高或消解一切崇高和神圣之物事,此虽或有思想解放之意义,然亦恐过度过头而导致消极后果),前者涉及价值观或内容,后者涉及礼仪或形式。西方据说是尼采的"上帝死了"而导致肃然起敬的消失,中国则是传统现代转换过程中——亦即西化,当然对这一西化亦可做进一步的分类和分析,失却对传统和威权的敬意的,也同时失却了基于传统敬意之上的传统礼仪系统。

此处不作太多分析，只是以此具体小例子，提出几个问题引发人们的思考，或进一步解释和回应上述"礼仪与威权"的论题。也就是三个问题：如何肃然起敬？起敬什么？为何要对其肃然起敬？（第一个涉及礼仪，第二个涉及价值观内容本身，第三个涉及对于合法性来源的追问）先思考清楚这三个问题。（这三个问题也可以表述为：怎样地表达敬意和表示敬重？对什么肃然起敬？什么东西可以引起人们的肃然起敬？这便涉及文化价值观的植入，以及相应的权威性何在的问题。也就是前述"礼仪与威权"的中心关注。或曰：其实，人类文化中，有些其实都是无须证明的东西，但人们偏偏要用理性去解释说明或证明，反而可能导致更多更大的问题）

或曰：现在的小孩子，除了追逐文体明星，还会真正地敬重什么呢？而对此表示忧虑。又或曰：这恰恰是社会进步的表现。我们又该如何看待这两种观点之间的分歧？

## 二、礼仪重建的原则与设想

关于"礼仪重建"，还可以从其他种种角度来进行思考分析，比如礼仪社会与政教分离；礼仪与仪式（仪式感）；礼仪与效率、实用主义与礼仪、仪式；儒家或儒教作为一种（社会）组织方式；礼仪作为一种生活方式和文化资源（从"礼仪作为社会生活方式"的角度来论述，则诗礼骑射作为一种生活方式，便只能发生在农业文明和封建时代或奴隶制时代，又往往和封建阶级、贵族、地方主义或地方共同体、军阀土豪割据等背景有其关联性。而在专制大一统时代，则士民变成臣民，在现代民族国家，又变成公民和基于社会分工的各种职业成员，不允许作为全民社会生活方式的骑射。当然，将骑射训练和礼仪融入现代公民教育体系并非完全不可能，但无此大的必要，而往往代之以其他体育训练项目及其相关礼仪训练）；礼仪作为统一社会和社会认同的重要资源和方式（民族融合和社会融合等）；礼仪与国民性（以及更重要的"礼义与国民性"）；礼仪作为共处的规范与情意；礼仪与习惯法，等等。但行文至此，笔者想换一种分析方式,从礼仪重建的具体方面内容来谈,当然,限于目前的时间、见识、学力和思考力,亦只能简单论及,并且暂时只能是刍议,并不执以为是,或不由分说,而是对一切批评商讨持一种开放的态度。

## (一) 重建礼仪系统的部分基本原则

在中国谈论"重审或重建礼仪系统"的话题,必然要涉及如何评价传统仪礼之核心"三纲五常"的问题。对此,笔者的总体观点是:"三纲当废,五常可议",此可视为对于传统礼制的基本原则。另一基本原则是:(关于"五常可议",则)在公民礼仪的基础上,借鉴汲取传统文化礼义和礼仪的有价值的部分,纳入到现代公民礼义和礼仪系统的建设中来。即中国现在需要的是建立公民礼仪而非封建等级制道德礼仪,但传统文化中的一些有现代意义和价值的普遍性礼义礼仪内容,可纳入到现代公民礼义礼仪系统,即在现代公民礼义礼仪系统中亦可纳入敬诚、仁爱、忠信、长幼(尊老爱幼、为老当尊、为幼当敬)等方面内容。但一定要有限度和底线,即其前提是合乎诸如平等、自由、公正等现代文明价值观,合乎人权,合乎国法(当然,国法亦当合乎相关宪法原则,而宪法原则的选择又涉及国家战略之制定等),公正公平,这是现代公民礼义和礼仪的前提、基础和核心,不可本末倒置,将等级制乃至专制主义价值观和礼乐系统凌驾于现代文明礼乐系统。从表述上来说,即是以公民礼义礼仪或国民礼义礼仪建设为中心,借鉴传统文化礼义礼仪系统,建设有中华文化特色的现代中国公民礼义礼仪系统,而非相反。尤其要强调的一些原则也包括:公私分明,权界分明。公私分明则公私之间不可让渡和交易,权界分明则权利界限当厘清,权利与道德之关系亦当厘清。即或受传统文化影响,中国人各伦之间的权界关系可以所有浮动,但这种浮动权界亦是建基于相互善意之让渡,不可视之为理所当然,视之为当然不让的个人权利。举个例子,比如在电影院或其他商业场合,大家都花钱买好了票,都有了票面所规定的位置,然后某个年纪大一点的人说想要更好一点的位置,在这种情况下,让座的人是基于善意或情意，并非义务上必须如此，老人亦并没有这种要求他人让座的权力或权利，故当年轻人主动让座时，至少亦当表示感谢，而不可将之视为老人的特权而理所当然、心安理得地享受之，甚至连个谢谢都没有。当然，在公共资源方面，自当有敬老之制度行为，与此不同。但其中道理应是一样的，即此种礼仪，乃是基于一种善意或情意，当任何一方或双方都没有了这种善意或情意，谈何礼仪，则两皆失之也。一定程度上，中国当代社会每因老人让座等问题发生种种争议，便是没有分清此种权界的缘故。

### （二）家庭礼仪不可过度

另外，礼仪亦不可过度，尤其是上文所述的基于善意或情意的权界浮动或权利让渡，不可超出常理，比如让人牺牲自己的身家性命来救助传统伦常体系中的某个高位阶或任何人，比如二十四孝图里面记载的许多血腥残忍的故事，那就超出常理，甚至根本不是公民道德，而变成奴隶道德或奴役人的礼仪规范了，或是鲁迅所谓的"吃人"的道德了。故对这部分伦常道德礼仪，即或有其一定之好意，亦当予以降等或减轻化处理，即权界浮动不可过分，而处于一个较可以接受的范围之内。此处且举"五服"丧制为例。平心而论，即便在当代社会，"五服"之亲疏远近之礼节仍有一定现代意义和价值，但其礼仪内容或礼仪程度太重，比如守孝三年或庐墓三年，而此三年内不能为官（即不能工作），在饮食娱乐等方面都有严格之限制，等等，这些规定在现代社会便显得过于严重，有时且无必要，而当降等改易之。又比如动辄三跪九叩等，同样不必过度。在笔者看来，即或要维持此一种礼仪形式，那么跪叩只可或只需对直系祖父母以上（并且只限于特别的节日、场合和仪式中），对父母则不需要下跪，而倡导一种基于爱与亲情的父母子女关系。又比如，祖父母长辈对晚辈有建议权，无命令权；父母对子女有教令权，无漠视乃至剥夺小孩之基本权利之权力，孩子成年后，更当调整对待态度，将之视为平等成人来对待。长辈在小孩成年后更是自动失去许多对于幼年时期小孩所享有的教令权力或经济权力，而仅为纯粹之亲情。此等家庭伦常礼节,皆可降等,或作减轻化、现代化处理,且不能触及平等权利,亦不能违背法律。

### (三)父母子女间之礼仪

这可分为三个层次,第一,儿时之父母子女礼仪。此阶段重在父母之表率。为人父母者当之为人父母之基本修养与礼仪——当下之中国,在这方面的教育几付阙如或缺失,故笔者每谓每个有意生养儿女的中国人,都需要学习"如何做父亲、母亲",习得相关之修养、常识与礼仪,这甚至是最重要的教育内容之一。不在于对儿女之威权和强调儿女之孝敬。言归正传,在这个阶段,父母的身份是抚育者、榜样、教育者、示范者、朋友、合作者、关爱者等,以亲情和公民礼仪为基础而加以教令权而相处之,而且父母必须尊重小孩自身的想法和意志,商量协商之,尤其是对于8岁以上之青少年。至于小孩,则只需学习父亲母亲即可。10岁以后,可以和父母沟通协商。再次强调:就此阶段而言,更为重要的论题乃是,中国人应该补充上重要一课,即我们怎样来做父亲和母亲,这是非常重要的论题。传统失坠,新统未立,有志者当于此有所作为。第二,子女长大成人而父母尚未衰时的父母子女礼仪:互相亲爱、平等互动之礼仪,而重在亲情。第三,子女成人或成家立业而父母衰老或老迈时,则当强调子女对父母之孝敬之礼仪,亦以示范自己的小儿女辈即此家之孙辈,并当强调孙辈对祖父母辈的一些不过分的礼仪,甚至包括正式仪节性的跪叩亦未尝不可,而祖父母亦对孙辈疼爱有加,有相关之勖勉教导等。

夫妇礼仪(与两性礼仪,后者或可在社会礼仪中稍论之,然亦不可太过强调,女性主义者对此亦有其思考)。(略)

祖父母与子孙辈礼仪(略)。

长幼已如上述,并参考下述社会长幼礼仪(略)。

### (四)公民礼仪中的长幼礼仪

在直系亲属之外,或所谓"五服"之外,便以公民礼义礼仪对待之。

当然,公民礼义礼仪中亦包括长幼礼义礼仪等方面的内容,比如尊老爱幼的大原则以及相应的不过分的礼节或礼仪。也就是说,直系亲属以外,全以有中华文化特色的公民礼义礼仪来对待之,不可将家庭长幼礼仪关系复制到社会层面,对于不相识之陌生人或公民或国民,若无交涉,无论老幼,路上亦不必有烦琐之招呼礼仪等。比如,关于社会层面的"尊老"一节(当然,对于家庭内部的"尊老"仪节,或所谓的现代"孝道",则另当别论),对待不认识、不熟悉和无交涉之老人,不必以繁琐礼节相互扰动之,自然走过即可,无事即无须多所繁冗礼节;而对于熟悉或打交道之 65 岁或 70 岁以上之老人(更不要说是 80 岁以上的老人了),应有相应之尊重之礼仪;但与此同时,对长幼之界定亦可有所调整。或曰,在当代社会,"长者"乃指 65 岁或 70 岁以上,"幼者"乃指 18 岁以下,而 18~70 岁之间皆属成人(当然,以上亦不可拘泥之,因为不同人的身体健康状况等并不一样,而社会伦常道德乃涉及道德与情意,并非权力与权利,所以亦无拘泥之必要,可根据具体情形,基于好意而判断之、权衡之)。此后又可以进一步区分之,比如 65~75 岁或 70~80 岁为第一阶段之老者,75 或 80 岁以上为第二阶段之老者。18 岁以下乃为青少年,8 岁或 10 岁以下乃为幼儿。而对待之仪节皆稍有不同。比如对于 8 岁或 10 岁以下的小孩,全社会应有无条件之特别爱护对待之道德义务;8~18 岁之间的小孩,应有尊重长辈之礼仪;而对于 65~75 岁或 70~80 岁的老人,如系熟识,或有所交际,则全社会应有相应之礼仪(所谓"行礼如仪",比如起立拱手,让座敬茶,搀扶帮助迎送等);对于 75 或 80 岁以上的老人,则如有必要,则全社会当有无条件尊敬礼让帮助之道德义务,对于认识或不认识的此等老人之不违背国法人权等的"指使",可予以相当程度之尊重和配合之。幼童与耄耋有同等待遇(此即尊老爱幼之主体,尊老爱幼之主语或施动者则是全体社会成员;青少年亦当尊老或有稍尊大人之礼节……

而在 18~65 或 70 岁之间的成年人,无论年岁多少,大家都是平等的、自由的个体,一切以公民礼义礼仪为标准,不能享受任何基于年龄的特权。一切自己动手,不可让幼辈或小辈代劳,事实上,这个年龄阶段的人,无论身份职业和年龄(包括官长和老师等),除非特殊情况,比如健康状况堪虞等,皆不可颐指气使,比如让人拎包、打伞、跑腿、服侍等皆不可,但可对所有确有需要者提供帮手,然而这却是基于公民礼义和礼仪,无关普遍社会伦理之中的长幼伦理。另外值得提及的是,社会长幼礼仪只限于对方确实需要帮助之时,且非强制性道德义务,即不能将之视为天经地义的权利,如此乃有一种相互之好意与感恩。同时,青少年成人或毕业之后,则全社会皆须待以成人之礼,此人亦从此而亦当以成人之标准要求自己,有成人之稳重和自我负责的表现。

综上所述而质言之,在社会伦理层面或公民礼仪层面,除了五服之内的亲属关系,一切以成人之公民礼义礼仪系统来维系之,而在某些特殊行业职业中则加入基于敬意、善意、好意的相互间情意之礼仪,比如师生之间、上下属之间、朋友之间,而同样第一不能违背法律,不能违背基本人权,或超出法律和人权之外(权界清晰);第二亦须有前提和原则,比如,公私要分明,平等或对等,而非人格等级,等等。

## (五)其他社会礼仪

家庭礼仪和一般社会公民礼仪之外,又有若干稍微特殊之礼仪,尤其包括涉及中华文化的一些有益礼仪系统,以下简略述及。

师生礼仪。师有师义师礼师仪,现在的教师资格证仅仅变成一种技术执照,却完全欠缺师义师礼师仪的教化养成和强调。而稍倡尊师重教之义,然亦不可过分,现代学校学生见到老师只须打招呼即可,研究生阶段的弟子则稍不同,礼节稍重之,充分表现敬意,然亦有公私分明、礼法分明、权界分明之分际,双方皆须自制共明,不可形成人格人身依附关系。

上下级礼仪。须遵守三点原则:人格平等;公私分明;遵守基本公民礼仪和社会礼仪。在此三点之外,则可有适度之上下级礼仪。工作之外则不需此礼仪(即上下级礼仪不可带入私人生活),而以公民礼仪对待之(参照德国情形;日本社会则将工作中的上下级礼仪带入工作之外和私人关系之中,则未为允当)。同样,官有官仪,官无礼仪则不尊——今日之官员教化亦稍缺乏相应之礼义(日常所说之理想信念教育和职业道德等)、礼仪(职业礼仪)之教化,这既是国民教育的普遍缺失的结果,也是官员培养选拔的特殊缺失,今后应将补充之。

官民礼仪。更着重在官员自身的礼义礼仪修养,以及官员对于民众的礼仪,而民众之礼仪则体现在公民教育和公民礼仪之中,不必对官员有特别之礼仪。质言之,官对民亦当有义有礼有仪,比如职业装束、专业服务及其专业能力素养等。事实上,官员尤其当有自我修养和礼仪,要求更高,而不应是动辄要求民众以怎样的礼仪来对待官员。官员是以自身的修养、政绩和礼仪来赢得民众自动的尊敬,而非相反,比如通过权力来颐指气使,飞扬跋扈,狐假虎威,高高在上,不可一世等等。

职业礼仪或行业礼仪。此点甚为重要。当代中国乃是全面体制,社会中间层次的自治性不足,故职业礼仪规范或行业礼仪规范未能充分发展。笔者另有论述,此不赘述(比如公私分明,职业装束,行业规范,职业或行业礼仪,职业化或专业化服务或处置、技艺,区分工作内外,敬业创新等)。

体育礼仪。体育训练及其相关礼仪对于培养公民道德和公民礼仪有重要影响,应予以特别注意,此不赘述(比如尊重规则、对手、裁判,公平游戏,团结协作,尊重生命与人权,裁判之公正,教练可略同于师生礼仪,体育训练作为一种特别之培养组织能力之活动形式,等等)。

成人礼及其他社会仪式等(仪式感的论题)。此亦可利用来更好地培养公民道德和成就公民社会,意义重大,此不赘述(成人礼后,可废去少儿礼仪,社会亦目为成年人,尊之以成人之礼节,等等)。

其他相关礼仪系统的建设:比如文教中的礼仪系统;职业礼仪的重建,行业礼仪与社会中间组织,行业仪式作为教育方式和组织方式(稍见上述);宗教与礼仪教育:佛教、道教、儒教、基督教、伊斯兰教中的礼仪,宗教仪轨与礼仪,宗教戒律与礼仪;仪式感与端肃之气的培养;西方礼仪的借鉴,尤其是欧洲的礼仪的现状与中国礼仪的重建;日本礼仪,等等。

本节以上内容都是笔者极为关注的若干方面,限于时间,一时不能充分展开论述,亦觉遗憾。且待来日。

### (六) 古代之"六礼"等

此外还可以从古代六礼等方面来展开分析论述。①

冠、婚、丧、祭、乡、射、朝、聘,等等(略)。

### (七) 若干总体论述或补充论述

新的礼仪系统应该建立在基本权利和基本自由的基础上,这是重建礼仪系统的根本原则之一。这同样是新的礼义系统的重建和设立的根本原则之一,即基本人权和基本自由导向的新的礼义系统。一切违反基本人权和基本自由的礼仪系统都是有问题的,都需要严格审查乃至根本抵制。比如,应当建立在平等或对等基础上的礼仪系统,而不是某些群体天生具有某种特权,比如年长的人在年轻人面前的特权、官员在百姓面前的权威,等等。

当代中国,最重要的是公民礼仪,在此基础上再进一步考虑其他特殊礼仪,包括传统礼仪,或者换一种说法,乃是将传统礼仪中有价值的一部分吸纳入现代中国的公民礼仪之中。而公民礼仪建立在普遍社会平等、仁爱、自由、人权、国法、民主等的基础之上。②

不加批判分析的礼仪系统及其重建,有可能沦为专制性的社会结构,或变成愚民教育,奴役人民。

礼仪教育与公民教育,礼仪教育与臣民教育;或者:公民教育或国民教育中的礼仪教育。当作区分。

中国传统社会礼仪讲究敬诚,讲究互敬互让,讲究各各自卑以尊人,当尤其着重敬、诚、尊、互等字。

当上述家庭礼仪、公民礼仪、特殊礼仪等各种礼仪间有冲突时,应

---

① 参见《礼记》《仪礼》等。
② 亦可参考西方的相应做法,参见[美]威廉·F. 马克威克、威廉·A. 史密斯:《公民的诞生:美国公民培养读本》,天津:天津人民出版社,2012 年 12 月版。

该如何衡平？这亦是一个重要论题。比如职业礼仪和长幼礼仪之间的关系，应当怎样应对？是否亦当如或借鉴法律体系一样，建立上下位礼义礼仪礼制系统？权作思考路向之一而稍提及。

公民礼仪或国民礼仪其实是服务于公民教育或国民教育的，亦是服务于个人的自我养成或自我修养的任务。以上所谈的也都是建立公民礼仪的根本问题或前提，通过包括公民礼仪和公民礼义教育在内的公民教育或国民教育，造就自我负责、自我修养的国民和公民。

# 赡养制度的立法易变

## ——兼论中国法治道路选择

孙 颖 高 丹

在现下的法学理论中,"赡养"①指的是规范子女对父母提供经济上供养、生活上照顾和精神上慰藉的法律义务的法律制度。这一制度既蕴涵了深厚的历史传统,又顺应着迫切的时代需要,是一个具有全息研究价值的法治现象。检视赡养制度的发展历史,可以为当下中国法治道路的选择提供一些有益线索。

## 一、儒家孝养文化下的传统赡养制度

当下赡养制度的前身,是传统中国"孝养文化"中孕育的"孝治礼法"制度。"孝养文化"是一种涵盖政治、经济、社会生活的文化形态,它以家庭为单位,以差序的长幼家庭关系为切点,确立起一套完整、自洽的价值观念与行为规范;通过这一系统的运作,解决社会物质资源的分配与代际流转、个体尊严与生存条件的依护,从而实现广泛而长期的有序社会治理。

这种治理方案采取的是"礼法同治"的制度模式。与"法治"相对,

---

① 赡,给也。养,供养也。——《说文》。"赡"与"养"结合,就不再是简单的"给予",而是强调一种特别的付出,这种付出要"参与到被养者的生长过程中去",因此,生长的条件就不仅仅局限于物质。本文在两种意义上使用"赡养"一词:一是现行法律规范中的"赡养"法律制度;二是传统社会与当下赡养法律制度所涉及的内容近似的社会现象。

本文称之为"礼法治",即管理者通过综合运用"柔性的礼治"与"刚性的法治"双重手段,统一规制出社会诸层面的良性发展形态。

"礼"原本是氏族社会后期祭祀活动的仪式,后来逐渐从维系血缘群体的纽带发展成为强化国家政治组织的工具。"礼"被认为是贯穿于整个中国古代社会、旨在维护宗法血缘关系和社会治理秩序的伦理观念和行为规范的总称。在中国古代,"礼"作为一种调整社会关系的行为规范,在确认和维护社会秩序过程中发挥着无法替代的作用。历代政府对以儒家经典的推崇,使得"礼"不仅成为影响成文法制定的重要标准,自身也发展成为具有一定强制力、并为人们普遍遵行的不成文法,与"刑"(或"法")共同成为数千年来中国人的根本行为准则。

"出礼入刑"①、"引礼入法"②,"礼法结合"是中国古代社会治理形态的突出标志,是一套整体性的社会调控方式。"礼"积极主动的、防患于未然,"刑"则消极被动的、惩恶于已然。"礼"与"刑"(或"法")两者互相配合、互为表里,共同构成了完整的中国古代法律体系。中国古代立法中子女对父母赡养义务的规定亦体现在"礼"和"刑"(或"法")两个方面。

### (一) 礼的要求

以儒家思想为基础的中国传统文化,强调对待父母要"事之以礼"③,而"礼"则要求子女以"孝"④事亲。孝养的观念在有历史记载之前已然出现。《尚书·酒诰》中记载"肇牵牛车远服贾,用孝养厥父母",

---

① 西周时期,"刑"多指刑法和刑罚。"礼"正面积极规范人们的言行,而"刑"则对一切违背礼的行为进行处罚。《汉书·陈宠传》所记"礼之所去,刑之所取,失礼则入刑,相为表里",准确地表达了古代中国礼治与法治的配合关系。
② 在儒家发展史上,荀子是"礼法治"思想的奠基人。他在"名分使群"的基础上强调"引礼入法",形成了"礼法结合"的制度体系,真正使"礼法治"成为了完整而系统的社会治理思想体系。
③ 《论语·为政》。
④ "孝",形似一少扶持一老,钱穆先生解读为"父子相通"。中国人特别强调子女对父母的供养扶助,与对其他亲属的扶助义务相区别。

只是对当时社会"孝"观念的平实记录。

孝养礼制的内容具体、务实。《礼记·内则》规定了子女为父母提供衣食住行的具体内容,如每天早上向父母请安时要"问衣燠寒,疾痛苛痒"、"问所欲而敬进之"。孝养父母的行为标准是"事父母,能竭其力"①,要求家境贫寒的子女在自己的经济能力范围之内供养父母。孝养意识的培养尤为重要。子女孝养父母应当"居则致其敬,养则致其乐,病则致其忧,丧则致其严"②、"出必告,反必面"③,强调对父母要有实心实意的"敬"。《论语·为政》中"今之孝者,是谓能养,至于犬马,皆能有养,不敬,何以别乎",强调的就是和颜悦色的承顺父母,重视父母的心理体验,在感情和精神上给予父母细致的慰藉。

### (二) 法("律")的规制

孝养文化以父母在家庭中的尊重地位为基础,这种认识又逐渐成为社会共识,形成具体的社会规范。"法"则遴选出部分规范,通过划出行为底线,辅以严格规范,来维护这种差序的社会关系格局。其中最为典型的,就是针对"出礼"之后的各种不孝行为,历代立法所采取的严厉刑罚制度。

《唐律疏议》中,不赡养父母的"不孝"行为,被列为《唐律疏议·名例》重罪"十恶"之一。"不孝"罪内容广泛,包括咒骂父母、私用财物、供养有缺、父母在世分家析产、父母丧期嫁娶作乐、释服从吉、听闻父母丧匿不哀恸等。④《唐律疏议》卷第十规定:"诸闻父母若夫之丧,匿不举哀者,流二千里;丧制未终,释服从吉,若忘哀作乐,自作、遣人等,徒三年;杂戏,徒一年;即遇乐而听及参预吉席者,各杖一百"……不履行对父母的赡养义务,甚至殴打、谋杀父母的行为属于比"不孝"更为严重的"恶逆"罪,亦为"十恶"之一。《唐律疏议》卷二十二规定:"诸詈祖父母、

①《论语·学而》。
②《孝经·纪孝行章》。
③《礼记·内则》。
④ 显然,"不孝"罪包括的大都是违反道德、不符合人之常情的行为。

父母者,绞;殴者,斩;过失杀者,流三千里;伤者,徒三年。"……

犯上述"不孝"和"恶逆"的"十恶"罪,依据具体情节对子女处以杖、徒、流、绞、斩等严厉的刑罚。遇到皇帝大赦时也不能赦免其罪行,即"十恶不赦"。由此可见,"法(律)"对子女赡养父母义务的保障,不可谓不竭尽全力。

类似规定,在历代法典中均有体现。通过"礼法"规制出的"孝养"文化,贯穿了整个古代中国社会生活的方方面面。

## 二、清末民初修律过程中的赡养(或扶养)问题

清朝末年,刚刚经受过近代工业化洗礼的西方列强,以武力叩关东方的千年帝国。中国传统的礼法社会受到巨大冲击,面临着"数千年未有之大变局"。这艘上了岁数的大船,开始了艰难的调整时期。传统"礼法治"向近代"法治"迈出了艰难的一步。

### (一) 新律法中的规定

20 世纪初,清政府派出五大臣出洋考察,开始为修律做准备。各种历史机缘之下①,在民事领域,清末修律走上了德国民法的立法道路。曾经在古代中国具有非同寻常立法价值的孝养问题,出现了根本性的立法变化。

1.《大清民律草案》中的扶养义务

《大清民律草案》是我国第一部独立于刑事法律编纂的民法草案。其《亲属编》第 1450 条规定:"凡直系宗亲及兄弟姊妹,互负扶养之养务,妻之父母及婿,亦同。"第 1451 条规定:负扶养义务者有数人时,须依下列次序而履行义务:一、直系卑属;二、夫或妻……"第 1453 条规定:"受扶养权利者有数人时,负扶养义务者,须依下列次序而履行义

---

① 构成这一机缘的因素有:19 世纪末 20 世纪初,各国对德国民法先进性的共识;德国文化中的"一统"观念与中国传统"道一"观念的契合;19 世纪中国的图存抗争,等等。

务：一、直系尊属；二、夫或妻……"第 1455 条规定；"负扶养之义务人，以有扶养之资力者为限。"第 1456 条规定："受扶养之权利人以不能自存者为限……"①20 世纪初中国社会波谲云诡的政治动荡中，这一草案并未付诸实施。但是，却成为后续民事立法的基础。

2.《中华民国民法》中的扶养义务

民国时期，《中华民国民法》②以《大清民律草案》及北洋政府时期的法律为基础，同时大量借鉴了德国和日本的民法典。《中华民国民法·亲属编》第 1114 条规定："下列亲属互负扶养之义务：一、直系血亲相互间；二、夫妻之一方……"第 1117 条规定："受扶养权利者，以不能维持生活而无谋生能力者为限。前项无谋生能力之限制，于直系血亲尊亲属不适用之。"第 1118 条规定："因负担扶养义务而不能维持自己生活者，免除其义务。但受扶养权利者为直系血亲尊亲属或配偶时，减轻其义务。"③

### （二）清末民初诸民法新律的渊源：《德国民法典》

从上述两部近代民事立法的内容看，"扶养义务"成为立法者解决涉老赡养问题的关键用语。所谓"扶养义务"，是根据法律规定，负有扶养义务的特定扶养义务人为抚养行为，以满足扶养权利人受扶养利益的法律上的必要性。它源于法律的直接规定，以法律所认定的扶养内容为内容。这种转变的直接制度根源，是近代德国民事立法中的家庭成员之间的扶养制度。需要强调说明的是，这种制度所涉及的不仅仅是"子女对父母"或者说"卑亲属对尊亲属"的扶养。

《德国民法典·亲属编》如是规定家庭成员之间的扶养义务：第 1601 条规定"直系血亲有义务互相给予扶养费"；第 1602 条规定"（1）只有不能自行维持生计的人才有受扶养权。（2）即使未成年的未

① 杨立新点校，《大清民律草案》，长春：吉林人民出版社，2002 年版，第 185－186 页。
② 《中华民国民法》为南京国民政府颁布，于 1931 年正式施行，现适用于我国台湾地区。
③ 全球法律网，http：//policy. mofcom. gov. cn/blank/claw！ fetch. action？ id＝GAT6000087，2016 年 8 月 18 日访问。

婚子女有财产,也可以在其财产的收入和其劳动的收入不足以维持生计的限度内,向其父母请求给予扶养费";第 1603 条规定:"(1)在考虑到其他义务的情形下,不妨害其适当生计就不能给予扶养费的人,不负扶养义务。(2)父母处于这一境况的,对其未成年的未婚子女,父母有义务将其所有可利用的资金平均地使用于自身的生计和子女的扶养。只要 21 岁及以下的成年未婚子女在父母或父母一方的家计中生活,且正在接受普通学校教育,就与未成年子女相同。有其他负有扶养义务的血亲的,不发生该项义务;对其扶养费可从其财产的基本部分予以支付的子女,也不发生该项义务。"①

与传统中国对家庭事务的规制方法相比,德国民法的上述规定体现出两个重要的特点:

1. "权利"是家庭成员间关系的纽带。在法律意义上形成了"必须做(义务)""要求对方必须做(权利)"的行为规范,建立了家庭成员之间一种相对简单明晰的关系。而传统中国家庭成员之间的纽带,则是由血缘、姻缘关系基础形成的"名分"。在"名分"的基础上,每个人在家庭生活中"为己所应为",以"礼"进行日常规制,以"法"进行根本威慑。家庭成员之间的关系表现为一种"模糊的清晰"。

2. 对家庭成员平等地位的设定,是法治视角下"权利"成为家庭关系纽带的认识基础。"平等"是近代社会发展中形成的政治社会观念向家事生活领域的扩展,或者说"侵入"②。

---

① 陈卫佐译注,《德国民法典》,北京:法律出版社,2015 年第四版,第 493—494 页。

② 在分析近现代西方家庭成员之间的平等关系的时候,有一个问题值得现行考量:如何评价古代欧洲社会家庭成员之间的不平等关系。笔者认为,家庭成员之间基于生理原因、心智发育原因形成的不平等以及家庭成员之间的亲情,是所有文化体内家庭关系的客观事实。用中国传统文化的思考用语表达,这就是"理"。在这两个现实基础上,中国古代先贤进行了精心的制度设计,"理出"了早期的"礼"。这种以"理"为基础"理出"的"礼",既体现不平等现实,又包容、育养亲人之间的爱。与之不同的是,古代西方文明的家庭制度设计相对粗疏,过多地偏重个人主义。家庭成员之间的不平等少了"爱"的制度护佑,"不平等"的现实就容易衍生出一些野蛮的内容,比如罗马法中的"家父权"、唯利是图的收养关系等等。到了近代,政治思想领域平等观念兴起的时候,使得欧洲野蛮、愚陋的"唯身份"的身份关系成为革命的对象,在"契约"精神的冲击下受到猛烈冲击。但是,"契约"所（转下页）

3. "扶养关系"与"抚养关系"是基于家庭成员之间的平等关系和家庭密切生活关系所形成的法律上的帮助关系。"法律"是这种关系的维系基础。

### (三)由"孝养"到"扶养"的变化：对 20 世纪初民法"律变"的解读

从"孝养"到"扶养义务"，背后是重大的涉老立法观念的主动变化。从依据上说，"孝养"是子女的职分，"扶养"则是法律义务。从内容上看，"孝养"偏重精神上的慰藉，而"扶养"偏重物质上的协助。从社会效果上看，"孝养"是建构社会各种秩序的基础手段，而"扶养"则仅仅是针对弱势社会成员的能力补足。

而在诸种区别中，最主要的，是"差序"设定与"平等"设定之间的重大理念分殊。这种区别不只是体现在老年问题上，更体现在对社会成员的整体认知上。

之所以会产生这种不同的设定，从深一层次上看，欧陆文明以"强调个体"，不同于中华文明"强调群体"。① 从再深一层次上看，是看世界的根本方法的区别，形成了不同文化形态对个体与群体关系的不同看法。欧陆文明在最根本的层面，将"形而上"与"形而下"作了区分，这种看世界的方法，使得无论在其蒙昧阶段、宗教阶段还是理性阶段，总是要从形而上的神、造物、理念那里，才能为形而下的世俗问题找出解决方案。当"人"从"死了的上帝"面前站起来之后，"人权"成为祭台上的新宠，"平等"作为"人权"的绶带四处飘摇。而在中国传统文化的最根本层面，"道"的本意是"所行道"；"道"的意蕴是，"形上"与"形下"体用不二。人有差别，是"道"；人有差序爱心，亦是"道"；而人作为地球上

---

（接上页）预设的人人平等，仅仅是而且永远只能是"假设"，是人类的向往而已。文明在"易变"过程中，早期的粗陋，也带来了后期（近现代社会变革）的简单。因此，"家庭成员之间的扶养义务"，仅仅是与西方个体主义传统相契合。当"扶养义务之名"进入到中国社会后，却被 20 世纪的中国人自然而然地赋予了"赡养之实"。

① 对个体与群体的这种区分，是整体对比而言的。欧陆文明亦有关注集体的制度与现象，中华文明更是极尽所能对个体予以关照。

的独特物种,还会有烂漫的大爱,还是"道"。因为"尘世有爱",所以尘世之上才有"大爱(仁)";又因为"尘世的爱有差等",所以"大爱的理想"需要做出精心的制度设计,即差等对待。这种"道"显然不同于高高在上的"自然法"监视下的僵硬的现世法。这也是形成"礼法治"与"法治"不同传统的根源。

"道"落实到家庭生活中,以儒家为核心的中国传统文化,基于人们的血缘亲情,"理"出了家庭伦理之道——"礼",以"礼"为基础构建出了"尊尊""亲亲""父父""子子"的血缘差等家庭秩序①,使得传统中国家庭中的父母与子女似乎处于一种不平等的地位。赋予了父母优遇的社会地位和生活,尚未跨入这个行列的社会成员就有义务约束自己。从某一个时间点上看,"礼"好像是在构建一个"不平等"的家庭秩序和社会秩序,但是,从拉长的时间维度来看,"礼"却具有一种更深厚的"公平性"——每个人都会经历子女和父母的不同身份及儿童、少年、青年、中年和老年各种不同的年龄阶段,以"辈分"和"年龄"为标准构建的秩序,建立在每一个普通人都能在自己的人生中亲身体验到的自然血缘亲情基础上,因此,它隐含着一个包括全体社会成员在内的"大平等"。

然而,如前所言,基于各种因素的综合考量,清末民初,中国的民事立法还是选择了德国民法的立法模式,开始用基于西方"平等观"下的"扶养义务""抚养义务"调处不同家庭关系的立法方式。但是,对这一规制方法转变背后所蕴含的家庭文化变革,在当时显然不可能被审慎考量。

## 三、现代民法中的赡养义务

新中国有着全新的国家意识形态。传统文化的特质被显性的制度

---

① "尊尊""亲亲""父父""子子"的意思分别是"尊重应该尊重的人"、"亲近应该亲近的人"、"父亲做父亲应该做的"、"儿子做儿子应该做的"。"尊""亲""父"和"子"各有本分。各人基于自己的身份尽好本分,自然形成良好的家庭秩序和社会秩序。今人时不时贬斥先贤以"尊""亲"和"父"为无上特权,可以为所欲为,实在是无知小儿的"不肖"之语。

形态淹没。在 20 世纪上半叶波澜壮阔的世界历史大潮中,中国的民事立法深受前苏联民法思想的影响。从呈现出来的规则上看,一方面,立法试图通过弥补性别、阶层等差异,规制人与人之间的平等;另一方面,又强调"公私分别"基础上的集体精神。这两个特点,显然既不同于中华传统,也不同于欧陆传统。然而,在这一阶段的社会生活场景中,孝养文化却依然在民众生活中具有鲜活的生命力;在立法上,亦有其独特的展现。

## (一)"赡养"一直以来都是宪法的当然条款

1949 年 10 月中华人民共和国成立后,经全国人大审议通过,分别于 1954 年 9 月、1975 年 1 月、1978 年 3 月和 1982 年 12 月先后制定、颁布了四部《中华人民共和国宪法》。

这些宪法得以颁布,是中国人民在中国共产党的领导下,反抗外来侵略、反抗陈旧的社会秩序所取得的政治成果。因此,用宪法的形式固定这些政治成果,历来是每部宪法的主要内容。但是,传统文化对中国社会秩序的影响远大于政治领域,因此,作为一部"根本大法",涉及老年人的问题,自然而然地出现在每一部宪法的条款中。①

---

① 一九五四年《中华人民共和国宪法》规定:

第九十三条 中华人民共和国劳动者在年老、疾病或者丧失劳动能力的时候,有获得物质帮助的权利。国家举办社会保险、社会救济和群众卫生事业,并且逐步扩大这些设施,以保证劳动者享受这种权利。

因带了太多文革烙印而备受贬斥的一九七五年《中华人民共和国宪法》中规定:

第二十七条 年满十八岁的公民,都有选举权和被选举权。依照法律被剥夺选举权和被选举权的人除外。

公民有劳动的权利,有受教育的权利。劳动者有休息的权利,在年老、疾病或者丧失劳动能力的时候,有获得物质帮助的权利。……

一九七八年《中华人民共和国宪法》规定:

第五十条 劳动者在年老、生病或者丧失劳动能力的时候,有获得物质帮助的权利。国家逐步发展社会保险、社会救济、公费医疗和合作医疗等事业,以保证劳动者享受这种权利。

国家关怀和保障革命残废军人、革命烈士家属的生活。

一九八二年《中华人民共和国宪法》规定:

(转下页)

### (二)"赡养"一直是民事立法的内容

1950 年《中华人民共和国婚姻法》中规定：

"第四章　父母子女间的关系

第十三条　父母对于子女有抚养教育的义务；子女对于父母有赡养扶助的义务；双方均不得虐待或遗弃。

养父母与养子女相互间的关系，适用前项规定。"

……

1980 版婚姻法及修改后的婚姻法均规定：

"父母对子女有抚养教育的义务；子女对父母有赡养扶助的义务。

父母不履行抚养义务时，未成年的或不能独立生活的子女，有要求父母付给抚养费的权利。

子女不履行赡养义务时，无劳动能力的或生活困难的父母，有要求子女付给赡养费的权利。"

20 世纪 80 年代，中国开启了自新中国成立以来最大的社会变革。"法治"成为"改革开放"大车的轮毂。在这一背景下，《中华人民共和国民法通则》颁布实施。这部民法迥异于之前自觉承受前苏联传统的民事立法，开启了民事立法的体系转向。由于当时与西方民法传统国家交往有限，最有参考价值的，就是随着民国政府退缩到东南一隅的台湾民法。于是，经过大半个世纪的社会变迁，世纪初年禀受德国传统的民

---

(接上页)第四十四条　国家依照法律规定实行企业事业组织的职工和国家机关工作人员的退休制度。退休人员的生活受到国家和社会的保障。

第四十五条　中华人民共和国公民在年老、疾病或者丧失劳动能力的情况下，有从国家和社会获得物质帮助的权利。国家发展为公民享受这些权利所需要的社会保险、社会救济和医疗卫生事业。

国家和社会保障残废军人的生活，抚恤烈士家属，优待军人家属。

……

第四十九条　婚姻、家庭、母亲和儿童受国家的保护。

夫妻双方有实行计划生育的义务。

父母有抚养教育未成年子女的义务，成年子女有赡养扶助父母的义务。

禁止破坏婚姻自由，禁止虐待老人、妇女和儿童。

法旧典,又在大陆地区"一阳回复"。

作为通则,关于涉老问题,该法以第一百零四条规定:"婚姻、家庭、老人、母亲和儿童受法律保护",这成为民事领域赠养问题的纲目性立法。

### (三)《老年人权益保障法》中的"精神慰藉问题"

1996 年 8 月 29 日,第八届全国人大常委会第 21 次会议通过了我国第一部《老年人权益保障法》,2015 年 4 月 24 日,第十二届全国人民代表大会常务委员会第十四次会议进行了修正。

这部法律作为一部社会法意义的重要立法,在现代老龄化过程中,具有重要的法治意义。在这部法的完善过程中,关于赠养问题有了更为明晰的规定。该法以第二章整章内容,规定了"家庭赠养与扶养"①。

---

① 第十三条 老年人养老以居家为基础,家庭成员应当尊重、关心和照料老年人。

第十四条 赠养人应当履行对老年人经济上供养、生活上照料和精神上慰藉的义务,照顾老年人的特殊需要。

赠养人是指老年人的子女以及其他依法负有赠养义务的人。

赠养人的配偶应当协助赠养人履行赠养义务。

第十五条 赠养人应当使患病的老年人及时得到治疗和护理;对经济困难的老年人,应当提供医疗费用。

对生活不能自理的老年人,赠养人应当承担照料责任;不能亲自照料的,可以按照老年人的意愿委托他人或者养老机构等照料。

第十六条 赠养人应当妥善安排老年人的住房,不得强迫老年人居住或者迁居条件低劣的房屋。

老年人自有的或者承租的住房,子女或者其他亲属不得侵占,不得擅自改变产权关系或者租赁关系。

老年人自有的住房,赠养人有维修的义务。

第十七条 赠养人有义务耕种或者委托他人耕种老年人承包的田地,照管或者委托他人照管老年人的林木和牲畜等,收益归老年人所有。

第十八条 家庭成员应当关心老年人的精神需求,不得忽视、冷落老年人。

与老年人分开居住的家庭成员,应当经常看望或者问候老年人。

用人单位应当按照国家有关规定保障赠养人探亲休假的权利。

第十九条 赠养人不得以放弃继承权或者其他理由,拒绝履行赠养义务。

赠养人不履行赠养义务,老年人有要求赠养人付给赠养费等权利。

赠养人不得要求老年人承担力不能及的劳动。

第二十条 经老年人同意,赠养人之间可以就履行赠养义务签订协议。赠养协议的内容不得违反法律的规定和老年人的意愿。

(转下页)

有意思的是，尽管这些规定与之前的立法相比多有完善，但是，由于立法条文中涉及的赡养问题长久以来一直是社会共识，因此，并没有带来太多的社会反响。然而，在一片"自然而然"中，"常回家看看"条款带来的"精神慰藉"问题，却在舆论界受到极大的关注，并在法学领域产生了广泛的争议。

所谓"常回家看看"条款，指的是修正后的第十八条规定：

"第十八条　家庭成员应当关心老年人的精神需求，不得忽视、冷落老年人。

与老年人分开居住的家庭成员，应当经常看望或者问候老年人。

用人单位应当按照国家有关规定保障赡养人探亲休假的权利。"

这条规则出台前后，最大的争议围绕以下两点：(1)是否具有操作性？如何执行？(2)道德规范是否应当成为法律规范？

对于这两个问题，法学者们的主流观点是：该规范不具有操作性，

---

(接上页)基层群众性自治组织、老年人组织或者赡养人所在单位监督协议的履行。

第二十一条　老年人的婚姻自由受法律保护。子女或者其他亲属不得干涉老年人离婚、再婚及婚后的生活。

赡养人的赡养义务不因老年人的婚姻关系变化而消除。

第二十二条　老年人对个人的财产，依法享有占有、使用、收益和处分的权利，子女或者其他亲属不得干涉，不得以窃取、骗取、强行索取等方式侵犯老年人的财产权益。

老年人有依法继承父母、配偶、子女或者其他亲属遗产的权利，有接受赠与的权利。子女或者其他亲属不得侵占、抢夺、转移、隐匿或者损毁应当由老年人继承或者接受赠与的财产。老年人以遗嘱处分财产，应当依法为老年配偶保留必要的份额。

第二十三条　老年人与配偶有相互扶养的义务。

由兄、姐扶养的弟、妹成年后，有负担能力的，对年老无赡养人的兄、姐有扶养的义务。

第二十四条　赡养人、扶养人不履行赡养、扶养义务的，基层群众性自治组织、老年人组织或者赡养人、扶养人所在单位应当督促其履行。

第二十五条　禁止对老年人实施家庭暴力。

第二十六条　具备完全民事行为能力的老年人，可以在近亲属或者其他与自己关系密切、愿意承担监护责任的个人、组织中协商确定自己的监护人。监护人在老年人丧失或者部分丧失民事行为能力时，依法承担监护责任。

老年人未事先确定监护人的，其丧失或者部分丧失民事行为能力时，依照有关法律的规定确定监护人。

第二十七条　国家建立健全家庭养老支持政策，鼓励家庭成员与老年人共同生活或者就近居住，为老年人随配偶或者赡养人迁徙提供条件，为家庭成员照料老年人提供帮助。

道德规范不能混淆为法律规范。然而,以中国传统"道""理"观念看,道德规范与法律规范是否应该泾渭分明,其判断标准是"规范效果",而非天上飞的"理念"。从这个角度讲,当下社会环境下,"常回家看看"条款的社会效果显然"利大于弊"。至于"操作性"问题,一方面,考虑到人们对"无讼"①的心理期待,注定此类案件数量有限,另一方面,司法人员有足够的智慧落实那些虽然理论上无法精确释明,却因为有充分的"道""理",因而获得社会正向评价的制度规范。该法实施后的司法实践,也证明了专家们的多虑。

## 四、由"礼法治"到"法治":赡养法律制度的未来

### (一)"礼法治"与"法治"

尽管 20 世纪初期与 20 世纪后期的两次民事立法所面对的社会背景有重大差异——前者是"图存亡",后者是"图富强"——可是,从中国法治的历史发展进程上看,两次变革具有一个共同的特征:试图将民事生活的调整手段由"礼法治"转向"法治"。

然而,社会规制方案的转变是极其复杂的事。从赡养立法角度来看,必须要面对的两个问题是:(1)"礼法治"到"法治",是否可能?(2)如果可能,何以实现?

对于第一个问题,首先,"法治"在当下是一件"必须的事"。尽管对于"何为法治""如何法治"有着各种不同的理解,"法治"作为当代政治理性的标志,具有广泛的"理论正确"。其次,进入 21 世纪,传统"礼治"内容所依附的社会形态已经发生了重大变化,聚族而居的向心社会结构,已经被扁平化的网络信息社会形态所取代。"法治"所包含的对人的普遍性的预设,与这种新的社会形态更相吻合。

---

① 孔子的"无讼"主张,事实上是说出了大多数人对社会生活的理想,即说出了"理"而已。儒者只是进而将帮助人们实现这种理想,作为自己的社会价值去追求而已。

不过,需要着重说明的是,"礼治"所面向的显性社会形态虽然已是时过境迁,但是,"礼治"所依存的"人之道"①却并未改变。也就是说,当下"礼治"的形式必须要变,而其精神内核仍应该被坚守。作为一种社会规制方案,"礼治"的精髓表现在以下两个方面:

第一方面,"礼"的基础,是真实的人伦情感,这一点并未改变。从古到今,"家"的形式变了,但是家人之间的情感基础并没有改变。同样,家人之间情感交往中的纠葛依然存在。夫妻之间的两性爱,兄弟姐妹之间的手足谊,父母与子女之间的舐犊、反哺情,未曾改变;与爱相伴的,各种利益的、情绪的纠结、冲突,同样也是千古没变。

第二方面,民事生活领域,需要坚硬的价值内核与柔软的调整手段。在某些文化形态中,"宗教"能够满足这两个要求;而中国所固有的世界观,注定宗教不可能成为这一文化的根基②;在强大的文化共识背景下,只有"礼"能够充分展现制度的坚守与灵活。这也是中华文明开放性与包容性的根本保障。以"赡养"问题为例,"孝"的内涵一致,九州各地的"礼"却可以大有不同。

在"法治"的目标下,民事领域的法治所要解决的社会问题,是传统社会"礼法治"中曾经由"礼"与"法"协作解决的问题。因此,变革中的"法治"首先要发自人情,护养人伦;同时,还须充分表达文化共识,只有兼有制度的刚性与柔性,做到"刚柔相济",才可能建构适用于成熟文明③的良性社会制度。

### (二)赡养的当代立法

1. 赡养制度的立法定位

对于赡养制度,应当在"孝治公民社会"的法治背景下展开。

---

① 参见孙颖:《老吾老——老年法律问题研究起点批判》,北京:法律出版社,2012年版。
② 同上。
③ 文明的成熟度,表现为该文明的"群的能力"。近代西方文明对个体的人的推崇("人权"意识所推进的社会变革),最大的制度意义在于它找到了适合本文化体的"群"的方式。"崇尚个体"是"群"的一种方式,是"群"的"言下之意",而非"对立之言"。

所谓"孝治的公民社会",是指整个社会以家庭为基本单位所建构的伦理——政治共同体。

在哲学、社会学、法学领域,"公民社会"是近十年来的理论热点之一,也是中国社会正在发生的社会现象。各学科对这一概念的内涵、要素、历史、发展规律等基础理论均有述及。其中,"法治"与"(第三)社会组织"问题一直是该领域的重点。近年来,"全球化(问题)"成为另一个新视点。总体上来说,这些问题之所以成为热点,是西方"公民社会"话语系统的垄断与强力扩张的结果。

儒学领域对公民社会问题的关注,是中国传统文化所进行的话语抗争。其中,以陈明先生为核心的研究群体对"公民社会"的研究亦产生了较大的影响。只是,部分儒者以"宗教化儒学"的视角探讨中国公民社会问题的做法,尚不能成为社会的共识。

在"孝治"的政治模式"个人——强势的家——强势的国——天下"中,国家与世界同构;而在"全球化公民社会"的政治模式"强势的个人——社会组织(弱势的国)——世界"中,国家经常处于"个人与世界的对立面"的立场上。两种模式导出不同的人类未来政治愿景。那么,试图跨越两种政治模式的"孝治的公民社会"是否可能?

解析这一问题的核心在于中西方对"国家合理性"的不同认知。孝治"家国天下"观念中的"国家",不仅是国家成员的"利益共同体",更是成员的"情感共同体"——它将个人的生存意义由自我向他人(家人、族人、国人)乃至整个人类社会扩充开来,在这一过程中,逐渐安顿个人内心对"神圣"的需求——这一观念下,社会成员"为国家"是有利的,也是神圣的,"为天下"更是有利的,也更为神圣。其论证的起点,则是所有人都经验过的"孩童对父母的亲情"。这种认知的扩散方式,是"教育",更是"化育"。然而,在西方,无论是利维坦、契约论、"绝对理念"还是其他形形色色的民主国家理论,其政治哲学中对国家合理性的论证一直都没跳出"利益"的圈圈,缺乏对其"神圣性"的情感论证("公民社会"产生之初的西方社会,宗教与贵族精神相携,填补了社会成员的神圣需求)。"上帝死了"之后,"科学"延续了中世纪宗教对人们心灵中对"知识空间"①的追求,但是,对人们的"神圣需求"完全无能为力)。迄今为止,关于"公民社会"的合理性论证,均未得脱"利益共同体"的窠臼。而"公民社会"的认知扩散,只有"教育、教育、再教育"。当今国际社会愈演愈烈的宗教冲突及新一代欧美社会成员参与极端组织等状况的出现,让人更有理由质疑一个"以利益共同体证成的全球公民社会"究竟是否可能。因此,中国的未来只能"理出一个(中式的)公民社会",不能"加进一个(西式的)公民社会",如果希望未来中国公民社会能够实现个体的"神圣意识"与"利益共同体意识"恰当融合,非"孝治的公民社会"不可。

在这一背景下,"赡养"制度不只是作为一种育佑新公民社会道德操守的重要伦理制度,它还将作为一种能够成就"天下政治"的有机政治哲学理念的重要组成部分,去实践一套跨越种族、信仰的政治社会秩序的行动方案———一个以"生理年龄"作为社会基本分层所建构起来的制度秩序。②

在"孝治公民社会"的背景下,赡养制度需要被更加审慎地对待。

2. 赡养立法问题

首先,加强赡养刑事立法。

在民事生活中,赡养是一个现象繁杂的社会问题领域。不同地区有不同地区的赡养习俗与标准。"礼法治"下,"礼治"的制度柔性,与"法治"(刑事立法)的严苛相结合,赡养制度所调整的现象幅度是很大的。然而,当下建立在近代西方公民社会基础上的"民刑分离"的立法框架,轻视家庭制度的社会政治意义,在赡养问题上,只有轻浅的"家庭成员扶助"与"弱势群体补助",并无内涵丰富的"赡养"意识。家庭成员

---

① 孙颖:《神圣空间、知识空间与人的理性存在》,《燕山大学学报(哲学社会科学版)》,2008年第1期。

② 在"个体权利与国家权力的对抗"中发育出来的现代西方公民社会理论,关注"社会组织"在社会管理中的作用,而其"社会组织"又是以"社会身份""政治身份""经济身份""个体兴趣偏好"等"身份要素"为基准进行区分;"家(族)"是构成中国传统孝治社会最为重要的"社会组织",传统孝治思想无论是"以国家为核心的政治组织"还是"以家族为核心的社会组织",都采取以"个体生命的不同发展阶段"这一"生理因素"为基准的分层方式。这一观念的经典表达,是孔子在《论语》中所阐释的人生之志:"老者安之,朋友信之,少者怀之。"

之间的刑事立法,仅在"虐待""遗弃"等条款中有此体现。如果今人通晓中国传统涉老文化的特殊意义,在孝治公民社会的背景下看待这一问题,护佑"赡养"的刑事立法制度就必须予以加强。

其次,加强"精神慰藉"立法。

精神慰藉立法,是深入东西方法律文化系统的探针。"精神慰藉"不仅仅是被赡养人的精神需求,它体现了两代人之间的精神关联,事关每个中国人的人生价值,是"道""理"①思维的延续。如前所说,"精神慰藉"的相关制度立法,对普通中国人(相对于当下批次的法学家)来说,是一件"理所当然"的事,因此,这方面的立法,事实上可以在自然而然之间,实现当代的"差序"人际格局的重构。

再次,加强公务员法、劳动法等部门法的配套立法。

赡养在孝养公民社会建构中的重要意义,要求有配套的社会制度氛围。这一点,依然需要秉承古代中国的制度智慧,进行新的制度创造。在公务员选拔、任用,用工选拔、考察等问题上,被考察对象赡养义务的履行状况应当受到重视。另一方面,这些部门法亦应为保障职员履行赡养义务做必要的制度推进。

最后,重新审视、建构现有民事立法中的赡养规定。

建立以"共同在世尊长下"的家庭赡养制度。以"同一在世尊长及其子孙构成的大家庭"为核心确定赡养义务;合法配偶亦为共同赡养责任人。这两个方面都是对现有赡养义务立法的突破。

注重对赡养义务的原则性规定,适当减少操作性规定,给法官更多灵活适用的空间。赡养问题在任何一个家庭都是发展变化中的事情,现有的赡养规定对赡养标准、赡养方式的规定统一明确,这种立法方式虽然操作性强,但是局限了法官妥善调处具体纠纷的空间。

3. 赡养司法问题

赡养司法问题需要在家事审判的大司法框架中予以解决。② 而家

---

① 参考孙颖:《老吾老——老年法律问题研究起点批判》,北京:法律出版社,2012 年版。
② 从 2016 年 6 月起,最高人民法院启动了为期两年的家事审判试点。

事审判中着重要解决的,是如何在"刚性的法治"中添加足够的柔和剂。"建构独立的、以法官为核心的家事审判制度",是解决这一问题的一种尝试思路。

首先,有序建立独立的家事审判法院。家事审判所蕴含的价值裁度,关乎每个社会成员的一生,也关乎社会的稳定、政治的昌明,还关乎当下东西方诸文化形态的相知相竞。与经济、金融、知识产权等司法领域相比较,家事审判的特殊性在于其价值内涵,而前者的独特性却更多地限于专业性。从这个角度讲,"独立的审判庭"可以与前者相匹配,而唯有"独立的审判法院"才能与后者相适应。家事审判领域,审判方式、审判评价、审判组织所应具有的特殊性,使得家事审判相对于现有的司法运行系统,需要有全方位的突破①,逐步有序地建立独立家事审判法院,很有必要。

其次,制定特殊的家事法官遴选规则。家事法官除了应该具有普通法官所具有的专业素养,还要有特殊的德性品质与社会阅历。从年龄、德性、社会经验等角度制定的家事法官遴选规则,是保障家事审判质量的重要环节。

再次,建立以"一审终审""弱证据"为主的审判规则。一方面,"家事"是一个变动中的复杂家庭事务,司法判决作为一种家庭外的评判、参与行为,在不同的时间节点所需考虑的偏重点有所不同。家事诉讼的审判效果中,"妥当"是一个重要的评判指标。"妥当的效果"需要"灵

---

① 针对家事纠纷数量众多、案情复杂和审理难度大等特点,家事法院应当探索实行特殊的家事纠纷审判业绩考核机制,而非惯常意义上以法官审理案件的结案率、调解率、上诉率、发回重审率和上访率等比例数字作为审判业绩考核的标准。家事纠纷审判业绩的考核机制,应当以个案为基础,综合考察法官审理具体个案时的案情调查、群众访谈、当事人座谈、诉讼调解、举证责任分配、案件事实认定和裁判依据等相关的工作记录(外资律师事务所有一种工作业绩考核方式:以经办律师在工作时间内的具体时间段使用多少时长,用于复制查阅案卷材料、调查取证、核实证据、会见当事人等对具体工作事项的详细记录为标准,由律所领导根据该工作记录进行综合评定,作为发放薪资待遇的标准。这种工作绩效考核方式,可资借鉴),以及当事人对审判结果的反馈和结案后对改善家庭关系与稳定社会秩序产生的影响等等,不能仅仅以审理案件的简单比例、数字和效率为考核标准。切实保障家事法院法官的经济待遇和晋升空间,实现家事纠纷审判的良性发展。

活的调处"。要启发出法官的灵活调处能力,除了前文所说"重原则性、轻操作性"的立法,还需要辅之以"一审终审""弱证据",使法官对纠纷有充分的整体掌控空间。

最后,加强家事审判的说理机制,扩散家事诉讼的社会效果。不应当推崇将"家事诉讼"作为家事纠纷解决机制的倾向。对于已有的家事诉讼来说,应当通过必要的管理手段,促使法官在诉讼程序结束后,扩散诉讼的社会效应。当然,这样的做法,也只有在立法宽松、家事审判独立的背景下才可能实现。

赡养制度的历史嬗变,体现了近现代中国社会价值观念、制度选择的重大历史变迁。以"理玉"态度[①]应对社会"易变"[②]的中国人,善于从历史的诸多层面寻出事物发展的脉络,善于于现实的纷繁复杂中触探事务的肯綮,因时而化应对世事。这也许正是中华文明能够历经数千年诸多劫难而常胜不衰的根本原因。在当下的法治进程中,以赡养等家事审判为切点的"礼法治式法治"改革,也许将成为古老的中国传统文化的又一次涅槃式发展。

---

① 参考孙颖:《老吾老——老年法律问题研究起点批判》,北京:法律出版社,2012年版。
② "易变"的特点:一是不抛弃旧有基础;二是注重把握当时代出现的新趋势。"易变"与"变异",是分殊东西方文化的一组重要范畴。

# 区域法治建设与区域文化的相关性研究

## ——以京津冀区域一体化为例的考察

安曦萌

## 一、引言

在"法治中国"的建设过程中,受到不同的经济发展水平、社会结构、历史进程、文化传统和地理环境条件等诸因素的影响与作用,"当代中国不同区域间的法治发展形成了历史的差异性,因而中国法治发展具有统一性与多样性相结合的内在品格"[1]。于是,近年来,区域法治成为法治国家建设的热点议题之一。[2] 由于区域差异的现实存在,以区域为基础推进法治现代化建设进程,成为一条正在探索与发展的法治建设路径。事实上,已经有部分区域开始了尝试摸索区域法治建设的道路。2004 年,江苏省颁布并实施了被称为"全国第一部区域法治建设《纲要》"的《法治江苏建设纲要》;同年,上海市徐汇区提出创设良好的区域法治环境,推进法治政府建设。除此之外,更值得注意的是,我国出现了一些以协同经济发展为目标的跨行政区划的区域,如长三角区域、珠三角区域、京津冀三角区等。在区域整合的背景下,建设区

---

[1] 公丕祥:《区域法治发展与文化传统》,载《法律科学》(西北政法大学学报),2014 年第 5 期。

[2] 本文所称区域,为跨越行政区划,基于经济、政治、文化等方面所具有共性和联系而组成的地域共同体,如京津冀地区、长三角地区、珠三角地区等。

域法治为区域一体化服务,是区域建设主题中的应有之意。2009 年 5 月,上海、江苏、浙江三家高级人民法院共同签署了《长三角地区人民法院司法协作交流联席会议议事规则》等 13 项司法协作工作规则。7 月 3 日,在沪、苏、浙高院充分协商的基础上,浙江省高级人民法院发布了《长三角地区人民法院司法协作工作规则》的通知,明确建立司法适用标准协调机制、适用信息共享机制、区域司法鉴定机构共享协作机制等。2015 年 3 月,天津、北京、河北三地高院会签了《北京、天津、河北法院执行工作联合协作协议书》,联合制定了《北京、天津、河北法院执行事项委托及异地执行协助操作细则》。2016 年 2 月 18 日,最高人民法院公布了《最高人民法院关于为京津冀协同发展提供司法服务和保障的意见》,明确提出建立健全京津冀法院工作联络机制,促进司法裁判尺度的统一。

在关于区域法治的诸多讨论中,不少研究者已经注意到,文化在区域法治建设中发挥着难以忽视的影响。有学者提出,"决定区域法治发展进程的历史差异性的条件或因素,在很大程度上要从不同区域的文化传统及其文化生活状况中去找寻。"所以,"深入揭示区域法治发展的文化机理,研究区域法治发展与文化传统之间的内在关联,无疑有助于我们探寻打开区域法治发展进程的内在奥秘的科学钥匙。"①因此,在区域法治的建设中,理解当时当地的文化背景,把握区域文化的特点,在法治建设中顺势而为,无疑有利于形成以法治为核心的社会秩序。

然而,从法治建设过往的经验来看,文化对于法治建设的意义并没有得到足够的重视,整个文化很少被客观、系统地梳理,作为制度建构背景的重要性亦有所忽视。由于在法学学术领域,西方法治文献的引述已经成为公认的论述参考框架或是论证基础,除了法史学的研究,中国古典、近代文献或少有出场或以反面事例成为批判的对象。在制度

---

① 公丕祥:《区域法治发展进程中的文化传统影响》,载《扬州大学学报》(人文社会科学版),2014 年 5 月。

层面,传统文化更是难以保留,"中国传统文化整个地被忽略;中国法学界在推进法治发展的过程中,集体失忆"。① 由此导致,以西化为主要思路构建而成的制度体系在社会实践中出现异化或变形,甚至影响制度效果。诚然,法治建设指向更为现代化的治理框架,与包括中国法文化在内的传统文化所引导的社会治理方式相比,具有先进性、科学性。然而,为传统文化所浸淫数千年的社会,是否在数十年的转型期中完成了蜕变,彻底成为现代法治成长的"肥沃"土壤,依然是值得进一步论证的。

目前,区域法治不仅仅是作为学术研究的课题,更是国家法治实践的试验田。整体而言,在国家治理体系的运作中,法治越来越多地以前缀定语的形式出现,诸如法治国家、法治政府、法治社会等表达随处可见。甚至可以说,"法治建设"正强势介入社会秩序的调整。法治已经变成当下的流行词汇,"一定程度上已经成为政治正确的标签"②,甚至表现出浓厚的意识形态色彩。这意味着法治在被广为使用的同时,将不可避免地被主体融入不同的内涵、意义。于是,根植于社会实践,法治在不同的场合下的运作将会面临不同的问题。而"怎样表述法治、怎样建设法治以及怎样操作法治,在不同的文化和制度背景下是有着不尽相同的语式、路径和方法的"。③ 因此,理解和分析区域文化有助于区域法治建设因地制宜,寻求合适的语式、路径与方法。

在诸多区域中,京津冀地区是区域法治建设的一个颇具代表性的样本。首先,京津冀地区在历史上文化同源,同属冀域,在明清之前难分你我,地域一体,文化一脉,使得京津冀一体化发展具有广泛的前景。因此,关于在区域法治建设中如何利用这一文化优势,京津冀区域的实践经验对于其他文化同源或近似的区域而言,无疑具有一定的借鉴意义。其次,改革开放以来,三地经济发展的不同步导致三地文化形成落

---

① 卓泽渊:《中国现代法治的反思》,载《政法论坛》,2007 年第 3 期。

② 陈金钊:《法治共识形成的难题:对当代中国"法治思潮"的观察》,载《法学论坛》,2014 年第 3 期。

③ 夏勇:《文明的治理:法治与中国政治文化变迁》,北京:社会科学文献出版社,2012 年版,第 44 页。

差,给一体化的实现带来挑战。① 原本相近的文化,受经济发展差异影响,分别出现了新的发展,这些变化对于当前经济一体化、法治一体化有何影响,是区域建设中难以回避的问题。再次,京津冀地区发展中出现的城乡发展差异②,以及由此导致的城乡文化分歧、传统与现代文化的冲突,同样或多或少地存在于其他区域。如何在城乡差异的现实中平衡发展,也是法治建设需要解决的问题。最后,京津冀一体化已经成为我国经济发展布局中的又一个关键环节,并以国家战略布局的形式展开,通过国家级的协同机制和强有力的政策法规双管齐下,共同促进京津冀协同发展。背负着推进区域一体化、促进区域经济发展的期许,京津冀区域法治建设的机遇与挑战并存。在当下的社会环境中,如何让自上而下的制度设计生根发芽,以较少的试错实现较多的成就,取得最优的制度效果,京津冀区域法治建设实践不失为一个颇有价值的参考案例。因此,本文将主要围绕京津冀地区区域法治建设与文化分析的相关性问题讨论一二。

## 二、文化对于区域法治的意义: 社会秩序转型的重要性

如前文所言,在学者们关于区域法治的论证中,文化之于区域法治的意义已经成为讨论的热点话题之一。如今,虽然区域法治建设已经变为实践,但在几千年的历史语境中,我国并没有西方化的"法治"理念所赖以生成的文化特征,于是,如何立足于当前的社会文化背景探索出一条适合我国国情的社会秩序生成机制,便具有了重要的现实意义。在传统的社会秩序中,传统文化扮演了重要的角色,人们对社会秩序的

---

① 戚艳萍:《文化落差:京津冀一体化发展过程中必须面对的事实》,载《北京化工大学学报》(社会科学版),2014年第4期。

② 2005年,亚洲银行提出了"环京津贫困带"概念,京津周边地区存在严重的发展失衡问题,扩展到整个河北,这一结论依然成立。参见张可云:《京津冀协同发展历程:制约因素及未来方向》,载《河北学刊》,2014年11月第6期。

认知与服从大多遵从于文化的指引。并且,如何强化法律的效力,实现法治秩序,离不开对文化及其引导下的秩序的分析和理解。正是在这一层面上,区域法治建设与其文化情境的追求可谓殊途同归,共同指向社会秩序的调整。

### (一) 区域法治与秩序

秩序是社会发展的主题。"历史表明,凡是在人类建立了政治或社会组织单位的地方,它们都曾力图防止出现不可控制的混乱现象,也曾试图确立某种适于生存的秩序形式。"[1]秩序之于社会的重要性正如哈耶克所言,"如果不存在秩序、一贯性和恒长性的话,则任何人都不可能从事其事业,甚或不可能满足其最为基本的需求。"[2]历史上,宗教、道德、伦理、法律等媒介互相影响,相互配合,使得社会秩序呈现丰富多彩的样貌。随着社会秩序的演变,法治获得认可,成为现代社会所倡导的秩序类型,"法治秩序表征着社会秩序的高级形态和基本走向"[3]。可见,法治是社会秩序发展未来的方向。

在讨论"法治中国"建设的语境中,人治作为传统的社会秩序运行方式,常常被视为法治的对立面,以法治代替人治成为国家法治建设的愿景。[4] 然而,法治如何"替换"人治?或者说,法治实现的基础和方式

---

[1] [美]E. 博登海默:《法理学:法律哲学与法律方法》,邓正来译,北京:中国人民政法大学出版社,2004年版,第228页。

[2] [英]弗里德里希·冯·哈耶克:《自由秩序原理》(上),邓正来译,北京:生活·读书·新知三联书店,1997年版,第199、200页。

[3] 杨春福:《论法治秩序》,载《法学评论》,2011年第6期。

[4] 相较于人治,法治具有多重优越性,例如,法治能够保持执政党的执政理念、执政路线、执政方针的连续性、稳定性、权威性,不因领导人的改变而改变,不因领导人看法和注意力的改变而改变,真正做到"不动摇""不折腾";第二,依靠法治,依靠宪法和法律体系能够在当下多样化的中国社会中凝聚共识和力量,保证中国社会可持续性的发展与稳定;第三,法治是公开透明的规则之治和程序之治,具有可预期性、可操作性、可救济性,可以使人民群众对自己的经济、政治、社会、文化规划和生产、生活有合理预期和安全感,确保国家治理的公信力;第四,宪法和法律是由国家制定的、并依靠国家强制力作为终极力量保证实施,能够克服政策等治理制度体系的局限性,确保制度体系运行的效能。参见张文显:《法治与国家治理现代化》,载《中国法学》,2014年第4期。

是什么？并不是容易回答的问题。尽管依法治国已被写入宪法，但是其中更多的是宣言的意味，并没有指明具体的行动路径。当然，围绕法治建设的命题，人们已经制定了大量的法律、政策，希望借助制度构建逐步实现法治。甚至可以说，在全国范围内，通过中央立法的模式，社会主义市场经济体系需要的法律体系已经初步完成。但是，这显然并不等同于法治的实现。"法治秩序的建立不能单靠制定若干法律条文和设立若干法庭，重要的还得看人民怎样去应用这些设备。更进一步，在社会结构和思想观念上还得先有一番改革。如果在这些方面不加以改革，单把法律和法庭推行下乡，结果法治秩序的好处未得，而破坏礼治秩序的弊病却已先发生了。"①法治的目标是破旧立新，建设更优的秩序，避免失序。而就社会秩序而言，其"在本质上便意味着个人的行动是由成功的预见所指导的，这亦即是说人们不仅可以有效地运用它们的知识，而且还能够极有信心地见到它们能从其他人哪里所获得的合作，"②这就要求法治在打破人治社会秩序的同时，及时衔接，补充人们秩序预测的空白，确保人们在新的秩序框架下得以有效地运用自身的知识以及与他人进行合作。显然，旧有秩序的革新非朝夕之力所能及。于是，如何从原有秩序顺利过渡为现代法治下的秩序，并不仅仅是构建制度的问题，至少还需要形成对应的社会结构、思想观念，避免法治建设流于形式。

然而，法治在具体的社会环境中的嵌入程度并不一致，对社会秩序的影响也存在差异。当法治为人们带来对社会秩序新期待的同时，法治的实施不约而同地掺杂了地方性的理解与诠释。即使已经拥有中央层面的制度体系，受制于政治、经济、文化等发展的差异，地方在执行时予以变通的情况并不鲜见。这时，区域法治建设便承担着帮助中央制度体系落地生根的责任，并在此基础上推动区域社会秩序的调整。另

① 费孝通：《乡土中国》，[美]韩格理，王铮译，北京：外语教学与研究出版社，2012年，第117页。
② [英]弗里德里希·冯·哈耶克：《自由秩序原理》（上），邓正来译，北京：生活·读书·新知三联书店，1997年版，第201页。

一方面,在我国的治理模式中,地方治理相对与中央治理的能动性、创新性成为社会自下而上的演化动力,逐渐影响着规则体系的生成。因此,区域法治建设将成为衔接中央决策与地方治理的平台,在二者之间发挥着双向的沟通桥梁作用,既反映区域秩序诉求又贯彻着中央的政策导向,体现中央与地方利益的博弈与平衡。① 此外,随着区域经济一体化建设的推进,以及环境保护、公共安全治理、社会保障体系建设等跨区公共事务的推动,当代中国府际合作领域和范围越来越广,成为带动区域法治建设的内在推动力。区域法治将成为地方政府之间寻求合作共赢、在竞争中求合作的共同议题,并逐渐削弱经济、社会秩序的地方差异。可以预见的是,倘若区域法治能够以准确的定位、合理的路径参与社会秩序的调整,无疑有助于推动现代法治秩序的建立,早日实现法治中国建设的整体目标。

### (二) 文化与秩序

"文化的一个重要功能,就是提供和证明一套能够保障人们生活并

---

① 区域法治建设的主体主要为地方政府,从制度变迁的角度来看,区域法治的效果尤其受到地方政府的影响。在我国,地方政府具有独立的利益目标,拥有资源的配置权。因此,即使是制度变迁的进程中,地方政府无论面对自上而下的权力中心主导的制度变迁又或是微观主体自下而上的需求诱致型制度变迁时并非完全的处于被动的地位。在我国改革之初,制度变迁采取的是供给主导型,即由权力中心凭借行政命令、法律规范及利益刺激,在一个金字塔型的行政系统内自上而下地规划、组织和实施制度创新。但是,这类制度创新只有当权力中心的制度创新收益大于其成本时才会发生,并且其他利益主体若无权力中心授权,则难以参与制度创新。于是,出现了著名的诺斯悖论,即"权力中心在组织和实施制度创新时,不仅具有通过降低交易费用实现社会总产出最大化的动机,而且总是力图获取最大化的垄断租金"。统治者及其集团利益最大化与建立有效率体制之间,始终存在冲突。在此背景下,微观主体如果要进行自下而上的需求诱致型制度变迁,则难以解决谈判费用高昂、搭便车问题和意识形态刚性等现实障碍,无疑限制了诱致型制度变迁。此时,地方政府作为第三种制度变迁的主体的优势凸显。其可以借助区域法治等制度构建,在权力中心的制度供给意愿与微观主体的制度创新需求之间进行平衡,逐步将制度变迁的主动权过渡到微观主体的手中,向需求诱致型的制度变迁转变。参见杨瑞龙:《我国制度变迁方式转换的三阶段论——兼论地方政府的制度创新行为》,载《经济研究》,1998 年第 1 期;史晋川:《论制度变迁理论与制度变迁划分标准》,载《经济学家》,2002 年第 1 期。

使之富有意义的社会秩序。"①

从广义上讲,法律也属于文化的一部分。但是,当下法治建设语境中的"法律"之于文化,则相对独立,并未完全内化于当代文化,至少与历史悠久的社会文化相比,法律还处于与文化融合的过程中。毕竟,近年来建立的法律体系主要来自于移植或自上而下的制度设计,而非文化演化生成的结果,天然地伴随着与原有文化融合吸纳的问题。因此,目前我们更需要的是观察法律在文化土壤中的生长情况。尤其是,在大多数的日常生活中,人们的行动所遵循的未必是一些有意建构的行为模式,其间显示的常规性"并不是命令或强制的结果,甚至常常也不是有意识地遵循众所周知的规则的结果,而是牢固确立的习惯和传统所导致的结果"②。人们自出生开始进入社会化进程,习得文化。"从社会制序的微观生发机制来看③,由于任何社会既存的文化信念、道德伦理作为人们的一种'共同知识'会决定和影响处于一定社会博弈安排中的每个博弈者对他人的行为和策略选择的预期,因而他们自然会作为处在一定文化濡化机制中的个人'知识'和'信念'与个人理性计算一起来决定人们在社会博弈中的策略选择"④。

从历史传统的角度看,中国文化之于社会秩序的影响较西方更甚。伦理、习俗等法律之外的文化类型在秩序调整中的作用发挥着突出的作用。一般认为,传统中国是伦理社会。探寻中国法律史,不难发现,在中国社会秩序的调整中,除去旨在防止秩序破坏的刑罚,即刑律,其他领域的法律并没有为秩序调整所倚重进而得以长足发展。这与东西

---

① 郭湛、王文兵:《文化自觉与社会秩序》,载《甘肃社会科学》,2006 年第 2 期。

② [英]弗里德里希·冯·哈耶克:《自由秩序原理》(上),邓正来译,北京:生活·读书·新知三联书店,1997 年版,第 72 页。

③ 根据韦森教授的理解,此处"社会制序"意为"由制度规则调节着的秩序",制序对应英文的"institution",不仅指已经建立或制定包括法律在内的规则、制度,还包括人们在社会活动与交往中的行事方式、习惯、习俗、惯例等非正式约束。参见韦森:《个人主义与社群主义:东西方社会制序历史演进路径差异的文化原因》,载《复旦学报》(社会科学版),2003 年第 3 期;《社会制序的经济分析导论》,上海:上海三联书店,2001 年版,第 7—12 页。

④ 韦森:《经济学与伦理学:市场经济的伦理维度与道德基础》,北京:商务印书馆,2015 年版,第 136 页。

方文化差异紧密相关。西方传统上重视处理个人权益与团体权力的关系,二者之间分际关系越明确越好,于是逐渐从明确的法律中探寻理想生活,而中国自始不同,重在家人父子间关系,"映于心目者无非彼此之情与义,其分际关系似为软性的,越敦厚越好,所以走向礼俗,明示其理想所尚,而组织秩序即从以奠定"①。因此,在传统中国的社会秩序调整中,存在以下特征:第一,在我国传统社会文化中,法律原本并非社会秩序调整的主要工具,礼法、伦理等非正式规则的使用占据着主要地位,制序化并非主要以成文法等明确规则的形式进行。第二,非正式规则如礼法、道德、情理等的运作,使得人们习惯于富有弹性的秩序调整模式,甚至正式规则也时常以弹性的方式被改造和执行。例如"关系"对制度的影响:道德和法律的运行首先需要判断所施加的对象与自己的关系,进而加以程度上的伸缩,一切普遍的标准并不发生作用,"一定要问清了,对象是谁,和自己是什么关系之后,才能决定拿出什么标准来"。② 第三,作为正式规则的刑律长期一家独大,成为人们习以为常的法律秩序调整模式,当人们面对参照西方法律而建立的法律体系时,未必能同时切换到权利义务的思维模式,刑律背后的强权色彩、对社会矛盾的处理态度等在潜移默化中影响着人们对法律的理解和运用。

### (三) 文化对于区域法治的意义:秩序调整的路径分析

一方面,区域文化制约着区域法治的路径。从新制度经济学的角度,路径依赖依然在制度变迁中发挥着作用。社会秩序的形成并非仅仅依靠建构一套新的较为完备的法律制度就可以达成。"人们过去做出的选择决定了他们现在可能的选择"③。社会演化中的文化传统、信仰体系都属于其中根本性的制约因素,"我们必须非常敏感地注意到这

① 梁漱溟:《中国文化要义》,上海:上海人民出版社,2011 年版,第 116 页。
② 孙立平:《"关系"、社会关系与社会结构》,载《社会学研究》,1996 年第 5 期。
③ [美]道格拉斯·诺斯:《制度、制度变迁与经济绩效》,刘守英译,北京:生活·读书·新知三联书店,1994 年版,第 132 页。转引自:姜涛:《区域法治发展路径:一个文化论的解释》,载《江海学刊》,2014 年第 4 期。

样一点：你过去是怎么走过来的，你的过渡是怎么进行的"，这样，才能清楚地面对的制约因素以及可以选择的机会。① 诺斯认为，文化和政治累积过程影响了制度变迁。其中，就文化而言，其作为社会累积的知识存量，影响了个体信念和心智模式进而影响着个体改善经济绩效的能力；"积累起来的知识存量又被置于我们的学习中，并成为路径依赖，即过去对现在和未来的巨大影响的渊源"。② 文化作为经过一段历史时期的社会的知识存量，容纳了大量的非正式规则。即使从形式上完全重建正式规则，也不可能完全替代非正式规则在社会秩序调整中的作用。"这些社会的、政治的和经济的规则从不同的方面对整个制约进行重建，从而产生出新的远离革命的渐进式的均衡。"③

　　另一方面，区域文化为区域法治建设不可或缺的知识。古人云，"不识庐山真面目，只缘身在此山中。"社会生活纷繁复杂，身处此山的人们未必能够以上帝的视角了解所有的要素。因此，人们只能基于有限的知识储备进行秩序引导。"我们能够为社会秩序的型构创造一些条件，但是我们却无力为各种社会要素安排一确定的方式，以使它们在恰当的条件下有序地调适它们自己。"此时，作为制度设计主体的立法者，其任务并非建立某种特定的秩序，而"只是创造一些条件，在这些条件下，一个有序地安排得以自生自发地型构起来并得以不断的重构"。④ 文化中蕴含着人们做事的方法与路径，并且经历了漫长的博弈与试错，形成了大量非正式但却有效的行为规则。所以，法治作为参与社会秩序调整的"新变量"，若要实现其制度理想，就不应当忽视这些行为规则。事实上，法治建设过程中对文化的尊重是对历史经验与成就的尊重，其间包含着超过任何"个人"所能拥有的知识，成为"创造一些条件"时必不可少的参照物。

---

① ［美］道格拉斯·诺斯：《制度变迁理论纲要》，载《改革》，1995 年第 3 期。

② 刘和旺：《诺思制度变迁的路径依赖理论新发展》，载《经济评论》，2006 年第 2 期。

③ 徐爱水：《中国文化传统与法制变迁的路径依赖》，载《西部法学评论》，2011 年第 4 期。

④ ［英］弗里德里希·冯·哈耶克：《自由秩序原理》（上），邓正来译，北京：生活·读书·新知三联书店，1997 年版，第 201 页。

因此,之所以强调区域文化之于区域法治建设的意义,最核心的问题在于使区域法治对于区域社会治理更多地发挥正向的秩序引导作用,避免水土不服,防止发生破坏社会秩序的情形。无疑,社会的演进、发展具有历史性。法治中国目标很难通过断裂式的革命直接达成,人们的思想、行为也只能通过潜移默化的影响逐步发展。忽视路径依赖,对制度重建的效果过于自信,反而可能使制度上的"更新换代"反而可能带来破坏性的后果。

## 三、京津冀区域的文化特征与社会秩序

### (一)京津冀区域文化的考察路径

文化本身是一个复杂的概念。在社会学意义上,文化通常有以下四种理解[1]:

其一,文化是由思想、情感、信仰和价值等区别于客观的社会结构的抽象构成,即主观意义的文化。例如涂尔干谈及的"集体良知"[2],中国政治语境中的"精神文明"等均属于此类范畴。这类文化发挥着"形成群体一致的价值规范概念,以整合秩序",及"形成个体主观经验,调控人的行为"的作用。[3]

其二,文化是由行为模式、生活方式及某些关系结构组成,即结构意义的文化。如雷蒙·威廉斯认为,文化包括了整个生活方式。[4] 在这一类对文化界定中,文化隐藏在常识背后,是人们约定俗成的、主观

---

① 此种分类参见周怡:《文化社会学发展之争辩:概念、关系及思考》,载《社会学研究》,2004年第5期。

② 涂尔干认为,集体良知(collective conscience)是"一种与其他人同属某一共同体的感觉,为此他会觉得自己有道德义务去按照共同体的要求行事",或者说是我们具有的一种对某一群体的归属感。参见[美]兰德尔·柯林斯、迈克尔·马科夫斯基:《发现社会:西方社会学思想述评》,李霞译,北京:商务印书馆,2014年版,第168页。

③ 周怡:《文化社会学发展之争辩:概念、关系及思考》,载《社会学研究》,2004年第5期。

④ [英]威廉斯:《文化与社会》,长春:吉林出版集团有限责任公司,2011年版,第7页。

上视为"当然"的模式、生活方式或结构关系,例如在我国鲁西南地区,逢年过节时家庭聚餐的座次安排便体现了长幼有序的伦理等级关系。

其三,文化是社会结构的象征表达,即拟剧意义的文化。仪式、语言、图腾崇拜等成为文化现象的特定符号,并与社会伦理秩序的观念密切相关。例如,齐美尔认为,社会本身是一个有着自身规律的不可见世界,而这些规律可以在语言、技术、社会体制、艺术等文化之流中发现。"这些文化在时间的流程中塑造了一代又一代新人,并体现在人们之间互动的各种形式和模式中,而这会对个体性的行动产生影响。"[①]

其四,文化包括了习俗、宗教、道德、政治、法律等内容,具有外在于或者独立于个人或群体意识的"社会事实"的特征。较为典型的如梁漱溟先生对文化的界定:所谓文化,是"吾人生活所依靠之一切",如农工生产所有器具技术及其相关之社会制度,维持治安的国家政治,法律制度,宗教信仰,道德习惯,法庭警察军队等,是"极其实在的东西",其本义"应在经济、政治,乃至一切无所不包"。[②]

实际上,上述关于文化的界定,彼此间并非非此即彼、对立冲突的关系,而是体现了文化在四种相对独立意义和层面的理解,存在着相互联系、相互转化的关系。一方面,文化的上述四种界定依次体现了由内而外的观察视角,从价值、态度、信仰等主观认知出发,逐渐转向客观领域,观察具体性的生活方式以及其中彰显结构特征的象征符号体系,进而转向更为抽象的相对制度化的体系。另一方面,制度化文化体系可以借助语言、仪式等拟剧意义的符号进行传播,影响、修正人们内在的价值文化,产生新的生活方式或行为模式,并进一步推动制度化文化的发展进程,此时,四者构成了"文化再生产"的内循环,"表达的是一种文化延续、文化运行的内在机理"。[③] 基于此,本文将从方法论的意义上理解上述概念的差异,将以上四种不同角度的概念视为文化考察的不

---

① 〔美〕兰德尔・柯林斯、迈克尔・马科夫斯基:《发现社会:西方社会学思想述评》,李霞译,北京:商务印书馆,2014 年版,第 249、250 页。
② 梁漱溟:《中国文化要义》,上海:上海人民出版社,2011 年版,第 116 页。
③ 周怡:《文化社会学发展之争辩:概念、关系及思考》,载《社会学研究》,2004 年第 5 期。

同路径。同时,鉴于上述各种理解含义之丰富,限于能力与篇幅,本文尝试从四个层次中分别选取部分内容,试着对京津冀地区文化特征进行初步的分析。

### (二)京津冀区域文化的传统特征

京津冀区域不仅在地理上唇齿相依,在历史上更有着深厚的渊源。汉朝、三国时并称冀州,宋朝时为大名府,明朝之后定都北京,京师直隶地区成为畿辅地区与之紧密相连。在 1870 至 1949 年期间,河北省会在保定、天津、北京之间移动流转 11 次,是近代剧烈政治变动的共振连动效应,形成了近代京津冀区域的特殊社会生态,也是区域一体化的历史基础。① 因此,传统上,这一地区在文化上存在共性。

1. 京津冀地区的精神文化特征

历史上,京津冀地区位于农耕民族与游牧民族争斗的前线战场。"残酷的战争和战争中产生的求生存、谋福祉的渴望,锻造了燕赵人民勇武任侠和变革图强的文化性格。"②传统的燕赵文化推崇信义为重,言必行,行必果,重视德行操守,富有自我牺牲精神,如荆轲刺秦,"风萧萧兮易水寒,壮士一去兮不复返",慷慨悲歌激励万千志士无惧牺牲,捍卫理想。从自然资源的角度看,燕赵地区的山区猛兽出没,人烟稀少,平原地区虽然适于耕作,但是土质普通,地力有限,加上战事频繁,个人生存艰难。由此,燕赵文化形成了不畏艰险、忠厚忍让的风气。为了克服生存的艰难,村落、宗族的力量得以强化,燕赵文化逐渐发展出了讲究乡谊、人情关系的特征,人们互相支持,互通有无。此外,在生存压力的推动下,社会认可变革图强以求生存的价值观。诸如赵武灵王胡服骑射等,也留下了只有变革才能图强的精神遗产。

随着元定都大都至今,京津冀地区政治地位分化的事实开始影响文化特征的演变。京都文化崛地而起,北京逐渐以全国政治文化中心

---

① 李长莉:《京津冀区域:近代社会文化生态考察》,载《历史教学》,2016 年第 10 期。
② 崔志远:《燕赵文化的形成、发展与变异》,载《河北日报》,2004 年 10 月 8 日。

的高度影响着周边地域文化价值。京都文化代表全国,具有强烈的政治性、丰富的包容性和迷人的典雅型,以其强大的"文化场"辐射燕赵地区,在升华燕赵文化的同时,同时也侵蚀着古老的燕赵风骨,使燕赵文化发生着变异。① 其一,京都文化强调忠君爱国,旨在维护政治的稳定统一,此时,对于以主流正统文化的名义,巧妙地以京都为核心逐渐向全国辐射的这一价值观,无疑,京都周边地区所受影响最甚。传统燕赵文化中的侠义勇武精神,逐渐被纳入到政治一统、稳定的文化氛围中予以理解,一定程度上消减了其中不利于统治的反抗精神部分。并且,身处京都附近,中央集权的统治效果最为明显,导致以河北为主的燕赵区域从自我革新的思路开始转向服从中央指挥的发展思路,进一步缩减了变革精神在燕赵文化中的生存空间,反而滋长了服从忍让的价值观。"河北从帝国的政治、文化边缘走进中心,天子脚下的皇权高压笼罩着这块土地,宗法政治文化日渐深入地浸淫、涵化着这里的臣民,久而久之,河北文化便沉淀、滋生出一种奴性、保守的基因,其现实表现就是缺乏自主、自立、自强的精神和意识,唯上是从、墨守成规、安于现状、不思也不敢进取"。② 于是,受制于"忠""孝""礼仪""等级"等观念的影响,在燕赵民风方面表现为心态日趋保守,惰性日渐增加。③ 其二,京都文化面临多元文化的冲击,发展出自身的包容性。万国来朝,五方杂聚。北京集结着全国各地的文化,集结筛选,形成了独特的京都文化,并使得京都文化逐渐从燕赵文化中独立出来。燕赵大地其他区域与之相比,除了来自京都的文化输出,缺少其他外来文化的冲击,导致区域文化继续维持着相对保守的特点。其三,京都文化追求典雅,精致。几百年来,北京居住着中国最有权势的封建统治阶级,也是全国各地资源的汇聚之处,资源的丰沛使得他们得以不断追求享受精致典雅的生活。同时,京城民众与权力中心的地理距离优势逐渐影响了普通民众的社

---

① 崔志远:《燕赵文化的形成、发展与变异》,载《河北日报》,2004 年 10 月 8 日。

② 张平:《文化自觉:河北新人文精神的理性祈向》,载《河北学刊》,2006 年 1 月第 1 期。

③ 高鳗川:《燕赵文化对河北经济的影响》,载《区域经济》,2013 年第 8 期。

会心理,自然而然地尝试寻求生活距离的缩短。当整个京城的经济、资源优势使得人们的生存获得基本保障时,精致典雅也扩散为整个社会生活所推崇的普遍的风气。显然,其他地域发展所依凭的依然是当地有限的资源,尤其因为畿辅之地,时常需要首先最大限度地满足北京的需求,于是也可以理解,燕赵地域为何难以发展出京都区域的典雅、精致文化。

与北京相比,天津的历史较短,直到明朝永乐二年方才设卫筑城。借助其独特的地理位置,天津迅速发展,成为我国新兴的北方内外贸易枢纽和经济中心。同时,毗邻政治中心北京,历次政治运动较少成为风波中心,多发挥着防卫、辅助、响应的地位。因而天津形成了独特的文化特征,既表现出多元文化汇聚、融合、接纳的开放性,又表现出传统文化秉承的保守性。这种开放与保守的双重特征,在天津的商文化、殖民文化中均有端倪。众所周知,天津不仅是漕运中心,也是南北商人聚集之地,一度容纳了大量的财富,形成了天津特有的商业文化。例如,清代天津盐商多为外地来客,造成了多方地域文化汇集的情形,增加了商业交往中对文化冲突的宽容度。同时,由于行业需要,盐商与政府之间的联系更为紧密,因此思想上必然尽量向本地官员靠拢,加上"抑商""贱商"的社会背景,商人更容易体现出守旧、求稳的特性。盐商"在思想文化上还不能够完全脱离传统意识和封建文化,其在社会中立足的手段只能借助模仿上层社会的消费方式与文化品位来提升自身的身份和社会地位。"①并且,受到殖民统治历史的影响,天津形成了独特的殖民文化。与另一个典型的殖民城市——上海不同,天津并没有形成西化的氛围,反而更为明显地呈现出中西对抗与融合、开放与保守的矛盾性。一方面,由于每次殖民均是被动承受,天津表现出对西方入侵的强烈排斥,以致出现了"洋人怕老百姓"的情况,反映出天津人反抗外来侵略的斗争精神。另一方面,中西文化又在天津发生融合。例如,"天津城市发展空间即融合了中外不同的规划思想,既有中国风水观念天人

---

① 任吉东:《近代天津盐商文化特色析论》,载《史林》,2012年6月。

合一的理想,也有租界区表现出的实用主义原则,两块市区却在功能上互补,在社会生活上互相衔接。"①

可见,京津冀区域文化以传统燕赵文化为基础,随着北京定都、天津设卫,产生了京都文化、天津文化,传统燕赵文化逐渐发生变化,出现了冀州、京都、津门三种文化的分化与交融。其中,北京以一种面向全国,甚至世界的开放态势不断地接受和发射各种文化信息,逐渐成为国内的文化中心,也当然地在京津冀区域文化中占据主导地位。天津因特殊的发展路径,在文化矛盾冲突中融合、生长,也形成了自身的文化优势。随着京都文化、津门文化异军突起,燕赵文化逐渐丧失了区域文化领域的引领地位,甚至有边缘化、外围化之嫌。

2. 行为模式

受地域文化的影响,京津冀地区人们的行为模式表现出一些相似的特征,现以政治、经济行为为例略作说明。

(1)商业行为模式

曾经,京津冀地区的商业有着辉煌的历史。清末民初,河北冀商在全国的商业版图中有着浓重的一笔描画,诸如"老呔帮""张库帮""冀州帮""高阳帮""武安棒"等为开发东北、沟通外蒙、惠济京津、物流天下做出了重要的历史贡献。② 后来,更有"全聚德""东来顺""狗不理""内联升"等由冀商开创经营延续至今的老字号。无论是本地商人还是外地商人,均受到当地文化传统的影响。比如,有学者以"冀州帮"为例对河北省的传统商帮文化进行总结,认为冀州帮具有亦商亦文的文化性格,表现为以义经商的道德观、以智经商的经营观、以文经商的生意观,出现了勇于抢救历史文化遗产、主动繁荣现代学术文化、抵制帝国主义文化侵略的做法。③ 换言之,在行义与逐利之间,商人行为推崇以前者为

---

① 陈克:《关于天津文化的理论思考》,载《理论与现代化》,2003年第6期。
② 周文夫、颜廷标:《弘扬冀商精神的时代意义》,载《河北日报》,2007年11月29日。
③ 例如,日本侵略者侵占天津以后,工业家史东初多次拒绝日伪的劝降,还教育家人和同事,不给日本人做事,不穿日本服装,不入日伪商会,不吸收日资入厂。他乐善好施,自费在天津金家窑开办"东初小学"。每到冬天,开粥厂舍粥,以帮助贫苦市民。参见刘宏(转下页)

先,讲究商业行为在道德、伦理层面的价值体现。尤其当传统燕赵地域的社会氛围普遍认为商人偏好趋利忘义时,商人即使因为勤劳努力而致富,也难以当然地取得社会地位的提高。于是,一旦商业积累达到一定规模,便需要思考如何实现社会文化上的认可,借助开展慈善活动、出资资助教育事业等做法提高自身的社会地位。加上社会普遍存在的小富即安的小农意识以及因循守旧的社会氛围,不但让商人们有"树大招风"的担忧转而采取守成、稳定的做法,抑制了市场开拓的行动,而且使得经济发展中的创新拓展难以展开。

即使在北方商业中心城市天津,商人来自于五湖四海,其行为也受到燕赵地域文化的影响。一方面,"贱商"的社会评价导致了商人阶层怀有强烈的自卑感,进而导致他们渴望得到尊重、重视,不断模仿、接近当地精英阶层,拉近与作为权力代表的官员、才智代表的文人、义理代表的侠士之间的距离,以引起社会注意,提升在当地的社会地位。一些商人"外事奢侈,衣服、屋宇穷极华靡,饮食器具备求工巧,徘优妓乐恒舞酣歌,宴会嬉游殆无虚日,金钱珠贝视为泥沙,甚至悍仆豪奴服食起居同于仕宦"①。然而,"只有当无数的'生意人'只是把自己企业的创建、增长和无限扩大视作为自己的一种'天职'——而不仅仅只是为了'赚钱发财',特别是不只是为了满足及其家人过一个安逸生活的'小钱'为目的、为导向——时,我们才能判定现代市场经济所必须的'商业精神'或'企业家精神'之蕴成"。② 另一方面,天津发展始于朝廷设卫,源自于统治阶层赋予的政策优势,地理上又与政治中心靠近,官本位思想严重,造成当地商业资源的获取很大程度上与官商之间的关系难舍难分。换言之,商业依附官场,难有独立发展空间。由于权力在财富的

---

(接上页)勋编著:《衡水古今谭》,河北花山文艺出版社,1999 年版,第 144 页。转引自陈旭霞:《冀州商帮文化的当代诠释》,载《燕赵历史文化研究之三:冀州历史文化论丛》,2009 年 9 月 18 日河北省"九州之首"——冀州历史文化研讨会会议论文。
① 《世宗宪皇帝实录》(一)卷 10,雍正元年八月己酉条。转引自任吉东:《近代天津盐商文化特色析论》,载《史林》,2012 年 6 月。
② 韦森:《从传统齐鲁农耕文化到现代商业精神的创造性转化》,载《东岳论丛》,2004 年 6 月。

积累中发挥着决定性作用,最能持续繁荣的投资是为获得官位而进行的投资。① 于是,商人或选择攀附官员,赢得政策优势,或商而优则仕,借助赐官、捐纳功名、科考晋升等途径跻身官场,培育了亦官亦商、官商合一的商场氛围。任何一个商人,无论出身何处,来自何方,均或多或少地受到这些社会传统影响做出行为决策。

实际上,当满清建都北京以后,旗人获得权力地位的优势,优厚的资源待遇,助长了旗人的官宦习气,也在社会上形成了官本位、重门第、重背景、重名分、讲体面的行为倾向。比起经济领域的成功,整个社会偏好追求政治成就,反映出明显的"官本位"思想,政治仕途的价值远远超出经济和文化。所以,在社会的评价体系中,政治成功带来的尊崇远胜于经济甚至文化成就。由此导致的结果是,大部分社会精英涌入官宦阶层,获得权力、资源的优势,从而进一步激发了社会整体将"入仕"视为人生正途,而商人群体也迫切地与官场建立联系,这种影响甚至在今天也依然存在。

(2)政治行为模式

几百年来,京津冀地区属于京畿重地、天子脚下。历史上,河北直隶于京城,天津则充当"天子渡口",既与北京关系密切,又曾长期作为河北省会城市,三地风俗习惯相似,社会交往频繁,因此地域归属感强。在清代,京畿地区隶属于直隶省,设顺天府尹、直隶总督进行治理。其中,顺天府的行政体制采取顺天府尹、直隶总督的共管体制。府尹地位较普通知府更为尊崇,"内备列卿而外倡九牧,秩遵而于民亲,则无如京兆者",在顺天府辖区内,府尹对于部分事务有权独自处置,部分重大事务与直隶总督咨商办理。可见,京畿地区的治理结构中,既保留了区域治理的一致性,由直隶总督负责,又给与顺天府府尹特殊权限,为京城治理进行区别对待。因此,京畿地区政治环境具有一定的相似性,地域政治归属感强,但同时,由于地处权力中心地带,京畿地区政治行为较

---

① 何显明:《中国古代权力交易现象生成规律的制度分析》,载《中共浙江省委党校学报》,2002 年第 6 期。

为明显地体现着权力体系的运行特征。

中国古代政治权力机构可以分为皇帝支配权、中央官僚行政权和地方官僚行政权①,三层结构逐层递进,形成统治与臣服的"关系链"。皇帝作为"君主"和"天子",拥有行使最高权力的合法性。围绕在皇帝周围,丞相、九卿六部等部门指导和中央官僚执行国家行政管理,维系朝廷和全国官僚体系的运作。地方官僚通过郡州府县、乡里保甲等不同的官僚层级实施行政管理,分级实现地方政务管理。权力体系自上而下,逐渐将皇权的触角深入到基层社会,至清代,这一触角更是深入到极致。② "在专制体制下,政治生活是整个社会生活的轴心,社会生活的各个层面均无以例外地受到政治权力随意性的干预,权力构成社会价值的核心。对于官员来讲,对社会生活广泛的干预能力,意味着可以利用权力大肆地从事权力寻租活动,充分挖掘权力所隐含的个人效用。他们可以利用公共职权为自己兑现到各种稀缺的社会资源,找到各种发财的机会。"③在这样一个权力体系的运作中,国家治理并不遵循明示、确定的规则,而是顺"势"而为,强调"无形"的技艺。相应地,政治行为不需要遵循一套明确的实体规则,而是重视行为者的主体性——德性,偏好天道、公义等具有模糊性的精神依据;不要求遵循事前规则化的程序逻辑,而是充斥了审时度势、随机应变的政治博弈与妥协。

以雍正朝清理钱粮亏空为例,此次整顿被视为整肃吏治和增加财

---

① 董长春:《中国古代权力结构的合法性理论的发展及其对中国古代法律的影响》,载《法制现代化研究》(第七卷),2001年。

② 清代雍正时期,开始实施役制度变革,随之而来的是地方基层组织及其运行机制的改变。通过保甲体制,政府对乡村实施更严格和更直接的统治,确保国家的权力触角可以从中央逐步传达到州县,深入至基层农村,实现了国家政权与基层乡村社会更加紧密的结合。例如,清代河北宝坻县在村庄之上存在乡一级行政组织,由乡村的其他职役人员保举,每乡分别管理一定数量的村庄。村庄被编为甲或牌,分别设有甲长或牌长,管理一村行政事务。参见孙海泉:《清代中叶直隶地区乡村管理体制:兼论清代国家与基层社会的关系》,载《中国社会科学》,2003年第3期。乡村负责人通常从本村农民中产生,由熟悉民间情况的人员产生。在此过程中,权力体系与当地的宗法制度相结合,在行政治理与家族自治之间取得平衡,实现了皇权触角自上而下的贯通。

③ 何显明:《中国古代权力交易现象生成规律的制度分析》,载《中共浙江省委党校学报》,2002年第6期。

政收入的双赢措施,直接为乾隆朝的繁荣昌盛奠定了基础。① 倘若考察此次国家政策的实施过程,不难看出隐藏于其中的皇权运作与官僚行为模式。康熙六十一年,雍正帝登基后,将内阁草拟的《登基恩诏》中有关豁免官员亏空的条例删除,一个月后,谕令以三年为限期,要求各省督抚清查钱粮亏空。谕令一经发布,受到对政治风向十分敏感的中小京官积极的响应。这一群体大多不属于被清查的对象,他们甚至奏请皇帝,"钦选京官之廉干者每省补一道员,俾其清查仓库,访求利弊"②,旗帜鲜明地站在皇权一侧。雍正帝随即进行了大批巡抚、布政使等的人员调动,启用李卫等大臣构建了一个与皇权高度一致的官僚利益集团,以推行亏空清查工作。经过清查后发现,当时,直隶也属于亏空堪忧的直省之一,巡抚赵世显是背负巨额亏空的直接责任人。然而,各省官僚集团盘根错节的关系,使得各省督抚对于清理钱粮亏空的谕令并不积极响应,而是百般遮掩。于是,三年期满之后,各省亏空清查案件未能结束,雍正帝决定进行第二个三年期清查。其间,直隶仓谷亏空案最先爆发。雍正三年,直隶总督李维钧因牵涉年羹尧案,种种私弊被揭露出来。此前,李维钧曾上奏雍正帝,指称直隶州县仓谷亏空情况并不严重,至三年岁求就可补齐,但却被署直隶总督蔡珽揭露直隶清苑仓谷颗粒无存。随后出任的直隶总督李绂隐瞒无谷可粜的情况,奏请卖出仓谷,被雍正识破,"借放仓粮,每为地方官掩饰亏空之计"③。然而,李绂官声清廉,为何如此选择? 实际上,官员掩饰仓谷亏空在当时利益交错的官场具有一定的必然性,他们背后隐含了错综复杂的官僚利益集团网,"一荣俱荣,一损俱损",只能遵循原有的官场潜规则,维护包括自己在内的地方官的整体利益,在维系集团利益的同时保存自

---

① 刘凤云:《雍正朝清理地方钱粮亏空研究:兼论官僚政治中的利益关系》,载《历史研究》,2013 年第 2 期。

② 《雍正朝汉文朱批奏折汇编》,兵科给事中刘祖任奏陈澄叙外吏等事折,第 1 册,第 51 页。转引自刘凤云:《雍正朝清理地方钱粮亏空研究:兼论官僚政治中的利益关系》,载《历史研究》,2013 年第 2 期。

③ 《清世宗宪皇帝实录》卷 44,雍正四年五月甲午,第 644 页。转引前刘凤云文。

身。事实上,雍正帝虽然进行了严格的追查,但是对于面临亏空的高级官员,多要求退赔亏项,后来更是设置了耗羡归公制度实现财政收入的回归,弥补亏空,从而使大多数承担退赔责任的官员从亏空赔付中解脱出来。雍正六年十二月,随着亏空清查进入尾声,雍正帝做出宽免决定:"今仓场各官已奉法,积弊渐轻……将此数十万摊赔米石概行豁免。内有已经赔补者,其急公守法之心甚为可嘉,著照数给还,并交部议叙以示奖励"①,调整政策以平衡官僚集团的利益。

此外,京畿地区虽地处机要重地,但并非肥沃富足之地,自然灾害频繁。晚清时期,直隶水旱灾害发生频率远高于全国其他地区。② 于是,一面是资源匮乏、环境恶劣的生存环境,一面是权力集中、生活考究的特权诱惑,两相对比之下,助长了追求权力的风气。原本,直隶"吏治营伍总未整理"③,已是吏治颓唐之地。1882年御史贺尔昌上奏称:"吏治弛废,各省如同一辙,而直隶尤甚。灾异之见,未必不由于此。"④由于区域治理的协作、统筹以上级命令为基础,官员之间自发的合作需要"关系"作为前提,导致地方治理存在协作体制不协调⑤,"自扫门前雪"的地方保护主义盛行⑥,偏爱眼前成效、自身政绩的短视处理⑦等问题。

---

① 《清世宗宪皇帝实录》卷76,雍正六年十二月丙申,第1131页,转引自前刘凤云文。

② 1800—1900年间,直隶地区发生水灾52次,发生旱灾47次,分别高出位于第二位的安徽省10次、山东省17次。参见陈高傭等编:《中国历代天灾人祸表》(下),上海:上海书店出版社,1986年版,附录。转引自池子华:《晚清直隶灾荒及减灾措施的探讨》,载《清史研究》,2001年第2期。

③ 中国第一历史档案馆:《雍正朝汉文朱批奏折汇编》第二十三册,第240页。转引自宋媛媛:《直隶总督李卫与京畿治理研究》,河北大学,2014年。

④ 《光绪朝东华录》(二),总第1445—1446页。转引自池子华:《晚清直隶灾荒及减灾措施的探讨》,载《清史研究》,2001年第2期。

⑤ 以永定河治理为例,"该地方官因无协防之责","河工决口,地方官例无处分",甚至李鸿章一度试图建立"依照南河、东河河工道员兼辖地方,沿河州县皆有协防之责"的合作体制,但狃于积习,难遂其愿。载《李鸿章全集·奏稿》,卷十七,第602页,参见池子华:《晚清直隶灾荒及减灾措施的探讨》,载《清史研究》,2001年第2期。

⑥ 1911年,东光人"偷掘北堤数千丈,泻水入沧,南北村庄被灾甚苦"。张坪等纂修:《沧县志》,台北:台湾成文出版社,1968年版,卷16,第2182页,参见上引池子华文。

⑦ 如"衡筑堤防,御北则移诸南邻,捍西则移诸东境",导致原本苦旱的地方"近则无岁无水患"。载丛刊续篇:《中日战争》(三),北京:中华书局,1991年版,第533页。参见上引文。

可见,即使面临天灾人祸的重大危机问题,官员应对多处于被动的位置,甚至一般民众也多是被动参与。这与官僚体系,甚至整个社会阶层习惯于上行下效的治理模式,依赖上级的命令指示做事的情况是分不开的。

3. 语言特征

研究认为,北京话以河北方言为基础,混杂了一些山东方言特点形成。① 实际上,经历了数百年的变迁,吸纳了多民族的语言文化,北京方言已经形成了极具辨识度的京腔。"北京方言是北京文化、北京人文化性格的构成材料"②,展现了北京独特的人文特征。例如,在传统北京方言中,"爷"字的使用十分广泛,除了用于亲属间的称谓以外,还用于乡亲邻里的称呼,如作家老舍《茶馆》中的"常四爷"等,以及用作对尊贵者的称呼如"皇帝爷""老佛爷"等。北京人对"爷"的偏好与北京的地域文化关系密切。几百年来,北京城里生活着大量的皇亲国戚、大小官僚,生活在北京的人基本上可以分为两类,一类是以官员为代表的上等人,一类是伺候人的下等人,社会等级鲜明。下等人伺候上等人的时候,使用老爷尊称官僚、财主。于是,"爷""老爷"变成当地上流社会的身份象征,无论年纪,只论尊卑。③ 这种上等人、仆人的地位在阶层繁杂的北京实际上处于动态的变化中,知县被百姓尊称为"县太爷",但却在府尹面前必须扮演仆人的角色。换言之,每个人都有可能扮演"爷"的角色。即使在现代,"爷"多出现服务行业中使用,"爷"作为日常用语的使用大量减少,然而,北京作为政治中心,国家权力集中,社会生活中存在大量管理与被管理的关系,地位差距感明显。因此,即使没有诉之于口,也难以否认社会人际交往中没有"爷"的内涵。

地理位置上,天津市区与北京相距不过一百多公里,与说北京话的武清方言片相距只有十几公里,但是天津方言与北京话区别明显,词汇使用上体现出突出的津门特征。例如,天津方言在进行事件描述时,偏

---

① 李蓝:《文白异读的形成模式与北京话的文白异读》,载《中国社会科学》,2013年第9期。
② 赵园:《京味小说与北京方言文化》,载《北京社会科学》,1989年第1期。
③ 向南:《北京的爷》,载《民间文化》,2000年第2期。

好概括,追求简洁明快幽默的特质。"凡是能用一句话的,绝不用两句话;凡是能用一个字的,绝不用两个字。"比如天津人对于人物的评价——"这小子当官后,狗熊穿大褂——人啦!瘸子脚面——绷着;热面汤——端着;要饭打狗棍——拿着"①,用四个单音词"人、绷、端、拿",直击事物特质。再如,天津方言讲究幽默,喜欢戏谑,几乎人人有意无意地逗哏捧哏,有意识地建立一个幽默、轻松的交流环境。这"体现了天津人接人待物的一种豁达胸怀,无论生活多么艰辛,具有一种善于化解,苦中取乐的意识"②。天津方言的幽默因子更是使天津成为孕育相声等曲艺文化发展的沃土,影响至今。另外,天津语言旗帜鲜明地糅合在当地文化中。在作家林希的描述中,天津人讲究最后目的,不注重过程,追求"大面儿"过得去。跑码头,"栖锅底"算不上本事,要想"吃得开","老牛筋"不成,"老执鬼"不成,得要有"人缘儿",然后才会有"饭缘儿",做到八面玲珑,才算得上会"来事儿",能在天津码头上"横趟"。③

河北方言具有鲜明的传统地域特征。首先,河北方言形象、直接,从中可以感受到河北人民古朴直爽的气质。④ 如"饺子"被称作"扁食",属于形状描述;"褥子"称为"铺体",是从作用角度的描述;"弄个场"意为"请客",应为行为概括。这些方言揭示了事物的本质内容,反映了人民务实的生活态度以及性格直接的特点。其二,河北方言带有浓重的地域习俗色彩,在婚丧、生育等社会生活的核心内容均有代表性的俚语呈现。例如,婚俗俚语中"换亲"指的是两家父母各以其女给对方为媳妇,或者各以其姐妹给对方兄弟交换为妻的习俗。这种婚姻形式或者出于亲上加亲的目的,缔结婚姻,或者由于家庭困难希望节省聘礼,还有为了身有残疾的儿子,无法通过正常途径结婚的。再如,河北丧葬中的"做七"的祭祀风俗,实际上包含了男人六天祭祀和女人七日祭祀的涵义,背后的

---

① 谭汝为:《天津方言体现城市性格》,载《天津市社会主义学院学报》,2014 年第 2 期。
② 谭汝为:《天津方言的源流:文化特质及其对天津城市性格的影响》,载《通化师范学院学报》,2012 年第 5 期。
③ 转引自谭汝为:《天津方言与地域文化》,载《社会科学论坛》,2010 年 10 月。
④ 李清月:《从河北方言词汇看燕赵文化》,载《语文学刊》,2014 年第 4 期。

逻辑是因为男人会算账的缘故走的快。① 这些风俗背后隐含了当地男女地位差异。其三,河北方言运用时注重场合、身份的区别。以儿化音为例。在河北方言中,儿化词十分常见。其中,在亲属称谓的场合,而儿化音与人们的喜欢、欣赏或亲切的态度相联系。② 如"小姨""大婶"是一种中性的不带感情色彩的称呼,常常用于双方关系陌生的场合,而"小姨儿""大婶儿"则意味着双方的亲昵、随意的关系。但是在正式场合,如谈判、开会等场合,则不再使用儿化音,以示郑重。

4. 制度设计

众所周知,京津冀地区的制度构建采取自上而下建构的模式。如前文所述,大到一个城市——天津的出现和发展起源于统治阶级的需求和政策偏好,小到一个具体领域的治理都来自于皇权自上而下、层层递进的推动和执行。这种自上而下的制度设计和运行受到如下现实因素的影响。

首先,伦理在社会生活中的作用一定程度上降低了对制度建设的需求。即使有自上而下的制度变革,也要与伦理融合才能实现社会治理。众所周知,传统的燕赵文化产生于自然经济基础上。于是,在传统的社会生活领域,"就自然经济条件下的绝大多数人而言,简单的衣食住行、饮食男女、婚姻嫁娶、生老病死的日常生活几乎成了他们全部的生活内容。……在这种情况下,农民所代表的生存模式,是一种典型的自然性的、经验性的、自发性的文化。它像血液和基因一样自发地流动在个体的生存和社会的运行中,规范着生活在其中的人们的行为,左右着社会的运行机制"。由此导致了人们的主体思想极其淡薄,缺乏平等观念、权利意识等。③ 当社会生活中出现矛盾时,争端解决推崇社会的自我消化,追求"无讼"的治理状态。同时,燕赵人民崇尚的信义为先、

① 李巧兰:《民俗文化视域下的河北方言俚语解读》,载《河北学刊》,2013 年 7 月。
② 李巧兰:《儿化音的家族相似性及其认知基础:以河北方言为例》,载《河北学刊》,2007 年第 2 期。
③ 白玉民:《燕赵文化及其现代文明意义初探》,载《河北师范大学学报》(哲学社会科学版),2006 年 5 月,第三期。

慷慨悲歌的价值观,导致人们在面临激烈的社会矛盾时,易于选择极端的解决方式。这种一次性、断裂性的争端解决模式,与现代法治体系着重建立的缓和、互动、延续的争端解决模式截然不同。所以,这些价值观偏好、对伦理调整的依赖进一步导致了近代权利保护为主旨的制度难以在京津冀的社会土壤中发展。社会生活更多地通过伦理制衡,而不是依赖制度的条框限定。在政治领域,在"以儒家为代表的中国传统主流文化对人性日臻完善一往情深的向往,以及德治的政治理念和政治思维方式,则是导致中国传统政治以改造人性作为治理腐败问题的治本之道,从而严重忽视外在强制性制度规范建设的内在根源"①。雍正帝也曾感慨:"治天下惟以用人为本,其余皆枝叶事耳。"②换言之,在政治领域,变革和改进均着眼于如何加强"人"的修行,即强调修身,而非谋求制度对权力的制衡。权力的任意性并不是制度关心的重点,相反却在结果至上的氛围中,默许权力的扩张。如前文提及的雍正朝治理亏空、盐政过程中,雍正在政策层面甚至临时性地给予政策执行的官员以明确的支持,确保他们在整治亏空中有皇权支持而在治理中无所阻碍。③ 同时,社会对于清官的普遍推崇,更是强化了政治领域中对于主体"人"的关注。在商业领域,鉴于"在讲诚信道德的集体或者社群主义社会中,家族和个人的社会体会以及财富继承尤为重要,人们不受社会机理去积极探寻更多的商业机会"④。这样缺乏主动寻求商业机会的思路,也就消减了与商业相关的社会制度建设的积极性。同样,在具体的商业行为中,重信义不重契约,"不喜欢使用种种繁琐的形式。成

---

① 何显明:《中国古代权力交易现象生成规律的制度分析》,载《中共浙江省委党校学报》,2002 年底 6 期。

② 鄂尔泰等:《清世宗实录》,卷四十七,雍正四年八月乙丑日条,第 708 页。转引自宋媛媛,《直隶总督李卫与京畿治理研究》,河北大学,2014 年。

③ 如李卫在盐政治理中的功绩,除了个人素质,还有着雍正帝对他始终如一的支持,使他无所顾虑,一往无前,以致雍正帝驾崩后,他"入谒梓宫,跪伏大恸,晕绝不能起"。参见钱仪吉:《碑传集》,卷六十九。转引自张小也:《李卫与清朝前期的盐政》,载《历史研究》,1999 年第 3 期。

④ 韦森:《从文化传统反思东西方市场经济的近代形成路径》,载《世界经济》,2002 年第 10 期。

千上万的巨款，也任意地在商人同志之间进行授受，没有使用证书、印章等的做法"。① 于是，也就无从讨论如何通过相对稳定的制度来保护契约的实现。

接着，受伦理因素的影响，当制度内容的建设和改进并非治理关注的重点时，制度运行也就不存在特定的框架限制，而是存在弹性空间，并不要求准确、严格的遵循，反而具有一定的开放性、包容性。在常态的社会治理中，人与人之间的关系网嵌套在制度中，成为实际运行的指导因素。前文提及，政治领域中有屡禁不止的朋党，即使是官声廉洁的官员，也在政治行为中难以摆脱背后利益集团的掣肘，而非以遵从制度为要。即使是轰轰烈烈的亏空治理，原本态度坚决的雍正帝，最后的做法却选择了宽免。这种做法固然基于皇权与官僚集团利益平衡的考虑，但这种事后宽免的处理方式也削弱了人们对于制度的尊重，导致即使制度已然设计了惩罚措施，行为人思考的也是事后如何逃脱制裁而不是转变行为模式。商业领域也强调与官员阶层的亲近关系。如前文所言，商人关注的重点不是商业版图的扩张而是社会地位的提升，借此实现关系网扩张。原因十分明显，即在某一商业领域中，即使有表面一致的商业政策，每个商业主体实际感受的政策内容事实上取决于他们与权力中心的距离。换言之，只有与官僚集团建立关系时，政策的好处或自身的发展空间才可能获得。所以，商业发展仰仗政治权力，自然不会如西方法治发展般出现"独立"的商人阶层，进而推动限制权力的法治思想的形成。在基层社会生活中，社会矛盾处理由了解当地伦理秩序的宗族人员凭借威望、地位、品德等进行裁决，争端解决的个人色彩浓厚。所以，即使有明确的制度在先，也推崇制度与伦理的平衡，给制度的运转留有一息回转的空间。

最后，中国人强调的天人合一的世界观，使得人们存在对世间万物普遍的敬畏感，并在此基础上规范自己的行为，缩小了社会秩序维护中对制度需求。在这个宽泛的行为规制领域，很难确定制度在规范行为

---

① 汪寿松：《近代天津新型的商业文化》，载《商业现代化》，2007 年 8 月，总第 511 期。

方面的地位与效果,但是可以明确的是,制度只是行为准则中篇幅有限的内容。例如,作为世俗社会代表的皇权官僚体系,在应对危机时,考虑的也是降诏求雨①,普通民众中更是存在广泛的神鬼信仰。晚清直隶地区,仅仅与灾害有关的神有龙王、关帝、大王尊神、刘猛将军、八蜡神等。② 尤其是义和团事变,暴露了人们宽泛的迷信观。"中国人所奉者何尝为佛教,试观居家所供之神,不出封神演义一书,庙宇所供之像,不出一切稗官野史,甚至以狐狸、黄鼠狼、刺猬、蛇、鼠为大仙,以山、川、树木、门、灶为有神,顶礼敬奉,举国若狂……竟至有义和拳之起,酿成国破家亡之奇祸。"③同样的敬畏感甚至表现在语言中。如石家庄地区婚丧嫁娶有一个习俗,女儿不能将父母的"被子"和"饭碗"拿走。因为"被子"与"辈子"同音,"饭碗"象征着谋生手段,女儿出嫁后便不再是家族人,自然不可染指。④ 其背后隐含着当地的社会伦理秩序。同时,上至皇帝,下至百姓,都在生活实践中体会到语言言辞的重要作用。在一些重大的历史转折关头对一些言辞产生"莫名其妙的敬畏和迷信心理",相信"吉言""诅咒""忌讳"等均具有某种神奇的力量。这种影响延续至今⑤,其间不但彰显了语言的文化意义,也蕴含着言语活动在社会生活与制度生成中的作用。⑥

### (三) 京津冀地区文化与社会秩序

借助上述对于京津冀地区传统文化的解读,不难发现京津冀地区

---

① 如1902年,国内爆发大面积瘟疫。"京畿一带自立夏以后,雨泽稀少,旱象已成,近数日来酷热异常,疫气因而愈炽。"清政府降诏求雨,派御前大臣前往邯郸敬请铁牌,直隶省官员自直督至司道府现,无不往关帝庙拈香求雨。参见刘宏:《义和团事件:清末反迷信的原动力》,载《山东师范大学学报》(人文社会科学版),2012年第6期。
② 池子华:《晚清直隶灾荒及减灾措施的探讨》,载《清史研究》,2001年第2期。
③ 《说蛮教》,载《大公报》,1903年9月15日。转引自刘宏:《义和团事件:清末反迷信的原动力》,载《山东师范大学学报》(人文社会科学版),2012年第6期。
④ 李巧兰:《民俗文化视域下的河北方言俚语解读》,载《河北学刊》,2013年第4期。
⑤ 例如,如今,车牌号的交易价格与牌号的吉利程度挂钩,数字越吉利,价格越高。人们甚至可以借助车牌号来推测车主的身份地位。
⑥ 韦森:《言语行为与制度的生成》,载《北京大学学报》(哲学社会科学版),2005年第6期。

的秩序特征。

其一，京津冀区域社会秩序融合了伦理道德、风俗习惯、宗教信仰等因素来共同调整。这样的秩序是弹性的、变动的，甚至可以说，自在自得。并且，秩序运作中重视较为灵活多变的人的因素，而非仰仗相对固化的制度来维持秩序。相应地，人们对于社会秩序的认知和期待，也集中于人。人们用"人心不古"来表达自身对于整个社会秩序的不满，又通过颂扬明君清官、对抗昏君贪官来表达对社会秩序调整的期许。这些文化特性影响了社会秩序的调整方式，即使在今天，也留有痕迹。①

其二，社会秩序显示出明显的阶层特性。一方面，从区域宏观角度可以看出，北京到天津、河北三地的定位存在明显差异，在相当长的时间内，政策上始终以北京为主，天津为卫戍钱仓、河北作为后方基地予以支援。如今，同样难以否认的现实是，北京相较天津、河北，也具有显著的资源优势。另一方面，从具体的社会生活中也同样存在阶层地位的区分。河北民俗中男女地位的差异、北京交往中"爷"的指称、天津官商之间的阶层区分，均蕴含着阶层划分的内容，预示着时刻提醒着阶层差异的社会秩序。自然，这种社会秩序不会把视线投注于权利保护，而更多地在于权力的维护和平衡。显然，这与当前法治秩序中追求的平等理念相悖离。

其三，在传统社会秩序的调整中，制度的效果十分有限。制度引发的社会反应并非完全是遵从，而是被"有能力者"打破的对象。其中既有制度规制对象的"努力"，也有制度制定者的"随意"。于是，制度的权威性和准确性大打折扣。由此导致的结果是，人们已经习惯了"上有政策，下有对策"的制度效果，缺乏基本的制度信赖感。借用经济学上的"二手车市场"理论的逻辑，如果将制度比拟为"二手车"，当质优的制度

---

① 例如，河北省省长张庆伟到省群众工作中心接访，帮助群众解决实际问题，成效突出，使得"老大难"问题，"老大一出面就不难"。参见《书记省长怎么接待处理群众上访》，载《北京青年报》，网址：http://news.sohu.com/20161113/n473032559.shtml，2016 年 11 月 16 日访问。

难以体现预期的价值时，只能退离社会治理的"市场"，由劣等的政策替代。因此，即使已经建立了相对健全的法律制度，制度目标与效果之间客观上依然存在显著的差距。

## 四、文化视野下的京津冀区域法治建设路径调整

基于以上关于京津冀区域文化特征及其对社会秩序影响的分析，关于京津冀区域法治建设的开展，笔者认为，可以从以下方面着力，推进京津冀法治一体化进程：

### （一）回应法治的需求，重视社会价值观的引导

堵不如疏，疏不如引。针对区域文化关于社会秩序认识的一些负面影响，可以通过培育平等、权利保障等法治价值观，引导社会关于秩序认知的改变，培养对法治秩序的信赖甚至依赖。

比如，基于文化中普遍存在的对于权力的尊重，可以通过法治政府的建设展示公共权力部门对法治秩序的维护。一方面，重视政府公信力的引导，发挥政府机关的法治示范作用。政府机关身体力行，重视人权保障，依法行政，展现出对于法治的实体、程序的尊重。另一方面，重视危机事件、社会影响广泛事件处理的示范效应。如影响深远的天津港爆炸案，事实上正是发挥法治示范效应的杰出样本。这起事故提醒我们思考化学品工业布局、危化品生产仓储选址以及城市规划等问题，建立严格的制度安排趋利避害。① 甚至，从政府第一时间的应对到延续至今的责任追究、制度弥补、损害赔偿，每一个环节，都体现了政府对于法治的态度。再如发生在河北石家庄市的贾敬龙案，虽然贾敬龙已经执行死刑，案件似乎已经完结，但是探究其间社会影响巨大的原因，则难以画上句号。正如学者车浩所言，"贾敬龙案的出现，带有乡村

---

① 王石川：《天津港爆炸事故应是梳理危化品布局与监管之契机》，载《法律与生活》，2015 年第 17 期。

恶政、暴力拆迁以及官民之争等多重色彩,就如同一道沟渠,将上述这些社会问题的议论和情绪,引流到一个案子的关注中。……在追问最高法院甚至更高层,对于已经被符号化的乡村恶政、暴力拆迁以及官民之争到底持何种立场"。① 这些实际上长期存在的问题,对于行政、司法的应对而言,不仅仅是民众关于法律问题的叩问,更是对制度进行反思、改革的机会。

此外,注重树立司法机关在争端解决的权威性和有效性。传统上,政府权力在社会生活中的在场感更强,有事找政府,有事找领导是人治的必然推论,也是很多人民群众的惯性思维。因此,应当重视司法在解决社会矛盾时的效用,同时提升司法独立性,建立社会矛盾解决的渠道。

### (二) 搭建因地制宜,因人而异的法治治理框架

为实现法治目标,应当因地制宜,根据区位发展特色来确定法治的目标,积极应对法治建设当前所面临的两大现实挑战。一是横向的区域差异,京津冀三地的发展程度、面临的问题不同;一是纵向的城乡差异,随着城市化进程的推进,其影响也已不容忽视。

目前,北京已经形成了明显的大都市文化。而天津的文化更接近于河北、山东的黄河文化圈,并没有如北京一般形成大都市文化。② 由此导致法治改革的侧重点不同。例如,都市文化中商业行为相对成熟,因此在民商事司法审判中应着重现代法治精神下客观行为后果的公平公正的处理。而在较为传统的文化圈中,商业行为尚不发达,则应当将着墨点置于行为模式的引导和商业价值理念的输出,以实现鼓励区域经济发展的效果。同时,在司法实践中,重视区域传统伦理文化与现代法治精神的协调,增强人民群众对于法治精神的认同度。只有这样,才

---

① 车浩:《贾敬龙该不该杀? 要不要杀?》,载《中国法律评论》微信公众号,2016 年 11 月 11 日。

② 赵向阳:《中国区域文化地图:大一统抑或多元化》,载《管理世界》,2015 年第 2 期。

能建立起人们对于法治的信任感,自觉遵从法治框架下的行为模式。此外,同样的城乡差异,较之省会城市石家庄,北京作为国际大都市的城乡差异更为显著,城乡差异的维度和内涵不同。因此,三者在立法、司法时的侧重点固当有所区分。另一方面,三者在区域法治中的作用应当重新予以定位,既保障区域法治的能动性、自主性,又注意防止地方保护主义的出现。例如,河北地区作为畿辅之地,多年处于京津经济附属的地位,地方经济发展更加倾向于争取中央政策的红利,形成发展中的政策依赖,区域自身的需求和成长一定程度上被压抑或置于后序。因此,在区域法治建设中,应当以区域自身需求为基础,寻找区域能动性的激发点,同时以区域大局观为指导,增强区域协同合作。

值得一提的是,对于京津冀地区来说,统一司法裁判标准,需要防止其演化为加剧区域发展失衡的动力,也需要防范司法因缺少"因地制宜"的考量而违背人们对法治的期待,影响法律公信力的实现。事实上,不同地区案件立案标准不同已经是常态。比如同属江苏省的苏北和苏南,受制于两地经济发展水平差异,立案标准有很大差距,而长三角区域的苏南城市、环太湖地区的浙江城市和上海,经济发展水平相近,立案标准也应当基本相同。[1] 因此,在京津冀区域法治的建设中,如果过于重视建立统一的行动步调,忽视地区差异存在,将损害立法、司法的公信力。事实上,在社会交往中,规则的确定性远比规则的差异性更为重要。进言之,地区的差异标准并不为惧,标准过于弹性、时刻变化反而令人担忧。尤其当一刀切的制度难以应对区域差异时,势必出现各种变形,进一步伤害区域规则的确定性,从而人们无所适从,影响法治的效果。

### (三) 促进区域交流,培养区域法治认同感

区域法治建设的实现离不开区域法治认同感构建。而区域法治认同感则来自于人们在交流中的相互沟通和理解。区域文化的相似性和

---

[1] 郑元:《长三角区域经济一体化背景下的司法协作》,载《江南论坛》,2009 年第 4 期。

关联度已经为京津冀地区的区域认同感构筑了较好的文化基础。在此基础上,推进官方和民间的沟通交流机制和途径,是建立区域认同感的方向。一方面,政府部门、司法机关之间加强交流,汇集不同的治理经验。另一方面,通过交通一体化建设缩短区域间的距离感,降低人们交流成本,加强人民的区域流动,将更广的地域拖入文化交流和碰撞中,逐渐实现文化融合。只有这样,才能在冲突中逐步推动社会融合,在实现文化一体化的同时促进法治一体化的实现。

## 五、结语

实际上,在"法治中国"的语词中,可以说隐含着对于"中国"要素的考量。

"橘生淮南则为橘,生于淮北则为枳。"统一在一国法治建设目标下,自上而下建设的法律制度,难以回避区域法治建设中存在的"水土不服"亦或是"因地制宜"的问题。因此,本土文化的重要性就不言而喻了。

在传统的中国社会中,社会秩序的调整为文化所限,展现出区域特色。这些区域特色,对于现代法治的构建而言,既是挑战,又是机遇。当法治试图占领秩序调整的主导地位时,就不得不了解、审视原有的社会秩序运行特征,方能完成秩序重构。那么,自上而下的制度如何运用原初的"背景材料"? 这些"背景材料"又在制度运行中发挥着怎样的作用? 带着这些疑问,本文展开了关于文化、社会秩序、法治等宏大主题的一次粗浅的探索。亦即,通过对京津冀地区文化的考察,试图在秩序的主题下,在传统的地域文化与现代的法治建设之间展开初步的讨论,并提出了关于京津冀法治一体化建设的一些建议。虽为片面、浅薄之见,但若能抛砖引玉,足矣。

# 冀津文化与风俗礼仪

# 燕赵慷慨悲歌的文化内涵与生命境界

梁世和

## 一、"慷慨悲歌"的文化内涵

司马迁最早发现了燕赵地域慷慨悲歌的文化特征,《史记·货殖列传》中说邯郸、中山、沙丘一带"丈夫悲歌慷慨"。"慷慨悲歌"作为燕赵文化的特征被广泛认同,从战国后期开始就成为燕赵文化的象征符号,两千多年来始终是燕赵文化精神的特有标志。在中国地域文化中有如此广泛认同的文化精神并不多见。

何谓"慷慨悲歌"? 它究竟表达了什么文化内涵呢? 首先从"慷慨悲歌"的字面涵义来看,"慷慨",《说文解字》释为"壮士不得志于心也"。《故训汇纂》引历代古训,"慷慨"有"悲叹""叹息""愤意""志气不平""状节""壮志""贞廉""激扬""竭诚"等义。"悲"字,古训释为"痛""伤""哀""忧""鸣""顾念""痛伤"等。"悲歌",《辞源》释为"因悲而歌""悲壮的歌声"。作为燕赵文化符号的"慷慨悲歌",它的内涵是一个逐渐丰富和发展的过程,在与燕赵民风民俗的相互激荡中,其内涵不断明晰,集中体现在"义、气、勇、刚、直、信、廉、耻"等范畴中。

1. 义

"义"既是传统道德"五常"(仁、义、礼、智、信)之一,也是"四维"(礼、义、廉、耻)之一。"义者,宜也",即适宜、合宜之谓,指公正、合理的道德、道理或行为。总之,"义"是人们的行为准则。孔子曰:"君子义以为上。"(《论语·阳货》)又曰:"君子之于天下也,无适也,无莫也,义之与比。"(《论语·里仁》)孔子认为,没有什么是一定可以,也没有什么一定不可以的事情,只要依从义来行事。孔子还说君子与小人的区别就在于懂得"义"。孟子曰:"义,人之正路也。"(《孟子·离娄上》)又曰:"羞恶之心,义也。"(《孟子·告子上》)《中庸》曰:"义者,宜也,尊贤为大。"《礼记·经解》曰:"除去天地之害,谓之义。"综上可以看出,"义"就是善行、善事、善人。所谓见义勇为、除暴安良、礼贤下士、尊老爱幼、先人后己、克己奉公、恪尽职守、扶危济困、相互忠诚等,都是义的行为。孔曰成仁,孟曰取义,"义"和"仁"互为表里。孔子的思想核心为"仁",孟子的思想核心为"义",燕赵慷慨悲歌精神则更多具有孟子"义"的精神特质。

"义"是慷慨悲歌精神的最核心理念,是燕赵最重要的文化性格。一方面是慷慨悲歌"义"的精神落实在燕赵的民风民俗中,另一方面是燕赵的民风民俗又不断扩展"义"的理念,使"义"的精神通过不同方式呈现出来。《畿辅通志》风俗志中,对燕赵"义"的精神有大量记载:

> 人多好儒学,性质直怀义,有古之风烈。(光绪本)
> 士轻生而尚义,有荆轲之遗风。(光绪本)
> 性缓尚儒,仗义任侠。(光绪本)
> 大率气勇尚义,号为强忮。(光绪本)
> 风俗朴茂,蹈礼义而服声名。(光绪本)
> 质朴尚义,务本力农。(光绪本)
> 俗尚义概,有古推逊之风。(光绪本)
> 果于行义,号为厚俗。(光绪本)
> 人物豪雄,多慷慨,尚义节。(光绪本)
> 孝义为先,质朴相沿。(康熙本)
> 土阜民厚,山川秀丽,家尚礼义。(康熙本)
> 其土厚,其水深,人勤稼穑,尚儒学,重节义。(康熙本)
> 君子好义,小人力田。(康熙本)

急公后私，矜尚节义，燕赵慷慨之气习犹存。（康熙本）

其俗好义，其人甚果。（康熙本）

## 2. 气

这里的"气"是指人的精神状态和情绪，有志气、正气、浩然之气等，"气"又与"义"结合为"义气"。孟子曰："夫志，气之帅也；气，体之充也。夫志至焉，气次焉。故曰：持其志，勿暴其气。"（《孟子·公孙丑上》）孟子强调心志为气的统帅，"气"是身体的内容，包括血气、情绪、欲望等，心志可以思想、判断及选择，所以心志应当统帅"气"。孟子又说："志壹则动气，气壹则动志也。"（《孟子·公孙丑上》）这是说，心志与气可以相互作用。由于"志壹则动气"，正向的心志就会导致正向的精神状态和情绪，所以，孟子提出要培养这种精神状态和情绪，他称此为养"浩然之气"。何谓浩然之气？孟子曰："其为气也，至大至刚，以直养而无害，则塞于天地之间。其为气也，配义与道；无是，馁也。是集义所生者，非义袭而取之也。行有不慊于心，则馁矣。"（《孟子·公孙丑上》）"浩然之气"的特点是"至大至刚"，最盛大最刚强，如何养这样的气呢？孟子指出需要在心志上下功夫，以正直去培养而不去妨害，以正道和正义去配合。孟子特别提出"浩然之气"是由"集义"而生，即需要"义"的不断积累，而不是偶尔的义的行为所能达到的。而且其行为一旦让内心的良知不满意，它就会萎缩。所以，"气"由"义"所生，"义"是"气"的道德基础和保障。

燕赵风俗中早已出现气、节连用的情况，如"尚气节"。气、勇、义也经常一同出现，如"气勇尚义"。这些概念之间的连用，彼此内涵相互激发，相互支持，使得慷慨悲歌精神的性格特征极为突出。燕赵"慷慨悲歌"精神之重"气"在燕赵风俗中比比皆是，《畿辅通志》载：

好气任侠，有濮上风。（光绪本）

俗重气侠，故《燕志》述其土风慷慨。（光绪本）

贤者多威稜，尚气节，踔厉自将，无龌龊依违之气。（光绪本）

负气任侠,慷慨激壮。(光绪本)

风气雄劲深沉,大都矜气节,敦礼让。(光绪本)

使气仗节,擅桀骜之风;好斗轻生,间剽悍之俗。(光绪本)

人以气岸相尚,喜则倾心,怒则视剑。(光绪本)

俗敦淳朴,人务农桑,有勤俭之风,多慷慨之气。(光绪本)

侠烈之气,远过邻封。(光绪本)

人性劲悍,习于戎马,惇尚气节,可以义动。(光绪本)

士尚气节,习于《诗》《书》,尊吏畏法,耻事斗讼。(光绪本)

性纯朴,气刚毅。(光绪本)

燕,其气深要厥,性剽疾。(康熙本)

风物繁衍,地广气豪,文士彬彬,武夫行行。(康熙本)

### 3. 勇

"勇"是儒家智、仁、勇"三达德"之一。一般说到"勇",人们往往注意其"力"的一面,但它却是儒家的重要道德品质。何谓"勇"?《说文》曰:"勇,气也。"《左传·昭公二十年》曰:"知死不辟,勇也。"孔子曰:"见义不为,无勇也。"(《论语·为政》)又曰:"仁者必有勇,勇者不必有仁。"(《论语·宪问》)"勇而无礼则乱","好勇疾贫,乱也。"(《论语·泰伯》)子路问:"君子尚勇乎!"孔子说:"君子义以为上。君子有勇而无义为乱,小人有勇而无义为盗。"(《论语·阳货》)这里,孔子指出"勇"是有弊端的,必须以"仁""义""礼"等德目作为前提和基础,加以制衡和约束。

孟子不仅讲了如何养"气"("浩然之气"),还讲了如何养"勇"。他提出三种养"勇"的方法。北宫黝的方法是从外在的事情上不断训练自己的勇敢,孟施舍的方法是从内在的意志来培养自己的必胜信心。这两种方法,一是追求外在的气势,一是追求内在精神意志的无所畏惧,共同之处是两者都是从自身角度出发。第三种方法是曾子转述孔子所说的大勇。这种"勇"超越了个人层面,建立于人类共同道义的基础上,具有普遍性,因此是大勇。前两种是小勇,孟子所推崇的是大勇。关于大勇和小勇,孟子还从另外的角度阐述了两者的区别。孟子见梁惠王,梁惠王称自己好勇,孟子告之不要好小勇,要好大勇。小勇是匹夫之勇,周文王、周武王那样的"一怒而安天下之民"才是大勇。

荀子把"勇"分为"上勇""中勇""下勇"三等,并对"勇"的内涵进行了仔细分辨。"上勇"是:天下有中正之道,敢于挺身直行;先王有正道,敢于执行他们的意志;对上不依顺乱世之君,对下不混同于乱世之人;在有仁政的地方不成为贫穷的人,在无仁政的地方不愿富裕高贵;天下人都知道他,就与天下人同甘;天下人不知道他,就傀然独立于天地之间而无所畏惧。"中勇"是:礼貌恭敬而心意谦逊,重视忠信而看轻财物,对于贤者敢于举荐提拔,对于不肖的人敢于把他拉下来罢免。"下勇"是:看轻生命而看重钱财,不在乎闯祸而又多方为自己开脱以逃避责任;不顾是非曲直的实际情况,一味要胜过别人。可以看出,荀子对"勇"的分等,也是依据"勇"者所拥有仁、义、礼等德性来定的。"上勇"几乎是仁、义、礼俱全的圣贤,"下勇"则是毫无德性的好勇斗狠的本能行为,与孟子的所谓"小勇"相仿。

燕赵"慷慨悲歌"精神之"勇"在《畿辅通志》中有如下记载:

> 自古言勇侠者皆推幽、并。(光绪本)
>
> 其俗刚勇,尚气力。(光绪本)
>
> 质厚少文,气勇尚义,号为强忮。(光绪本)
>
> 士习善驰突,耻怯尚勇,好论事,甘得而忘死。(光绪本)
>
> 人多刚猛,而尚才勇,士好礼让。(光绪本)
>
> 民质朴劲勇,不以浮华相尚。(光绪本)
>
> 人性勇健,喜敦信义。(光绪本)
>
> 好勇义,寡诈谋。(光绪本)
>
> 人性鸷悍,不惮战阵,喜立功业。(光绪本)
>
> 豪劲任侠,浑厚敦雅,犹有唐之遗风焉。(光绪本)
>
> 人多豪侠,习于戎马。(光绪本)
>
> 劲勇而多沈静。(康熙本)

人尚义勇,节俭务农。(康熙本)

自汉以后,史传多谓习于燕丹、荆轲之遗风,忼慨悲歌,尚任侠,矜气勇。(康熙本)

### 4. 刚

"刚"是刚强、刚正、刚直之意。孔子非常重视"刚"这种德性,说:"刚、毅、木、讷近仁。"(《论语·子路》)认为"刚"接近仁,但接近仁毕竟还不是"仁"。孔子指出"刚"还存在弊端,需要加以约束。他告诫说人壮年时血气方刚,要戒争斗。强调要努力学习,说"好刚不好学,其蔽也狂"。(《论语·阳货》)爱好刚强而不爱好学习的人,会有狂妄自大的毛病。关于如何培养"刚",孔子提出无欲则刚,有欲便受制于外,无欲便无所求。

"刚"是燕赵"慷慨悲歌"精神的重要特征,《畿辅通志》载:

人多刚介慷慨,尚朴略而少文华。(光绪本)

慷慨轻生,刚毅任侠。(光绪本)

性纯朴,气刚毅,颇称好学务本。(光绪本)

边风刚劲,习武者多。(光绪本)

人习文武,雄于河朔。(光绪本)

人性质而好刚直而不校,士习儒业,农勤稼穑。(康熙本)

人多刚猛而尚才勇,士好礼让。(康熙本)

俗俭风浑,材毅刚强。(康熙本)

士厚重朴鲁,无浇漓之习,民性刚直强悍,逼于饥寒盗窃亦不綮见。(康熙本)

人性刚直,自缙山来者皆言怀士风从厚。(康熙本)

俗刚劲,每喜斗而轻生。(康熙本)

### 5. 直

"直"有正直、直率、真诚之意。《论语》载,鲁哀公向孔子询问怎样做老百姓才会服从,孔子答曰:"举直错诸枉,则民服;举枉错诸直,则民不服。"(《论语·为政》)这里"直"是正直之义,意为将正直的人置于邪恶的人之上,老百姓就服从;反之就不服从。孔子还称赞史鱼是一个正直的人,认为他不论政治是否清明,都像箭一样直。孔子又说有益的朋友有三种人,其中一种就是正直的朋友。他称品行正直而有正义感("质直而好义")的人可以成为通达的人。虽然"直"是重要的品德,但孔子也指出"直"必须与其他德性相配合,单纯的"直"会有很多缺陷。如"直而无礼则绞。"(《论语·泰伯》)"好直不好学,其蔽也绞。"(《论语·阳货》)"直"没有礼的节制,加以不好学,就会尖刻伤人。

"直"在《畿辅通志》风俗志中的表现有:

尚果敢,喜正直。(光绪本)
朴厚而直,有唐尧之遗风。(光绪本)
人性质直,尚节俭。(光绪本)
士人忠信质直,君子深思,小人任侠。(光绪本)
其性资之质直,尊吏畏法,务耕劝织,则历代所不易也。(康熙本)
君子则高明直亮,小人则醇朴坚强。(康熙本)
资性躁劲,习为质直。士重科第,民乐耕织。(康熙本)
风气浑纯,而民俗质直。(康熙本)
民性朴直,而勤于耕桑,士习谨厚,而乐于弦诵。(康熙本)
尚果敢,喜正直。(康熙本)

6. 信

"信"是传统道德"五常"之一,意为诚实不欺、信任、相信。孔子说:"人而无信,不知其可也。"(《论语·为政》)又曰:"民无信不立。"(《论语·颜渊》)孔子认为,一个不讲信用的人,无法在社会上立足。《左传》僖公二十五年载:"信,国之宝也,民之所庇也。"文公四年载:"弃信而坏其主,在国必乱,在家必亡。"这里从两方面讲了"信"的意义。从积极面讲,"信"的存在是国家之宝,是人民的庇护。从消极面讲,丢弃了这个宝,就会国乱家亡。在孔子看来,"信"是君子处世的根本原则,也是行仁的基本要求。强调"谨而信","信以成之","信则人任"。孔子说:"言忠信,行笃敬,虽蛮貊之邦,行矣。言不忠信,行不笃敬,虽州里,行乎哉?"(《论语·卫灵公》)孔子将"信"与"忠"连用,构成"忠信",认为说话忠信,做事踏实,到任何地方都行得通,反之则寸步难行。同时孔子强调学习的重要,说:"好信不好学,其蔽也贼。"(《论语·阳货》)爱好诚实而不爱好学习,其流弊是容易伤害自己。另外,"信"与"义"也有重要关系,孔子说:"君子义以为质,礼以行之,孙以出之,信以成之。君子哉!"(《论语·卫灵公》)君子以"义"为根本原则,以礼仪来施行,以谦逊的态度来述说,以"信"来成就"义"。孔子的学生有子说:"信近于义,言可复也。"(《论语·学而》)意思是说许诺的话只有合乎道义,才能落实兑现,不符合道义的,不必信守诺言。这里"义"是原则,"信"是具体的行为,"信"要尽量符合"义"的要求。

"重然诺""敦信义"是燕赵"慷慨悲歌"精神的重要内容,《畿辅通志》载:

> 风土深厚,民性朴质,多忠信义烈之士。(光绪本)
> 士尚名节,俗重信义。(光绪本)
> 盖行己有耻,名节信义之风,由来久矣。(光绪本)
> 人性勇健,喜敦信义,故多贞烈之节。(光绪本)
> 土厚俗纯,士重然诺,先王之遗风犹有存者。(光绪本)
> 士人忠信质直,君子深思,小人任侠。(光绪本)
> 士多忠信朴茂。(光绪本)
> 朴而野,谨约而不浮,士敦信,农弃末,工贾罔尚淫艳。(康熙本)

### 7. 廉、耻

"廉""耻"都是传统道德"四维"的德目。"廉"原意指棱角,比喻人正直、刚直、品行方正,又指廉洁。孔子说:"古之矜也廉。"(《论语·阳货》)意为古代的人矜持方正。《庄子·让王》说"人犯其难,我享其利,非廉也",《后汉书·列女传》谓"廉者不受嗟来之食",其"廉"字均指正直、刚直而言。孟子说:"可以取,可以无取,取伤廉。"(《孟子·离娄下》)这里的"廉"则是指廉洁之意。意思是可以拿,可以不拿,拿了对廉洁有损害。《吕氏春秋·忠廉》曰:"临大利而不易其义,可谓廉矣。"在利益面前,坚守道义不动摇,就是"廉"。

"耻"指羞耻。羞耻是人的一种自我觉察,当自己的行为达不到社会所定标准时,产生的羞愧之感。孔子强调"行己有耻",即人对自己的行为必须有羞耻之心。孔子曰:"古者言之不出,耻躬之不逮也。"(《论语·里仁》)"君子耻其言之过其行。"(《论语·宪问》)又曰:"士志于道,而耻恶衣恶食者,未足与议也。"(《论语·里仁》)又曰:"巧言、令色、足恭,左丘明耻之,丘亦耻之。匿怨而友其人,左丘明耻之,丘亦耻之。"(《论语·公冶长》)还说:"邦有道,贫且贱焉,耻也。邦无道,富且贵焉,耻也。"(《论语·泰伯》)以上孔子对人的言行、生活态度、与人相交、立身处世等多方面,都提出了要有羞耻心的要求。孔子还提出:"道之以政,齐之以刑,民免而无耻;道之以德,齐之以礼,有耻且格。"(《论语·为政》)这是对执政者而言,要让百姓懂得羞耻并使之走上正道。孟子讲羞耻心是义的开端。《中庸》则讲,知道羞耻就近于勇敢了。

燕赵风俗中关于"廉"、"耻"的表述,《畿辅通志》载:

士林雅重廉介。(光绪本)

崇德尚义,顾耻修廉,以忠孝励其俗,以诗书传其家。(光绪本)

廉耻成风,志士鼓义。(光绪本)

大夫重廉节,绝迹公庭。(光绪本)

崇道义,尚廉耻。(光绪本)

世族多能由礼,耻于干谒。(光绪本)

君子崇道义,小人尚廉耻。(康熙本)

民乐农耕,俗耻斗讼。(康熙本)

贵德耻争,民淳讼简。(康熙本)

士风耻入公门,民俗多尚淳朴。(康熙本)

风气朴雅,慕善耻非。(康熙本)

## 二、慷慨悲歌的生命境界

谈论人的生命境界,首先要搞清人的生命结构。近一百年来心理学的发展,使人类逐渐认清了自我的结构。心理学上的行为主义由关注人的行为,而发现了人身体(身)的意义。弗洛伊德关注人的潜意识,荣格将之发展到极致成为心理主义,因此可以说弗洛伊德主义发现了人心理(心)的意义。弗兰克尔的意义心理学、马斯洛的人本主义,开始发现身心之外的自我。马斯洛后期的"高峰体验"理论具有超越自我的倾向。上世纪 60 年代末至 70 年代初,出现的超个人心理学(或后人本心理学)认为人的使命不只是人本心理学所强调的"自我实现"而已,人还需要"自我超越";认为人除了生理和心理两个层面以外,还有灵性的层面。因此,超个人心理学发现了人的灵性(灵)的意义。所谓灵性,就是人对终极关怀,对超越界,对神圣性的追求。所以心理学的发展历程,展现了由身走向心,再由心向上提升,走向灵的领域的趋势,提供了一种包含身体、心理和灵性的全面认知自己的架构。基于这样的认知,一种文化精神的意义就在于使人不断打开自己的身体、心理和灵性的生命面向,不断提升人的生命境界。

儒家学说不是凡俗的人文主义,它始终关注人生命境界的提升,是关于生命的学问。孔子强调"为己之学",就是要自我挺立。梁启超指出:"儒家舍人生哲学外无学问,舍人格主义外无人生哲学。"[1]冯友兰先生将人的生命境界划分为由低到高的自然境界、功利境界、道德境界、天地境界四个等级。作为儒家文化影响下的燕赵慷慨悲歌精神,其价值追求与儒家传统是一致的,但其人格特质又具有强烈的燕赵文化

---

① 梁启超:《先秦政治思想史》,《梁启超全集》,北京:北京出版社,1999 年,第 3639 页。

特色。与冯友兰先生的说法相应,慷慨悲歌的生命境界可分为草莽境界、侠客境界、义士境界和圣贤境界。

### 1. 草莽境界

最早概括出燕赵慷慨悲歌精神文化特征的是司马迁。司马迁在《史记·货殖列传》中对各地的文化习俗进行了概述。他说河北与山西交界的种(今山西灵丘)、代(今河北蔚县)靠近胡人地区,屡次遭受掠夺。人民崇尚强直刚戾,好气,任侠为奸,不愿从事农商诸业。那里人胡汉血统混杂,民性慓悍,在晋国时就已忧虑其慓悍难制,赵武灵王胡服骑射更助长了这种风气。中山土地贫瘠,人口众多,人民性情急躁,依靠机巧谋生。男人聚集游戏玩耍,慷慨悲歌,情绪激昂。纠合一起椎杀剽掠、挖坟盗墓、造假充真、私铸钱币。多有美色男子,去做歌舞艺人。女子则鼓舞琴瑟,拖着鞋子,步履轻盈,四处游走,献媚权贵富豪,有的被纳入后宫,遍于诸侯之家。燕国距内地遥远,人口稀少,靠近胡人地区,经常遭到侵扰,风俗大致与赵、代地区相似,而人民则像雕一样迅猛强悍,不爱思考。

综合司马迁所说,"慷慨悲歌"的初始涵义大致是指民风强悍、好气任侠、敢做敢为、肆意妄为等行为习气。此种情形下的"慷慨悲歌"没有道德内涵,无拘无束,靠自然而生,没有行事原则,只是一种原生态的民间风气习俗,一种混沌未开的状态,一种本能的生存方式,其生命境界尚属于生命起始的阶段。这种境界的人对其所作所为并不自觉,缺乏是非善恶的道德观念。"草莽"一词,原意为丛生的杂草,又喻民间、在野,还指平庸、轻贱之人,其内涵与司马迁所描述的燕赵慷慨悲歌的原始状态颇相符合,故称此境界为"草莽境界"。

### 2. 侠客境界

春秋时期,诸侯之间战乱不已,各国的卿大夫为扩大影响,设法招徕一些有知识和有技能的人为我所用,这使得士阶层兴起,侠客便是其中一类人。"慷慨悲歌"的勇武之气使得燕赵的士多侠士之类。说到侠客,我们往往对其充满崇敬,视其为果敢正义的化身,实际上侠的形象是非常复杂的。《史记·游侠列传》称:"今游侠,其行虽不轨于正义,然其言必信,其行必果,已诺必诚,不爱其躯,赴士之厄困。既已存亡死生矣,而不矜其能,羞伐其德,盖亦有足多者焉。"司马迁这里强调了侠讲信用、勇于牺牲、扶危济困、不夸耀等美德。荀悦《汉纪·孝武纪》则称:"立气齐,作威福,结私交,以立强于世者,谓之游侠。"指出侠客尚气任侠、结党营私、树立个人权威的特点。班固《汉书·游侠传》称赞侠客有温良泛爱、赈穷周急、谦退不伐的品德,但同时也批评他们"背公死党",不能"守职奉上"。到了唐人眼中,侠客们又多是锦衣玉食、声色犬马、好勇斗狠、慷慨豪迈、重交轻命的浮浪少年。由此可见人们眼中侠客的形象是不一样的,有好有坏,共同之处在于他们在性格上都体现了勇毅果敢、慷慨豪迈的特点,在行为上有一些豪壮的事迹。其精神特质和道德品行主要有"气、勇、刚、直、信、廉、耻"等意涵。但这些道德品质还主要是以自我功利角度出发的,如,其"信"是建立在忠于朋友和知己的基础上,所谓"士为知己者死,女为悦己者容",为朋友两肋插刀。这样为了忠于朋友,就会丧失行事原则,不问是非曲直,损害他人。侠客因"不平事"杀人,而所谓"不平事"有时可能仅是自己看着不顺眼。在这种情况下,其"勇"也有可能沦为好勇斗狠、滥杀无辜之勇气。蒋智由所举的例子就是这样一种情况,他说:"夫南方乡里之械斗,或为田水,或为坟墓,合一村一族之人而起,涂膏血,舍性命,至杀伤千百人而不悔。夫非不勇焉,惜乎其用之为争田水、争坟墓之一小故。"[1]龚鹏程则指出:"在文献中,我们确实不易发现侠有什么裨益公利的言论和行动,他们一切行为,皆来自自我,如有人能肯定他这个自我的存在,他便视为知己;否则就是遭到了侮辱,非报复不可。"[2]所以,这样一些好勇斗狠、滥杀无辜的所谓"勇",只是从一己私利出发的小勇,不是大勇。前面引燕赵风俗曰:"士人忠信质直,君子深思,小人任侠。"为什么说小人(指普通人)任侠,而不说君子任侠呢?这说明侠客的境界并不太高。世人每谓侠客重名誉轻身体,慷慨轻生,应该境界很高。冯友兰认为,侠客视名誉

---

① 蒋智由:《中国之武士道·蒋序》,《梁启超全集》,北京:北京出版社,1999年,1377页。
② 龚鹏程:《侠的精神文化史论》,济南:山东画报出版社,2008年,第114页。

为第一生命,希望身死名垂,这是表面上轻生,其轻生是由于贵生,是一种功利的对付死的方法。所以,侠客境界的重要特征就是功利,其境界尚属于功利境界。

3. 义士境界

义士与侠客的最大区别是"义"。义士道德品质中最重要的就是"义"。侠客也经常讲"义",但侠客之"义"往往是江湖义气,它在一定意义上是以牺牲社会群体和他人利益为代价的,反而是不义了。"义"是"气、勇、刚、直、信、廉、耻"等各种道德德目的统帅,有了"义","气、勇、刚、直、信、廉、耻"等才能避免各种偏颇和弊端。关于"气"和"义","气"有浩然之气,也有暴戾之气,如何培养浩然之气而不成为暴戾之气呢?孟子强调要"集义",即需要"义"的不断积累。关于"勇"和"义",《论语·阳货》曰:"君子义以为上。君子有勇而无义为乱,小人有勇而无义为盗。"关于"廉"和"义",《吕氏春秋·忠廉》曰:"临大利而不易其义,可谓廉矣。"关于"耻"和"义",《孟子·公孙丑上》曰:"羞恶之心,义之端也。"关于"刚"、"直",《论语》说:"好刚不好学,其蔽也狂","好直不好学,其蔽也绞","直而无礼则绞。"这里虽然没有明确说明"刚""直"与"义"的关系,但"学"其实就是学义。关于"信"和"义",《论语·学而》曰:"信近于义,言可复也。"孟子说:"大人者,言不必信,行不必果,惟义所在。"(《孟子·离娄下》)"信"是非常重要的美德,孔子曾说"人而无信,不知其可也",为什么孟子说可以不必守信呢?关键在于"惟义所在","义"是第一重要的。冯友兰先生说:"无条件底应该,就是所谓义。义是道德行为之所以为道德行为之要素。一个人的行为,若是道德行为,他必须是无条件地做他所应该做底事。这就是说,他不能以做此事为一种手段,以求达到其个人的某种目的。"①所以,以"义"为核心的义士境界一定是道德境界,这是与功利境界的最大区别。

"义"成全了"气、勇、刚、直、信、廉、耻"的美德,大大提升了"慷慨悲歌"精神的道德境界。"义士"才真正是人们心目中急人之难、出言必

---

① 冯友兰:《新原道》,《冯友兰卷》(下),石家庄:河北教育出版社,1996年,第682页。

信、见义勇为、不怕牺牲、主持公道、除暴安良、慷慨轻财、珍惜名誉、勇敢正直的"大侠"、"真侠"。此正如蒋智由所谓:"真侠之至大,纯而无私,公而不偏,而可为千古任侠者之模范。"①苏洵《六国论》称赞燕赵之"义"曰:"燕赵之君,始有远略,能守其土,义不赂秦。"

4. 圣贤境界

圣贤是儒家传统中最高的人格境界。所谓圣贤,是圣人与贤人的合称。圣人是具有最高道德修养和最高智慧的人,贤人是其德行和才能仅次于圣人的人。《大戴礼记·哀公问五义第四十》载,孔子曰:"所谓圣人者,知通乎大道,应变而不穷,能测万物之情性者也。""通乎大道"即上达天道,知乎天命。《中庸》则曰至圣配天。

燕赵慷慨悲歌精神的终极境界是由豪侠入圣贤。一般认为圣贤为文,豪侠尚武,二者相去甚远,如何相融呢? 曾国藩在任直隶总督期间,特别针对燕赵学子指出:"豪侠之质,可与入圣人之道。"②曾国藩指出圣贤与豪侠相融合的基础在于它们拥有相近或共同的价值观,如二者都具有轻财好义、忘己济物、博济为怀等品质。并说孔子的"杀身成仁",孟子的"舍生取义",与侠之轻死重气相近。学者沈禹钟进一步发挥了曾国藩的看法:"侠之为道,盖貌异于圣贤而实抱己饥己溺之志者也,用虽不同,而所归则一。"③侠士与圣贤作用不同,但其志向,其终极目标是一致的。章太炎认为"侠"源于"儒",鼓吹以儒为侠,以侠为儒。梁启超称:"天下之大勇孰有过我孔子者乎? 身处大敌之冲,事起仓卒之顷,而能底定于指顾之间,非大勇孰能与于斯?"④其《中国之武士道》列孔子为中国第一侠士。王夫之也称孔子是"虽千万人,吾往矣"的大勇。章、梁、王的想法是一致的:儒即侠,侠即儒,儒侠合一。孔子既是大儒,又是大侠。孟子提出"大丈夫"概念,要求儒者要有"大丈夫"的心胸和气概,李颙称孟子是"圣贤而豪杰也"。宋苏过《送孙诲若赴官序》

---

① 蒋智由:《中国之武士道·蒋序》,《梁启超全集》,北京:北京出版社,1999年,第1377页。
② 曾国藩:《劝学篇示直隶士子》,《曾国藩全集》,长沙:岳麓书社,1986年,第442页。
③ 转引自龚鹏程:《侠的精神文化史论》,济南:山东画报出版社,2008年,第4页。
④ 梁启超:《中国之武士道》,《梁启超全集》,北京:北京出版社,1999年,第1387—1388页。

曰"犷悍木强之习,可变为礼义廉耻之风",与曾国藩"豪侠之质,可与入圣人之道"的说法可谓异曲同工。燕赵一些地方志中也揭示了由"任侠"向"好儒"风俗转变的情况。民国五年版《河北省交河县志》曰:"质直好义,任侠成风,乃燕赵旧俗,至汉献好儒,四境风行,俗已变矣。"①这是说,西汉河间献王刘德的喜好儒学、修学好古、实事求是的作风,直接影响和改变了燕赵任侠之风。

以燕赵士人来看,梁启超在《中国之武士道》中,赞叹蔺相如相赵折秦的豪侠行为,称其既为圣贤,又为豪杰。后汉董卓欲废立君王,群臣无敢言者,独卢植抗议不阿。燕赵士人高其行义,称赞其不畏强暴、独立不阿的侠义精神。清初大儒颜元曰:"人必能斡旋乾坤,利济苍生,方是圣贤。"②李塨则断言:"圣贤英雄,原是一人,绝非后世迂阔腐儒所得假冒!"③三国刘备虽为豪雄,仍学有根柢,少时师事卢植,后又与郑玄交往问学,是亦圣贤,亦豪侠的人物。北宋邵雍因其特立独行的非凡气质被程颢及魏了翁称为"振古之豪杰""风流人豪"。开古文复兴运动先河的柳开,《宋稗类钞》记载了他豪旷助人之举,把他列入侠之类。元初大儒刘因屏迹山野,征召不仕,有元一代,一人而已,人称儒侠。明清之际的燕赵士人,如孙奇逢、鹿善继、王余佑、颜元、李塨、王源等,都有着豪侠的人格特质。孙奇逢与鹿善继二人冒死营救东林党罹难诸人的豪举为世人广为称道。明亡后,孙奇逢隐居讲学,人称"始于豪杰,终以圣贤"。王余佑为人任侠重友、慷慨好施,身负兵法武学,王源称其为诸葛武乡之流。颜元身负武学,曾折竹为刀击败大侠李子青。李塨被毛奇龄赞为盖世豪杰。王源儒学、兵学兼治,万斯同说他以文士而有"磊落英杰之气"。近代李大钊也深受燕赵传统影响,为人急公好义,富于豪侠之气。曾国藩对燕赵文化精神颇有研究和体悟,他说:"前史称燕赵慷慨悲歌,敢于急人之难,盖有豪侠之风。余观直隶先正,若杨忠愍(杨

① 《河北省交河县志》,台北:成文出版社,1968年,第259页。
② 颜元:《颜元集》,北京:中华书局,1987年,第672页。
③ 冯辰、刘调赞:《李塨年谱》,北京:中华书局,1988年,第93页。

继盛)、赵忠毅(赵南星)、鹿忠节(鹿善继)、孙征君(孙奇逢)诸贤,其后所诣各殊,其初皆于豪侠为近。即今日士林,亦多刚而不挠,质而好义,犹有豪侠之遗。"[1]儒者兼具侠义之气,是燕赵士人的重要特质。圣贤必侠士,侠士必圣贤,圣贤侠士合一,是燕赵"慷慨悲歌"生命境界的最高状态。

## 三、结语

从燕赵"慷慨悲歌"精神的出现,到被广泛认同,乃至成为燕赵地域的文化符号,经历了一个漫长的文化积淀过程。在这个积淀过程中,燕赵"慷慨悲歌"精神的文化特征日益凸显,内涵不断丰富、清晰、明确,集中体现在"义、气、勇、刚、直、信、廉、耻"等范畴中,形成以"义"为核心,统领"气、勇、刚、直、信、廉、耻"等德目的独特的地域文化精神。同时,"慷慨悲歌"的文化精神也经历了一个生命境界不断提升的过程,由低到高依次为:草莽境界(自然境界)、侠客境界(功利境界)、义士境界(道德境界)、圣贤境界(天地境界)。这是一个由混沌的本能状态,到为己利,再到为义,最后由侠义入圣贤的过程,经过极具燕赵文化特色的四个阶段的提升,实现了"慷慨悲歌"精神的升华。圣贤境界是理想的最高境界,以致孔子不敢说自己达到了圣人境界。但圣贤并非遥不可及,按照孟子的说法,人的一点不忍人之心,一念善心,只要将它不断扩充,由亲及疏、由己及人,人皆会由凡俗不断提升,而入于圣贤。

生命境界的提升不仅仅是道德人格的提升,更重要的是人的生命面向的全面打开,充分挖掘人身体、心理和灵性的生命潜能,成全人的生命价值,使人活出整全的、立体的生命,而不是单一的、平面的生命。这是检验一种文化精神生命境界高低的标准。燕赵文化的慷慨悲歌精神,其生命境界的四个阶段,草莽境界以满足自己身体需求为主要目的,大体相当于身体(身)需求的面向;侠客境界和义士境界更多体现了

---

① 曾国藩:《劝学篇示直隶士子》,《曾国藩全集》,长沙:岳麓书社,1986 年,第 442 页。

认知、情感、意志等特征,大体相当于心理(心)需求的面向;圣贤境界要求上达天道,大体相当于灵性或灵魂(灵)需求的面向。因此,慷慨悲歌精神的发展阶段符合人的生命境界从身体、心理和灵性依次展开和提升的要求,并且以一种极具燕赵地域特色的方式展现了燕赵文化精神的演变历程和人的生命境界的提升过程,是当今文化建设的重要传统精神资源。

# "卫派文化"初探：基于
# 地方学视角的解读

张慧芝

城市与其"自然－人文"环境共生,会逐步形成具有识别性的个性文化,如北京、上海、天津等城市所生成的"京派文化""海派文化""卫派文化"等。"卫"可溯源至明代军事建制"天津卫",本意即《说文》所释"宿卫也",海陆接壤的自然空间、海河尾闾的地理特征、毗邻京师的地缘位置,叠加作用塑造了天津城在历史时期独有的"卫城"职能,且与职能相应形成了"海门""津门""九河下梢""京师门户"等称谓。

综合解析这些名号,可以看到天津城市"卫派文化"的特征,及其生成过程中与区域"自然－人文"环境的相互作用。

## 一、海门：基于海陆空间的文化解读

早期天津又称"海门",字面解读即陆地与大海接壤、河流入海海口处;但与其间城市职能结合,距离海口一百多里的三岔河口也成为人们认知中"海门"。

### (一) 海侵与天津城"海门"之谓

因海拔低、易被海侵,天津城市兴起很晚;同时渤海逆潮又会增加海河航道水量、助力航运,所以"海门"之称谓,直观地反映了濒海环境对天津城市发展的影响。基于海潮对天津的作用力,对"海门"位置的

认知,主要有两种:

一是海河入海口——大沽口。光绪《重修天津府志》记:"大沽口在县①东南一百二十里"②,"河流入海处两岸壁陡,一域中横,土人谓之海门,咸潮上海门而止"③。《津门杂记》也载:"大沽口距城百二十里,河流入海处也。两岸壁陡,一域中横,土人谓之海门,又曰拦港。"④这是符合学理的自然"海门"。

二是与渤海逆潮范围相关,大致在三岔河口一带。"邑有潮不过杨之说……每潮溢时,御河潮至杨柳青止,北河潮至杨村止,西河潮至杨芬港止,过此无潮。"⑤海河"逆潮"的位置很难准确界定的,"潮不过三杨"的提法也带有很大文学性,但综合《重修天津府志》⑥、《天津县志》⑦、《津门杂记》⑧等所记,海潮上溯的范围是可以过三岔河口的。海河干道的水位被托高数米,可以使来自渤海的大船直接深入三岔河口,再换内河驳船分运京津冀腹地。所以,三岔河口也被认为是"海门",如清王又朴:"千里长河尽,人传是海门;地当平处拆,水统万流尊。"直言"海门"就是三岔河口。再如近代著名的望海楼教堂,也位于三岔河口。诚然这是从水利实际给予的称谓。

大沽口是毋庸置疑的"海门",但居民基于渤海逆潮对水运的作用范围,把内伸一百多里河海联运的码头——三岔河口也看做"海门",这种"自然－人文"相结合的空间认知,折射着居民对"海门"与美好生活的希翼。

其次,海侵与天津聚落的间断性发展。

---

① 指清代天津县。
② 沈家本、荣铨等:《重修天津府志》卷20《山水》,第7页。
③ 同上。
④ 张焘撰、丁绵孙、王黎雅点校:《天津风土丛书·津门杂记·海口》,天津:天津古籍出版社,1986年,第4页。
⑤ 同上。
⑥ 沈家本、荣铨等:《重修天津府志》卷20《山水》,第5—6页。
⑦ 朱奎扬、张志奇:《天津县志》卷五《山川志·大沽口》,乾隆四年刻本,第20页A—B。
⑧ 张焘撰、丁绵孙、王黎雅点校:《天津风土丛书·津门杂记·海口》,天津:天津古籍出版社,1986年,第4页。

尹钧科老师《北京城市发展史·北京地区城市体系演变研究》一书，曾提出历史时期中国城市存在明显的由山前盆地向滨海平原迁徙的过程，具体到直隶省，秦汉至北朝时期多分布在海拔 20～100 米的山前平原地带；隋唐辽金时期，新出现的州县城市多位于海拔 5～20 米的近海平原区，元明清时期，天津、唐山等城镇先后出现，皆位于海拔 0～5 米的濒海平原区。

天津平原海拔只有 3～5 米，和渤海涨潮时的水位相当，加之地势过于平缓，垂直高差 1 米、水平距离可达几十里，潮汐现象非常突出，一旦海面波动往往致灾，3 道贝壳堤便是天津遭受海侵的见证。[1] 海侵"虽不如江河洪水那样频繁，但灾难的程度却远过于陆地洪水。海侵能使被侵地区在较长时期内完全改变地理环境，人们被迫迁移，当海侵结束，人们重新回到这个地区的时候，早已时过境迁，海侵以前的历史就这样被湮没"[2]。研究证明西汉晚期，天津曾遭受过毁灭性的海侵；此前四百多年间的开发成果破坏殆尽。

可见，"海门"位置对天津城市发展是利弊相随的，后世渐以"津门"自称，折射了居民趋利避害的思想。

### (二) 大沽海门与近代海上防御

大沽海口距北京约 170 公里，与塘沽要隘隔河呼应，永乐二年(1404)迁都后，始修筑大沽炮台，明代因抗倭援朝海战需要，在天津设立海防巡抚，"海防营，在县[3]东北。《志》云：其地名葛沽，去天津卫城六十里，又天津之外护也"[4]。迄清海疆变化、天津"水上门户"日渐重要，雍正四年(1726)"宪皇帝念津门附近京畿，海防綦基，因设满洲水师都统一员"[5]，在大沽设置满洲水师营，这是当时最大的八旗水师营。

---

[1] 李凤林：《贝壳堤——天津海侵的历史见证》，《地球》2003 年，第 3 期。
[2] 郭蕴静等：《天津古代城市发展史》，天津：天津古籍出版社，1989 年，第 5 页。
[3] 清代天津县。
[4] 顾祖禹：《读史方舆纪要》卷 13《直隶四·河间府》，上海：商务印书馆，1937 年，第 584 页。
[5] 昭梿：《啸亭杂录》，卷 4，北京：中华书局，1980 年，第 106—107 页。

1759 年英国人洪仁辉就到了大沽口,并企图由此入京,1793 年马嘎尔尼使华也是由大沽口登岸,至第一次鸦片战争大沽口的军事地位空前重要:"天津——位于运粮河和白河的交叉点的大商业城市。……聚集在那里的漕船的火焰,如果需要的话,再加上该城的火焰,就会唤醒皇帝的恐惧感,而我们自己的条件就可以达到。"①大沽口成为近代北京的咽喉,1840~1937 年,英、法、日等国军队 7 次入侵京津,5 次由大沽登陆。清政府被迫应对,道光二十年(1840)增建大沽南北炮台,后多次增添构筑了大沽口海上防御体系,并提升天津行政级别,建直隶总督行馆。②

光绪二十六年(1900),八国联军攻陷大沽、劫掠津京,次年签订的《辛丑条约》内容之一便是全部拆毁大沽炮台。在近代中国,大沽海口成了名副其实的"海门"——抵御西方坚船利炮的"海上门户"。

### (三) 对天津城市景观文化的影响

大沽"海门"对天津城市景观文化的影响主要表现在两方面:一是殖民烙印,二是港口景观。

首先,殖民文化烙印。1860 年天津开埠,殖民者在掠夺的同时、也带来了西方资本主义文明,天津很快成为中国北方洋务运动的中心和近代工业中心,今天红桥区三条石地带成为天津民间机器铸造业的发祥地。天津城南紫竹林一带被辟为租界,随着甲午战败及八国联军攻占天津,各国在津租界范围不断扩展,以"五大道"为中心,形成了以西洋古典风格为主的建筑群,以致天津建筑有"万国博览会"之称。

其次,港口景观。1958 年建海河防潮大闸、"咸淡分家",此后海水不易逆溯,但海河干道也因此水量减少仅能通行小型渔船,港口外的轮船也再不能驶进,海河干流由此成了渠化河道。"海门"称呼不再,天津

---

① 齐思和等:《鸦片战争》(第 5 册),中国近代史资料丛刊,上海：神州国光社,1954 年,第 89 页。
② 《大清穆宗毅皇帝实录》,卷 293,北京：中华书局,1985 年,第 8—10 页。

的港口地位却不断提升。天津港位于渤海湾向西延伸的中国大陆的最西段,从它到北京和华北各主要城市的距离较之渤海湾其他港口都短,成为亚欧大陆桥中国境内距离最短的东部起点,成为整个华北、西北地区的出海口,是中国北方对外开放两个扇面的轴心。目前有数十条远洋航线与世界 168 个国家和地区的 300 多个港口有经济贸易往来,成为中国北方最大的综合性贸易港口。

今天天津城标志性建筑、道路及名称等,依然可以看到"海门"的印记。如民国时期修筑的天津地标式建筑——渤海大厦,与北京市中心天安门广场的直线距离为 111 公里[①],再如 1985 年通车、我国目前开启跨度最大、提升高度最高的直升式钢结构跨河桥——海门大桥;此外,目前塘沽一带还有海门商场等建筑名称,著名的大沽炮台也被称为海门古寨。

## 二、津门: 基于水运功能的文化解读

清陈廷敬认为天津"津门"之称谓系由"海门"演化而来,其所撰《海门盐坨平浪元侯庙碑记》记:"海门者,海水之所出入也……津门者,众流之所汇聚也……河海会流,三汊深邃,更名津门。"

### (一) 北方河海联运的枢纽

天津港口的河海联运主要指:海河水系的内河航运与环渤海湾地区,及与渤海湾地之外更远地区的联运。

元代南方物资北供京师多借助海运,漕粮抵三岔河口后,或换驳船转运北京、或就地储存,为之延祐三年(1316)在三岔河口设海津镇。明代京城和北方戍军物资需求量增多,前期沿袭、拓展了元代海路,至嘉靖七年(1528)罢海运改内河运输,三岔河口的作用依然不变,正如顾祖

---

① 天津市地方志编修委员会办公室编著:《中国天津通鉴》上卷,北京:中国青年出版社,2005 年,第 2 页。

禹所言天津卫"东南漕舶鳞集"①。另外，大明与朝鲜之间海上贡道，也经由三岔河口。

雍正九年（1731）天津设府，动力既有内部漕运、海盐业的发展，也有外部作为海河尾闾城市、渤海湾河海联运枢纽的发展需要，诚然还有海疆安全需要军事。清代海河腹地人地矛盾突出，引发农产品结构变化，棉花等经济作物种植大幅增加，通过内河航运、河海联运输出南邑外，粮食则大量输入。期间，口外、辽东地区边垦发展，还增加了"奉天海运"，辽东粮食海运至三岔河口再入海河腹地。

如清人所言："天津地当九河津要，路通七省舟车，九州万国贡赋之艘，仕臣出入商旅往来之帆楫，莫不栖泊于其境，实为畿辅之门户，俨然一大都会也。"②"津门"之谓突出的是其水运枢纽功能。

### （二）内河航运与京津冀一体化

京津冀一体化首先是行政建制的政治保障，早在西汉京津冀环渤海地区便同属幽州刺史部；隋朝设河北诸郡已显出后世京津冀地区轮廓；俟北京成为全国政治中心，河北（包括天津）腹地由中央直隶。咸丰十年（1860）天津开埠，京津冀"京师·口岸·腹地"的功能分区逐步形成③，但依然同属直隶省。

除外，京津冀一体化还有一个重要的"自然－经济－文化"基础——海河水系，三地辖区91％属海河流域。内河航运体系所具有的"网状布局"、"点—轴结构"等特征④，对区域近代化、一体化及可持续发展等，具有显著意义。19世纪中叶迄今，海河水系航运能力呈波动式变迁，既有气候、降雨量等自然因素，也有晚清以降山地农垦、水利失

---

① 顾祖禹：《读史方舆纪要》卷13《直隶四·河间府》，上海：商务印书馆，1937年，第583页。
② 黄彭年：《畿辅通志》卷68《舆地二十三》。
③ 张慧芝、冯石岗：《京师·口岸·腹地：京津冀一体化的历史地理学解读》，《河北学刊》2013年第4期。
④ 陆大道：《关于"点—轴"空间结构系统的形成机理分析》，《地理科学》2002年第1期，第1—6页。

修等引致的水土流失、河道淤积加剧,及近现代技术下水库、工业性水源污染等人为原因。

目前"京津冀一体化"发展战略,需要三地合力推进,而三地一体化最根本的自然基础是同属海河水系。海河水系是京、津重要水源,修复流域生态,是解决京津冀三地诸多问题的关键,海河水运通过天津港与海运连接,河、海航运一体化必然推动三地经济结构、城镇布局一体化。

### (三)"津门"与天津城市文化景观

《说文解字》解释津:"水渡也。商书微子曰。若涉大水其无津。"此话十分贴合天津历史文化景观。

首先,天津与"天子渡口"。天津名称来源,有星座说、缘河说、关口说、赐名说等,大众心理更倾向于大明天子赐名之说,1961年天津市发现明嘉靖二十九年(1550)《重修三官庙碑》,碑文记:"夫天津小直沽之地,古斥卤之区也。我朝成祖文皇帝,入靖内难,圣驾尝由此渡沧州,因赐名曰天津,筑城凿池,而三卫立焉。"从字面解释,民用为渡,官用为津,也佐证天津作为码头与皇家的关系。

其次,"若涉大水其无津"。天津境内海河干流水量并不很大,小河、坑、塘、洼、淀倒是星罗棋布,所以天津地名中最突出的特征便是"水",除早期直沽寨、海津镇和天津卫,目前全市18个区县中10个区县名字带有"水"偏旁。天津还有七十二沽之说,滨河村镇多带"沽"字,以致天津别称津沽、直沽、沽上;地名常用的还有:港、泊、洼、淀、沟、塘、湾、滩等字。

## 三、九河下梢: 基于水系空间的文化解读

乾隆《天津县志·御制九河故道说》:"九河入海之处,在今天津之直沽",九河之名虽有人引《禹贡》《尔雅》《水经》及《水经注》等古籍列出,但随着海河水系的形成、变迁,目前主要有五大支流。

## （一）海河腹地外向型发展的门户

民谚曰："九河下梢天津卫，三道浮桥两道关。"从地图上看：整个海河水系的分布像一把大蒲扇，三岔河口之下的海河干流正是蒲扇的柄，"九河下梢"可谓形象之至。《天津卫志》记天津卫有渡口、无浮桥；乾隆《天津县志》记载了三道浮桥，同治《续天津县志》所记已不止三座了。"两道关"即钞关和盐关，从康熙年间开始便是政府重要财税部门。这句民谚折射出了明清天津的商贸地位。

作为京师直隶地区，人口相对密集，适逢明清小冰期、摊丁入亩政策实施等因素，粮食不足成为一个很大的民生问题。如遇海河水患，一些州县就只能从外地籴入，如河间府辖各州县"贩粟者至自卫辉、磁州并天津沿河一带，间以年之丰欠，或籴之使来，或粜之使去"[1]，北京的米粮"从口外来者甚多"，"京师亦常赖之"[2]。

17—18世纪国内市场已经开始突破区域性地方市场向全国性市场发展，海河不仅流域内部物资量增加，与流域之外物资交流的外向型经济需求也在增加。如冀中平原西部的栾城县，清前中期全县耕地中40%种粮食，60%种植棉花，"稼十之四，所收不足给本邑一岁食，商贩于外以济之；棉十之六，晋、豫商贾云集，民竭终岁之勤，售其佳者以易粟，而自衣其余"[3]。

## （二）津盐由内河运道分销海河腹地

海河水系滨海地带主要为长芦盐运司所辖盐厂，清人《盐法通志·运道》所记，长芦盐运有四大主干河道，并由四条干流再进入下一级支流分流到各县腹地，在运河和自然河流交界处，多需要将大船改为小船：

---

① 樊深：《河间府志》卷7《风俗》，嘉靖十九年刻本，第4页A。
② 《清圣祖实录》卷240，康熙四十八年十一月庚寅。
③ 桂超万、李銮修：《栾城县志》卷2《土产》，道光二十六年刻本。

(1) 北运河道,以天津为起点,北至通州张家湾;

(2) 淀河道,以天津为起点,西至保定县张青口和清苑县,在张青口换小船再至固安县,在霸县换小船可至永清县;

(3) 西河道,至衡水县小范镇、任县邢家湾,在衡水县换小船再至平乡县下庄桥;

(4) 南运河道,至大名县龙江庙。

津盐量丰质高,有"芦台玉砂"之誉,明清是冀、豫两省食盐主要供给地,《津门杂记》:"天津产盐甚丰,上裕调需,下应民食,直豫两省一百八十余州县皆赖之。"①长芦盐区得名于明代,主要分布于津冀两地濒海地区,康熙七年(1668)和十六年(1677),长芦巡盐御史署、长芦盐运司,分别从北京、沧州移驻天津,天津始成为长芦盐产销中心。长芦巡盐御史"以大津为盐务总汇之地,奏请移驻天津,督催引课为便"②,长芦运司因"商人多隶北所,天津督催引课为便,遂移驻天津"③。后天津府辖区南延,使长芦盐区大部位于府治辖区之内,便于管理。

目前天津建有盐文化发展史的主题公园——盐坨公园,通过浮雕生动展示了我国现存第一部海盐生产专著——元代《熬波图》中描绘的"煮海成盐"设备和"淡载运卤""刮盐摊晒""起运散盐"等传统制盐的工艺流程。

### (四) 海河水患治理的重镇

明清人口不断增加,为满足京师所需,漕运愈发重要,同时流域上游地区不断农垦,流域生态问题加剧。与之相应,便是流域综合治理机构的出现。

首先,海河水患对流域社会经济破坏力不断加大。

海河流域除北部坝上高原、燕山山地及西部太行山脉的山区外,多

---

① 张焘撰,丁绵孙、王黎雅点校:《天津风土丛书·津门杂记·盐坨》,天津古籍出版社,1986年,第13页。

② 黄掌纶等撰:《长芦盐法志》卷19《营建》,北京:科学出版社,2009年,第406页。

③ 黄掌纶等撰:《长芦盐法志》卷20《图识》,北京:科学出版社,2009年,第438页。

数地方属于华北平原,地势低平、河流湖淀众多,自古就是水患多发地区。明清玉米、马铃薯等高寒作物在燕山山地、太行山区及口北地区农牧交错地带迅速扩展,大规模的农垦使各水系泥沙含量增加、河床淤积,抗洪能力减弱,每遇"骤雨急涨,泛滥横滋,为民生患也"[1]。而明清治理海河水患最根本的目的是"确保漕运",以致北运河"往往水高于堤,随处皆堪漫溢",常为害于京东[2];不断加高的南、北运河大堤"犹如一道长城",人为地加剧了平原地区的洪涝灾害[3]。在这种情况下,海河流域的水患是难以全面治理的。

其次,海河水患对天津城市安全威胁也在加剧。

海河水系中永定河、大清河、子牙河等来自西北山地,上游毗邻黄土高原泥沙含量较大,加之明清时期自然环境的变化,各水系汇聚天津入海时极易形成水灾。明清时期多次加固天津城墙、疏浚城壕,甚至建起水闸,如明末天津城守营指挥佥事武中岳"以家财设水门,并建闸于城之东南隅,时启闭,以防汛溢"[4],但其间天津的城市排水没有进行过大的工程,道光《津门保甲图说·县城内图说》记载:"东、西、南面为水门,通外壕,尤宜泄所系。"城内泄涝、排水主要是靠水门以排泄城内雨、污水。

第三,1730年直隶河道总督设置,海河流域开始综合治理。

康熙把"削藩、河务、清运"列为三件大事,治河制度大致承袭明朝。河道总督一职,明代多以都御史兼任,且非常设,迄清始置专职河道总督。顺治元年(1644)初设于济宁州[5],天津开府同年移驻天津,总管天津、河间二府十八县的河务和漕粮,包括山东、河南、河北的河务。乾隆十四年(1729),裁汰河道总督,统归直隶总督管理。从雍正七年(1729)开始,改河道总督为总督江南河道提督军务(简称江南河道总督或南河总督),改河道副总督为总督河南、山东河道提督军务(河东河道总督或

---

① 蔡新:《直隶河图说》,《清朝经世文编》卷107。
② 水电部研究院:《清代海河滦河洪涝档案史料》,北京:中华书局,1981年,第585页。
③ 邹逸麟:《从地理环境角度考察我国运河的历史作用》,《中国史研究》1982年第3期。
④ 朱奎扬、张志奇《天津县志》卷18《人物传·武廷豫》,乾隆四年刻本,第11页B。
⑤ 今山东济宁。

河东总督），分别管理南北河流。雍正八年（1730），设直隶河道总督（简称北河总督），管辖海河水系各河及运河防治工作，驻天津。

### （五）海河文化与天津城市景观

天津城市景观在北方城市中颇具个性，具有"去北方"的特征，除了后文将论述的因移民带来的"皖文化"，受海河水系影响还具有：房屋、街道走向多非北方"正南正北"，且多非笔直而有一定弯度变化。究其因，主要是海河水系对城市空间布局有着很大影响力。[1] 明初天津卫建城，位于海河起点——三岔河口。1860 年天津开埠后、城市迅速扩张，包括英法美等九国租界区不断扩展，租界区扩展主要是沿着海河干流向东南方向——向大沽海口发展，一边把持海河干流水运。而天津城市的近代扩展，也是以三岔河口为中心，沿南运河、北运河、子牙河等海河水系扩展。1902 年袁世凯任直隶总督，在海河以北建设"河北新区"，依然以海河为连接。1973 年后形成目前的辖区范围和区、县建制，以近代形成的城区为中心，以贯穿城区的海河干道为轴线，继续呈放射状向外扩张。20 世纪 80 年代初期，在海河下游的东南沿海区域建立了滨海新区，以海河为空间纽带，形成"一条扁担挑两头"的独特的城市空间形态。

因为海河五大水系在上游各有自己的名称：南运河、北运河、大清河、子牙河和永定河，到三岔河口汇流之后方称海河，所以以海河命名建筑、地名等是天津城市文化又一大特征。如海河文化广场，位于海河狮子林桥与金汤桥之间，毗邻海河干流起点——三岔河口，这也是天津建卫 600 周年庆典活动的主会场。

## 四、京师门户：基于地缘位置的文化解读

京师四周许多关隘、城镇被称为"京师门户"，赋予"拱卫京师"的职

---

[1] 靳润成、刘露：《明代以来天津城市空间结构演化的主要特点》，《天津师范大学学报》，2010 年第 1 期。

责,随着地缘政治的变化,这些门户的重要性也在不断变化。近代以来,当国家面临海上威胁时,天津变成了京师最直接的门户。

### (一) 京师"海疆门户"职能加强

明清天津设卫升府,皆与其毗邻京师的地缘位置,作为京师"水上门户",除了漕粮水运枢纽,再者便是"海疆门户",如李鸿章在《筹议海防折》所言:"直隶大沽、北塘、山海关一带,系京师门户。"

18世纪前期西方许多国家已经完成了封建社会向资本主义的转变,野外海上殖民掠夺不断,大清王朝内一些开明人士也开始关注海疆问题。成书于雍正八年(1730)的《海国闻见录·天下沿海形势录》篇,系统地论述了北起渤海湾、南达北部湾,逾3.2万公里海岸线的水文、地貌、航运、海防等概况,对以京津为中心的渤海湾写道:"天下沿海形势,从京师、天津东向辽海、铁山、黄城、皮岛,外对朝鲜,左延东北山海关、宁远、盖平、复州、金州、旅顺口、鸭绿江而抵高丽,右袤东南山东之利津、清河、蒲台、寿光、海仓口、登州而至庙岛成山卫"。[1] 天津作为"京师东面噤喉之地"[2],海防作用一目了然。康熙晚年曾告诫,"海外如西洋等国,千百年后,中国恐受其累"[3];雍正也曾言:"苟万千战艘来我海岸则祸患大矣。"[4]

近代西方侵略者对大沽海口地位有着清醒的认识,并多次兵临大沽口,给满清政府施加压力,在威胁不起作用时,就攻占大沽海口在沿海河各干道、北运河侵入京师,前文有言,不再赘述。

### (二) 天津文化中京畿文化特征

明清两朝北京是帝都,从天津去北京陆路都要出北门经河北大街过河,到西沽、丁字沽,沿北运河去北京,名为京师大道。

---

① 陈伦炯:《海国闻见录》卷上《天下沿海形势录》。
② 顾祖禹:《读史方舆纪要》卷13《直隶四·河间府》,北京:中华书局,1955年,第583页。
③ 王庆云:《石渠余记》卷6《纪市舶》,北京:北京古籍出版社,1985年,第283页。
④ 徐宗泽:《中国天主教传教史概论》,上海:上海书店出版社,1990年影印本,第256页。

首先,"官文化"影响明显。

中国传统社会城市的发展机制不同于西方,一直是从中央到地方各级政治中心所在地,政治中心功能远大于经济贸易功能,因之中心城市与所在区域之间的关系也呈现出不同于西方的"政治性"特征。金元以降都城迁移到海河流域,位于海河中下游的直隶地区成为京畿重地,肩负着"拱卫京师""服务京师"之重责,或者说区域社会经济文化的重心以"政治性"特征为主的,由之地域文化逐步呈现出直隶政治中心的"近畿文化"特征。鸦片战争以来在西方殖民势力的影响下,一些具有近代意义城市也是发展,特别是一些开埠城市。"与同时期的武汉、苏州等城市相比,天津'官'的权力显然更强.绅商在城市社会中约独立意识明显薄弱,表现出靠近政治中心的城市,政府的控制力更加强化的趋势。"①

其次,独树一帜的"卫派文化"。

在城市文化的地域特征梳理中,北京皇城文化被称为"京派";上海近代商业文化被称为"海派";天津屏障北京职能被称为"卫派文化",它突出的是一个"卫"字。几年也有学者从地域文化视角对此展开了分析。②

"卫派文化"形成最根本的原因是其京师门户的地缘位置,在毗邻京师的诸多城镇中,它之所以能一枝独秀由其"海门""津门"地理特征决定,所以水运文化、军事文化、港口文化和外来文化一起构成了"卫派文化"特质。冯骥才在《亦洋亦土说天津》中写道:"天津人说话喜欢戏谑,有浓厚的自嘲成分,但并非黑色幽默,天津人的自嘲是语言的笑料和生活的调料。它使生活更加有声有色,有滋有味,成为一种根深蒂固的生活文化。"天津文化服务京师并受到其深刻影响,但它与京师文化之间特征迥异:简而言之,京派文化是精英文化、权贵文化,卫派文化

---

① 刘海岩:《天津租界和老城区:近代化进程中的文化互动》,《城市史研究》,第15—16辑,第102页。
② 胡光明:《潮州文化与天津卫派文化特质的形成》,《潮学研究》第十辑,第95—114页。

是市民文化、通俗文化。

## 五、游走北方的"皖文化"：<br>基于军事移民史的文化解读

天津城市兴起晚，大量移民来自黄河流域之外，所有整个城市仿若空投而来，以"天津卫城"为起点的城市文化由之显示出与北方城市不同的特征。

### （一）天津城市人口的特征

天津也是个移民城市，但它与其他地方所谈的"大槐树移民"不同，天津移民从元代开始就来自南方，明清时期更集中在安徽淮北一带。

宋、元之际，天津一带已经开始有土著居民，主要以煮盐、刮硝为业。① 元代海运、漕运及服务与此的军事机构等，在三岔河口一带人口开始增加，至元中后期已是"兵民杂居久，一半解吴歌"②。由于元代驻扎三岔河口的军士主要来自南方，所以居民中有一半能听懂江浙方言，可见当时人口构成的特色。其间人口较少："天津向止七姓，明永乐间设卫筑城，调有官、军二籍，户口渐。"③自明成祖从天津登陆、迁都北京后，为守护京师的海上入口，赐名天津，置天津三卫，并从祖籍安徽调子弟兵布防，这些安徽兵留在天津繁衍后代，形成最初的天津人。此外，在靖难之役中天津附近"村庄毁去十之八九，民仅存十之一二"，所以天津卫城时期的城内居民主要是安徽籍士兵及其家属。明初天津卫驻军籍贯多为江苏和安徽，以皖北地区居多。当时规定：每位将领可带百名原籍士兵携家属北上，人数约达五万之多。

---

① 罗澍伟：《漫话天津人口与天津文化——天津历史的一个剖面》，《城市史研究》1998 年，第 15—16 辑，第 121—122 页。
② 傅若金：《直沽口》，朱奎扬、张志奇：《天津县志》卷 22《艺文》，乾隆四年刻本，第 2 页 A。
③ 朱奎扬、张志奇编：《天津县志》卷 12《管辖》，清乾隆四年刻本。

清代天津由军事卫城转型行政区划,并很快由州升直隶州,再升府,真正成为"舟楫之所式临,商贾之所萃集,五方之民所杂处"的地方,不少"商贾宦幕,初或侨居于此,数世之后,子孙孳息,而户口始密"①,出现了"比闻而居者,率多流寓之人"②的状况。而在开埠之后,"泰西诸国踰洋海通商互市,工作运输.异乡来者渐伙"③。清中后期至民国初,以李鸿章为代表的安徽籍高官群体,在天津军政界处于执柄掌权的主导地位,进一步延续了天津与安徽的历史情缘。李鸿章、袁世凯在北洋练兵也是招募的安徽兵,这些安徽兵大多留在天津繁衍后代。所以天津市区大多数是安徽兵繁衍的后代。

### (二) 天津风俗中的"皖文化"特征

地域文化渗透在居民日常衣食住行之中,方言是其最具代表性的表征。学界所言天津方言是以天津旧城区为中心的地区,它与城区周边蓟宝宁话片、沧州话片、武清话片、静海方言区、北辰话片等具有明显不同。天津方言逐步形成于是在元明清时期,据李世瑜先生调查考证:"天津方言的母方言就是来自以宿州为中心的广大江淮平原。"这个论断获得学界一致认同。2010 年和 2011 年,"天津方言寻根调研组"展开进一步研究,证明了李世瑜提出的"天津方言岛"和"天津话来自淮北平原"的两个论断是正确的。④

天津市区结婚风俗也与华北地区明显不同:京冀及天津市辖区风俗婚礼一般在中午进行,天津则是在下午、傍晚进行。对此,学界也有不同看法,如罗澍伟说通过采访老人,查阅《天津县志》等史料,认为100 多年前,天津人的习俗也是上午结婚。新中国成立以后,天津作为工业城市,多数工人上班要'三班倒',婚宴结束后正好接着上夜班。由于晚间婚礼在南方的许多省份比较普遍,所以天津这一不同于北方的

① 王守恂、仁安撰:《天津政俗沿革记》卷 5《户籍》,1938 年印刷,第 1 页 A。
② 同上。
③ 同上。
④ 谭汝为:《天津方言文化研究》,天津:天津人民出版社,2014 年,第 11 页。

下午婚礼也被认为对安徽合肥地区习俗的保留。

此外，汉族人过年都贴春联，与此不同，天津人是贴吊钱，因为宿迁一带春节也是贴吊钱。这些都被看作是天津"皖文化"的留存。

# 承德地区满族婚俗调查

石彦霞　辛艳丽

　　婚俗是一个特定群体不同时期历史、文化、社会生活的缩影,同样是特定群体民族特征、民族认同的基础。无论对哪一个民族来说,婚姻都是人的一生中非常重要的项目。婚姻礼仪与习俗也是民族文化的重要组成部分。一个民族的婚俗文化往往带有鲜明的民族印记。随着时光的流逝,民族语言可能会消失,民族服装可能会被新的服装潮流湮没。民族意识可能逐渐淡漠,但留存在日常生活中的婚俗礼仪却由于深深扎根于民间而留存下来,或者还能通过它一窥其原始面貌。婚俗随着时代的发展而发展,随着社会的进步而逐渐变化,它的变化与所在位置地点的繁华程度成正比,越是偏远闭塞的村庄越容易保持原来的风俗习惯,因此,了解一个民族某一时期的婚俗状况,往往从对村野的调查开始。

　　我国是一个多民族的国家,历史上不同民族共同创造了丰富灿烂的中华文化,不同民族的文化都是中华文化的组成部分同时各具特色。了解不同民族的风俗文化是我们保存历史尊重不同民族的需要。满族是在中原建立了政权取得统治地位的少数民族之一。满族先民最早生活在白山黑水的东北地区,后来随着各部落的统一逐渐问鼎中原,成立了最后一个封建王朝。研究满族的风俗文化,尤其是研究当代满族人的婚俗文化,不但可以了解满族婚俗的历史变迁,对新时期满族人的婚俗生活。满族与其他民族的融合,民族融合进程中的文化保护与发掘具有重要意义。

　　满族婚俗是满族文化的重要体现,随着时代的进步,满族人的婚俗也在改变,满族婚俗应当是当前需要抢救并需要我们保护的非物质文化遗产之一。在承德地区满族人口较多的农村,这里满族的婚俗保留下来的较多,对我们研究满族婚俗并了解这个民族的文化有很大帮助。满族是个热爱骑射、喜欢饮酒、婚姻重财产的民族,也是个热爱祖先、知恩图报的民族,这些民族特色都能通过满族婚俗展现出来。满族是一个值得我们去尊敬的民族。满族文化对于现今我们的文化繁荣有重要作用。

## 一、承德地区满族人的来源

调查当代满族人婚俗状况,我们选择的地点是承德满族人聚集村落。满族的龙兴之地是东北地区,满族入关之后,承德成为关内主要的满族人聚集地之一,主要原因如下:清代承德是满族与蒙古族、藏族等其他少数民族进行政治文化交流和统治的中心,避暑山庄的修建与外八庙就是这种目的的表现。也是清代除了北京之外的政治中心,因此,必然会有一批满族人因为公务的需要而驻守于此。另外清代皇室有狩猎的习惯,木兰围场满族人的大量涌入是由于需要大量旗人官兵派驻围场,承德重要的军事位置,也是满族人聚集的原因。据宽城县民族志记载,满族人进入宽城,始于清顺治八年(公元 1651 年)。大批移居宽城,则是在康熙和乾隆年间。其主要来源有五个方面:

第一类是随清军入关来宽城定居的满族人。

第二类是奖励战功,跑马占圈来宽城的满族人。

第三类是分丁拨户,迁入宽城的满族人。清初,到关外圈地的满族人,有的仍居住在关内,每年派庄丁出关,在圈地范围内搭窝棚,耕种囤得的土地,收取地租。《迁安县志》载:"迁邑口外,居民每以田野为庐舍,或三家,或五家,户口畸零,难编牌甲。"后来,由于人丁繁衍难以容纳,这些庄头将子孙及庄丁分迁到关外圈地范围内居住,宽城满族人口日增。有些满族人的家谱记录了这一事实。

第四类是政府派来开采金矿的满族人。宽城有丰富的金矿资源。

清光绪年间,慈禧曾派皇亲来宽城牛心山和峪耳崖两地开私房金矿。今铧尖满族乡牛心山村东北一华里处"北大线",就是当年开矿的坑口。牛心山村的叶氏宗族,就是叶赫那拉氏的后裔。

第五类是驻宽城驿马站的官员、兵丁及其眷属。清朝政府为了巩固北部边防,加强和蒙古各部王公的联系,在宽城设立了驿马站。据《承德府志》记载:"康熙三十一年(公元 1692 年),定各蒙古地方,皆安设驿站,每站相距百里。……自喜峰口外至扎赉特等旗 1600 余里为一路,原设二站,添设十四站,计十六站。"宽城驿马站就是其中之一。驿马站中有驿丞、官佚、驿丁等,其姓氏有翁、李、曾(姜)、赵、鲍、梁、张、詹、王、唐、陈、姚等 12 姓,其后裔分布在宽城镇、缸窑沟满族乡和下河西满族乡。[①]

以上五个方面也是承德其他县市满族人的主要来源。从来源来看,承德地区的满族人进入此地区的时间较早,且成村落居住,容易保持民族风俗习惯。且承德很多地区为山地,交通不方便,与外界交流不频繁,对保留满族先民的民风与传统具有有利的人文地理环境。

## 二、调查的区县

我们选择承德地区围场县、宽城县、平泉县作为调研的县级单位。我们调研的村庄包括:承德市围场满族蒙古族县哈里哈乡台子水村、宽城满族自治县峪耳崖镇、承德市平泉县党坝镇河北村。其中宽城满族自治县、围场满族蒙古族自治县是我们调研的重点。

宽城满族自治县是河北省承德市下辖自治县。宽城,因"元设宽河驿、明筑宽河城"而得名,1963 年建县,1989 年成立宽城满族自治县,位于河北省东北部,承德市东南部,东与辽宁接壤,西与兴隆县邻,北与平泉和承德县相连,南面隔长城与秦皇岛和唐山市相邻。县域面积 1952

---

① 宽城县民族志编辑委员会:《宽城县民族志》,北京:中国标准出版社,1989 年,第 1—2 页。

平方公里。全县辖 18 个乡镇。

宽城秦汉时属右北平郡,隋朝属辽西郡、唐朝时属归饶乐都督府管辖,明朝设宽河守御千户所,属北平府管辖。1933 年宽城被日军占领,成为纳入满洲国的最后一块领土。宽城 1963 年建县,1989 年经国务院批准成立满族自治县。2013 年,宽城满族自治县共有 14 个民族,总人口 254524 人,其中满族人口占 64.5%。

峪耳崖镇坐落于河北省承德市宽城满族自治县东南部,地域面积 141 平方公里,辖 20 个行政村,110 个自然村,全镇 2.5 万人口。

围场满族蒙古族自治县位于河北省东北部,属承德地区,东邻内蒙古自治区赤峰市,北接克什克腾旗,西北与内蒙古多伦县接壤,西与本省丰宁毗邻,南邻隆化县。地连华北、东北和西北,为承德市、赤峰市和锡盟的交通中心。地理位置重要,战国时期是燕的北部边陲,修筑有古长城。秦时为防御要地,连接加固了古长城;并在沿长城一线修筑了亭、燧、障、塞等防御设施,直到今天这些古城堡遗址还有多处存在。以后的辽、金时期,作为军垦要地,供应粮秣等物资。清代前叶,康熙二十年(1681 年)建立木兰围场,在这进行木兰秋狩,贯彻"肆武绥藩"的国策,用来团结西北地域的少数民族,实现增强国力,团结各少数民族,成为巩固国防活动的重地。

围场历史悠久,远在石器时代,我们的祖先就劳动、生息、繁衍在这里,县内张家湾、望道石、五道川等地多处出土石器时代的生产生活用具。奴隶时代这里有人们定居,在半截塔的下伙房乡曾出土商代饰品大玉环等。周为燕地,晋以后为鲜卑、库莫奚、契丹等民族居住地区。辽代为中京路大定府松山县,金为北路大定府。明代为诺音卫,以后划入乌梁海游牧地,直到清康熙年代开辟木兰围场。光绪三年(1877 年)设置粮捕厅,民国元年(1912 年)改厅建围场县。1989 年 6 月 29 日撤销围场县,在原境域内建立围场满族蒙古族自治县。①

截至 2011 年底,围场满族蒙古族自治县辖 7 个镇、30 个乡,共 312

---

① 杨振国:《围场满族蒙古族自治县县志》,沈阳:辽海出版社,1997 年,第 1—3 页。

个行政村、5 个社区、1 个居民委员会、1 个县直辖生产队。总人口532573 人,是以满族、蒙古族为主的少数民族聚居地,境内共有汉族、满族、蒙古族、回族、朝鲜族、苗族等 30 个民族。

选择这些村庄作为调研地点,主要基于以下考虑:

第一,整个村庄满族人口所占比例至少在百分之六十以上。这样保证了有较多的人口聚集,且满族人口在村庄中处于强势地位。

第二,村庄外出打工出外求学人员所占比例相对较少,民风淳朴,一定程度上保留了传统的风俗。

第三,在婚俗习惯上,采用传统婚礼方式结婚是比较常见的结婚方式。

## 三、调研对象

本次的调研对象主要包括两种人,一种是村庄里经常做媒、参加婚礼活动,对婚礼的各个环节都很熟悉的中年妇女。一种是结婚形式采用传统婚礼的人。这两种人为我们了解当前满族人的婚礼习俗提供了理论上和实践上的保证。

## 四、调研方式、方法

为了更加清晰地了解当前满族婚俗的组成特点,我们采用了实地访问被调查者的方式及发放问卷的方式进行调研。

对于调研内容,采用谈话录音与发放问卷的方式调查。

具体的调研内容包括:当地满族人的婚俗礼仪共包括几个阶段,每个阶段有什么要求,在外地工作的满族人的婚礼如何举行,再按照家乡当地风俗进行,还是在外进行,如果在外举行婚礼,是否需要在家乡重新按照当地风俗再举行一遍。承德地区不同自治县的满族婚俗是否还保存着憋性子、跨马鞍、跨火盆、坐福的习惯。自由恋爱的满族人是否还需要媒人,媒人的作用与之前相比有什么变化,承德地区满族人婚礼中的婚宴在哪里举行,饮食上有什么特点等等。通过对这些内容的了解,我们可以基本掌握当前承德地区满族婚俗的概貌。

## 四、满族婚俗

一整套满族婚俗礼节的完成是一个繁琐且复杂的过程,从说亲、相亲、定亲到结婚、回门、住对月这些都体现着满族的民族特色。现今满族婚俗经过历史百年的积淀,有了新的发展变化,既消失掉了一些民族特色习俗,也吸收了现今其他民族和西方婚俗的时代元素。但满族婚俗的一些重要特征仍旧保留了下来。

### (一)说媒时的礼节习俗

现在的满族农村地区说亲仍是比较早,女孩子十六七岁的时候就有人开始上门说亲,旧时男子出兵打仗,都早早结婚,以繁衍后代,这是满族早婚习俗的一个延续。满族说媒有两种方式,一种是男女认识有结亲的意向,男方家托媒人去女方家求亲;另一种是男女互不认识,说媒人一般会以双方家庭条件、男女相貌、人品、性格等为根据来撮合姻缘。媒人一般会去女方家很多次,询问女方及家人的意见,而且每次都带酒,满族有"成不成,三瓶酒"之说。虽说现今社会父母之命、媒妁之言的时代已经过去了,但父母的观点、意见仍在儿女婚事上有很大的作用。

说媒这个过程经过双方同意后,媒人为二人安排相亲。现在的相亲是媒人为男女介绍后,给二人独处空间,让二人认识并了解。都有意向的话则女方先会去男方家里看其家境条件,和父母的为人处世等。然后再是男方家去女方家看这些情况。双方都满意后,再商量定亲的聘礼等。现在定亲的聘礼一般是金钱和女孩子佩戴的贵重饰品等,在礼金上男方要给女方父母和女方五六万元以上,女方家也会在定亲时给男方礼金,但也就几千、几百而已,不像男方家的贵重。礼金多少也依据当地普遍习俗情况而定,比如有的穷苦人家为了儿子的婚事可能会借很多钱。在这个地区女方家长很看重礼金的多少。

## （二）定亲时的礼节习俗

定亲事宜都确定下来后，由阴阳八卦先生选个吉利的日子订婚。订婚当天，由男方家派车去接女方的长辈亲属，这是两个大家庭的正式见面。女方家去参加订婚的人数要为双数，失去过配偶的女性则不能去参加订婚，满族人较忌讳这一项。饭前，女方给男方长辈敬茶，被敬茶的人都要给女方红包，这项习俗由以前的满族的装烟袋这项习俗演化而来，现在人们已不再用烟袋，故人们用敬茶来代替。然后是男方家给女方父母聘礼，男女互换礼物。定亲第二天，男方带礼品和喜糖去女方所有较亲近的长辈家认亲，俗称认门，重新增加了解认识，这门亲戚关系就这么定下来了。目前在宽城满族自治县定亲时，男女在交换完定情物后便开始认亲，女方在男方亲人陪同下，对男方亲朋进行认亲，长辈需要给钱祝福。在给钱的这一环节上，我们观察到，女方到男方去认亲长辈是需要给钱的，而男方去女方家则不需要给钱。

往后逢年过节等双方都相互往来，如春节时，男方家长都要给女方压岁钱等。订婚后俩人可以自由恋爱。互相了解彼此，二人都感觉满意就在到结婚年龄时可以找媒人商量结婚，若不满意，会找媒人取消婚约，女方家退回男方家的礼金。这期间两家有任何大的摩擦问题，都要请媒人出面解决。

## （三）结婚时的礼节习俗

### 1 定婚期

婚期由卜卦先生结合男女生辰八字确定，要避开二人生日的百天以内。婚期多为偶数日期，或重大节日，取好事成双之意。确定婚期后新人去亲朋好友家告诉婚期，邀请亲人来参加婚礼。在这段时间里要准备嫁娶时的诸多事宜，如在用品上，要把新鞋、新被、新衣都做好，尽量做得精致。男方家会提前宰猪或买肉，为当天酒席做准备，还要提前搭建棚子，雇用一些吹吹打打的人。在人员上送亲、接亲、押车、陪酒、帮忙准备酒席的所有人员等也都提前确定下来。女方家送亲的人也要提前确定。

2 三日婚

旧时满族婚俗的婚期一般为三天,称为三日婚,过去分别称为响棚日、亮轿日和正日。有头日迎妆,二日娶亲,三日会亲的说法。现在满族人结婚在时间上仍是三天,但在习俗上有了新的发展变化。

第一天是男方家搭棚子,为参加婚宴的亲朋好友们准备盛宴,曾称为响棚日,同时还布置新房,用枣子、花生、桂圆、栗子铺满床上,取早生贵子之意。还要祭拜祖先,为祖先上香。这一天从晚上起就开始宴请帮忙的亲友直至结婚后的早上。为正日子这天做好全面的准备。

第二日旧时为亮轿日,即把轿子晾晒一下,祛除里面的邪气。以前女方会在这一天离家,到离男方家近的一处下榻住一晚,叫打下处,第二天再去男方家。但现在随着交通工具的进步,这一项习俗消失了。现在女方家会在这一天宴请宾客,为远道而来的亲朋好友备上美食,接受亲朋好友的祝福。入夜后则是新娘开始装扮,同时新娘的父母要交代女方到男方家后需要注意的礼节问题等,新娘可能忙得整晚都没空睡觉。新娘离家的时间也要由八卦先生确定,有的会从晚上就出发去往男方家,赶到天明之前到,这是对满族夜婚制的沿袭,有的是早晨在从家里出发,赶在典礼之前几个小时到。

第三天为正日子。这一天有着很多的繁琐的风俗习惯礼节。这一天男方家会派出亲友去女方家迎娶新娘,迎亲的人一般为媒人和两个娶亲婆,娶亲婆是男方的婶娘。娶亲婆的要求是家庭和睦,夫妻相处好,儿女健全的,生活幸福的。新娘的家人要在新娘上车之前给压腰钱,希望将来生活不缺金钱,于此对应的是新娘在下车时,新郎家也要给新娘同样的金额,为下车钱。新娘子家派出很多人去送亲,但不包括新娘的父母和姐妹。新娘的嫁妆再由亲人搬到男方的车上,这些嫁妆由女方亲友置办,叫添箱,包括家具,以及生活用品等物件。新娘要吃宽心面,哭着离家,以不忘家中父母养育之恩。新娘由哥哥或叔叔背出家门,寓意不带走家里的福气,或将来不给家里添麻烦等。新娘上车前要由亲兄弟手扶车门,新娘的四个兄长将新娘护送至新郎家。这时由阴阳八卦先生卜算出来的需要忌讳的生肖属相的人要避开新娘离家这一段路程。新娘要怀抱装满粮食和钱的瓶子,俗称抱宝瓶。新娘的车要先迎亲的车而行,并且车内坐着押车的男孩和娶亲婆。新娘子在路途中不得掀开红盖头。在路途中遇到的所有的庙、井、河水等新娘都要洒下硬币,以求得各路神仙的保佑。并且在亲娘的车子到达之前,男方家要将庙、井盖上红纸。新郎家那里要用被子将村里磨米面用的磨盖得严严实实。新娘的车到目的地时,新郎家要吹吹打打,燃放鞭炮,亲人们都在门外迎接。新娘到了男方家未下车之前,男方要踹几下车门,并且男方的家人要给新娘红包和喜糖,新娘高兴了才同意下车。下轿之后,新娘将抱宝瓶交给婆婆,新娘在左右搀扶下走红地毯,象征走鸿运,也有的直接是新郎抱着新娘走,以示二人恩爱让女方家人放心。新娘下车后要跨过一个火盆,寓意将来的日子红火;还要跨过一副马鞍,以示全家平安。

　　进去屋子之后,押车的小男孩要坐在炕头,新郎给红包。给新娘掀门帘的和给新娘叠被子的,新娘都要给红包,这些人一般是男方的妹妹或弟弟。接着新郎要用秤杆将新娘的盖头揭开。摸一下新娘的发,再摸摸自己的头,以示二人能白头偕老,再象征性的为新娘梳理头发。接下来便是坐福,坐福又称为坐帐,新娘面向北而坐,新郎的被子尽量放在新娘的被子上面,以示将来能管住女方,但也有新娘的婶娘把新娘的被子放在新郎的被子上,希望以后能压制住男方。新郎新娘对坐一会后,新郎离开去照顾亲友宾客,由新娘独自坐帐,坐帐期间新娘不得去厕所,不能走动。坐帐的时间各个地区也不同,一般为一个小时。坐帐完成后是二人喝交杯酒,酒盅由红头绳连在一起,两人手臂交叉,要将酒喝干净,一滴不剩。这时候人们会给新娘吃半熟的子孙饽饽即饺子和长寿面,新娘象征性的吃几口,有人会问生不生,新娘会说生,以示将来生儿育女。中午的时候,拜天地、拜父母、夫妻对拜这些礼节结束后,两人正式结为夫妻,女方正式成了男方家里的一员。礼成后则是客人们吃饭,新人挨桌敬酒,客人都会说免了吧,主事的则让新人以鞠躬代替酒,对所有的宾客都问好。新郎家要对新娘家送亲的亲属们额外安排两桌,叫送亲桌,先摆放糕点,客人们吃差不多后,撤下糕点上饭菜。送亲桌上的菜都上齐了之后,其他宾客们那里才可以上菜。在送亲桌上,不能有韭菜这道菜,最后一道菜不能是丸子,丸子有滚蛋之意,有对送亲人的辱骂的意思。新娘要先动筷子,把每个菜都翻一遍,这个习俗叫起发,即一个新的家庭的诞生,将来能红红火火。此时由新郎家能说会道的酒量好的人来陪酒,对送亲的人要和和气气,万不能让人有挑毛病之处。满族人豪爽喜欢酒,劝酒风俗很严重,在酒桌上大醉的很常见,人们认为酒喝好了,感情也深了,喝酒喝多的人则会被人们认为实在、好说话、易相处等。还有像结婚、订婚、丧事这种大事情的宴席上,满族人都会准备两盘猪肉,都是红烧肉,做法一样,切法不同,一盘是片状、一盘是块状,满族人有爱吃猪肉的习惯。饭后,女方的家人离去,离去前要从男方家带走由四块猪肋连在一起的肉,叫做离娘肉。离娘肉的说法是女儿是娘亲身上的肉,女儿被送走了,就拿这个离娘肉来补偿一下。这一天还要亮箱,新娘就是向新郎的家人展示婚前做的枕头、枕巾、鞋等物件,让人们看到自己心灵手巧、勤劳持家的品质。

晚上则为闹洞房,参加的人一般是比新郎小的男孩子或新郎的朋友,大人们在一边看着凑热闹。小孩子们在一旁会把花生、大枣、栗子等干果撒在炕上,预示早生贵子。闹洞房越热闹,预示新人将来生活越幸福。所以在闹洞房时,新人无论如何都不可以生气。闹完洞房以后,新人睡觉之前,新郎的弟弟或其他年纪小的男孩子要睡在炕头,留在新房一晚,早晨起来时离开,新娘要给压炕钱,此举有希望将来能生儿子之说。依稀可见受到父权制影响,人们仍有男尊女卑的观念,重儿轻女的思想。婚礼过后第二天,新人要早起,由嫂子或家人领着去给长辈认亲行礼。

3 回门和住对月

结婚三天或者七天后,新人去女方家拜见父母。新人早晨离开家,到女方家后女方与父母拥抱哭泣,中午女方家人设宴款待二人,二人不能留宿,当天必须回到男方家,此为回门。结婚一个月后,新娘要回娘家住上一段时间,也有去姨娘或舅舅家去住的,俗称住对月。此时,一套复杂繁琐的婚姻礼节才完成。目前在承德地区,据我们调查的宽城满族自治县、围场满族蒙古族自治县、平泉县,新娘回门的习惯还保存着,住对月的习惯基本被废弃了,只是留在老一辈人的印象中。新人婚后的第一个年,在正月初几的时候,女方要去男方的长辈亲属家,在屋外向屋内磕头,祝长辈们长寿幸福,长辈们都要给红包。至此,当代较为完备的满族婚礼才算结束。

## 五、当代承德地区满族婚俗的表现及渊源

在岁月的长河中,婚俗不过是社会生活变迁中的一枚投影,它因时、因地、因人文环境的不同而发生着或持续发生着变化。通过对三个县区不同村庄的调查我们可以观察到如下现象:

### (一) 婚礼的仪式及细节受满族年轻人生活环境的影响

当代满族年轻人根据生存与发展空间的不同形成了传统与非传统两种婚俗习惯。对于常年在外打工或在城市定居的满族年轻人来说,他们的婚礼由于受时间地点的限制,婚俗礼仪一般是由婚庆公司来设计的,显然这样的婚礼不会设计成具有满族习俗的婚礼。进行这样的婚礼只是意味着在工作所在地宣告了婚姻仪式的结束。对于不同家乡所在地的满族人来说,可能会因为家乡传统力量的强大或受当地满族人婚俗心理的影响有不同的表现形式。这些形式体现了传统婚俗在人们心中的地位。

如对于承德市围场满族蒙古族自治县哈里哈乡台子水村的年轻的满族人来说,无论离家多远都要尽量把婚礼放在家乡进行。即使距离非常遥远也要回男方老家进行一场体现民族特点的婚礼,各种程序都要进行一遍,以彰显民族婚礼的正式与地位。而对于宽城满族自治县峪耳崖镇的满族年轻人来说,在外经历过婚庆公司婚礼过程之后,不必回到家乡再进行民族婚礼的程序,不过,只保留了要在家乡宴请一众亲

戚朋友的程序及婚后三天回门的风俗。

随着越来越多的年轻人远离家乡涌入城市加入快节奏的城市生活,我们无法想象这样的民族婚俗能延续到何时。满族先民在入关之前较为质朴、简单自然,入关以后受儒家文化的影响逐步程式化复杂化。随着汉族传统婚礼的逐步简化及社会生活节奏的影响,满族的婚俗也在经历着由简单到复杂又回归到简单的历程。[①] 不过这种简单并不是随意的简单,而是在体现民族特点的基础上省略了较为繁琐的程序,婚俗文化中核心的过程被保留下来。如传统满族婚礼中认大小、回门、家宴的环节被保留,住对月的习惯则要求不是很严格。

在宽城满族自治县峪耳崖镇满族年轻人的婚礼中,还保留着憋性子、坐福、闹洞房的婚礼习俗,在新人床的四角放枣、花生、桂圆、栗子,象征着"早生贵子"。

而对于围场满族蒙古族自治县哈里哈乡台子水村的年轻人来说,则保留着跨火盆和坐福的婚礼习俗。女方进门前需要跨火盆,象征着婚后的日子红红火火热热腾腾。对于承德地区的满族年轻人来说,坐福、回门是不可再简化的环节。

## (二) 媒人在当地满族婚俗中具有不可取代的地位

在满族入关之前所采用抢婚制、收继婚婚姻制度很难看到媒人的影子,满族入关之后受汉族影响婚俗日渐复杂,三媒六证成为婚姻中尤其是大户人家婚姻中不可缺少的环节。从初始认识阶段到最后成就婚姻都离不开媒人的参与,媒人的作用越来越重要。随着时代的发展,时间跨越到 21 世纪,不由任何媒人参与的自由恋爱的存在已经司空见惯。因此,从媒介作用上看,媒人在当代婚恋当中的作用几乎可以忽略,然而,不可否认的事实是,在当代满族村庄,对于满族青年来说,媒人依然是不可缺少的一环。即使自由恋爱的年轻人,也需要寻找一位媒人来作为婚姻联姻过程中的见证。媒人大多是阅历丰富,人脉较广

---

① 高松:《满族婚俗文化略论》,《满语研究》,2010 年第 2 期。

的中年妇女。媒人大多是男女某一方的亲戚或熟悉的人,媒人不一定会接受报酬,但是一般会受到委托人家里的热情款待。媒人一般起到牵线搭桥的作用,也使双方通过媒人的介绍对对方的家庭有更深的了解,如果男女双方顺利结婚,媒人会得到感激。如果双方并没有结成婚或是婚姻出现问题,媒人也有一定责任。

在当代满族年轻人的婚礼中,媒人依然是不可或缺的人物,他们一般对双方的家庭比较熟悉,不再以钱财为目的,不过一般媒人都会收到或多或少的礼物,在婚姻正式开始之前的过程中起了一个沟通的作用,同时也是一段婚姻开始的见证,具有一定的社会责任感。

### (三)婚宴的要求存在着地区差异

婚宴是婚礼中重要的组成部分,婚宴采用的形式及是否丰盛,往往是一户人家财力如何及是否懂礼制的体现。在家乡结婚的年轻人,婚宴一般在自己家里进行。这个时候往往需要懂传统婚宴制作规格及菜品的师傅掌厨。据我们调查,围场满族蒙古族自治县哈里哈乡的年轻人在老家结婚,一般婚宴在家里举行。婚宴主体包括八碟八碗、杀猪菜、白肉血肠、四喜丸子、饺子、杀鸡、粉条、海带、蒸米饭、喝米汤等饮食习俗,属于满族的传统饮食习惯。李自然(2003)提到,东北满族在饮食观念上更加注重餐具,东北满族的宴席往往以餐具特点来命名——"八大碗""八碟八碗""三套碗"等。早期的女真人餐具多用木制,因此碗碟非常珍贵,再如,在东北满族的观念中,盘、碗、筷子等餐具都具有财富的象征。[①] 在传统婚俗中,一直有娘家人"偷"盘碗的习惯。当代满族婚俗中,偷碗盘的习惯已经不复存在,在喜宴中八碗八碟的饮食习惯却一直保留下来。民以食为天,饮食文化是民俗文化中最具有顽强生命力的一种文化,它关系到人们的日常生活与代代相传的生存记忆。

当代社会随着科技的发展,食品的数量和种类极大丰富,一年四季

---

① 李自然:《生态文化与人:满族传统饮食文化研究》,北京:民族出版社,2002年,第44—51页。

都能有各种蔬菜供应。要置办一桌丰盛的酒席在哪个季节都是很容易办到的事情,只有传统的菜肴,特别是在重要场合出现的特定的菜肴形式,它所传递的信息已经超过了饭菜果腹满足食欲的本质,它体现的是从满族先民那里流传下来的对重要事件的尊敬与重视的情怀,同时留存的还有对先祖的遵从与纪念。

当然,同样是在家里筹办的婚宴,不同地方的满族人对婚宴的传统礼制的遵守是不相同的,宽城满族自治县峪耳崖镇的婚宴,则没有固定的菜肴形式,没有必须吃八大碗的习俗,完全按照自己的意愿组织婚宴,只要婚宴丰盛,能满足婚宴盛大的场合与热闹的气氛要求就可以了。

### (四)婚礼当天的程序基本与汉族相同

目前在承德地区,婚礼当天的习俗与汉族的相同,都是早上去迎接新娘,之后到达婚礼地点之后进行仪式,随后吃婚宴,晚上吃饺子闹洞房。

### (五)婚礼细节中遗留着满族先祖的文化习俗

在几千年传承下来的风俗礼仪中,有很多后辈人很难找到出处但又必须遵守的礼俗。尤其是对细节的追求和顺从。如蒙古族在举行婚礼中有新娘抢伴郎或新郎的帽子或其他物品,并扔在地上的习惯。这种抢缨帽的风俗是蒙古族原始抢婚制的遗存,古代蒙古族实行氏族外婚配的习俗,很多人的妻子都是抢来的。这种风俗同时也是游牧民族不同审美观的体现。这种行为还是能够从以往的婚俗制度中推断出来的。[①] 有些则隐藏很深,不细细推究,很难想象其具体原因。同样,与几十年前相比,现代的满族婚俗似乎处处透露出 21 世纪的新风尚,满洲旧俗似乎被抛弃了许多,然而,从一些婚俗的细枝末节中,我们不难一窥满洲旧俗的样子。

---

① 邢莉:《蒙古族婚俗的游牧文化特征》,《满族研究》,1992 年第 4 期。

在新娘坐福这一环节,存在着这样一个要求,即新娘要面北而坐。对于现代人来说,遵守这一要求即可,然而,为什么一定要面对北方呢?这与满族先民对方向位置的等级设定有关系。满族自努尔哈赤时代起,便以西炕为贵。据毛公宁、刘万庆(2007)记载,满族旧时先民有睡炕的习惯,且讲究方位。以西炕为贵,北炕为大,南炕为小,西炕为佛爷炕,不得住人,家中长辈多住北炕,小辈多住南炕。[1] 那么我们可以据此推断,即使在婚房,新人所住皆为南炕,这样,新娘在坐福的时候必然是坐在南炕上,面对北方。随着居住习惯的改变,建筑格局及室内布置均发生了巨大的变化,现代民居习惯已经完全不同,睡炕的习惯即使在当代农村也很少见,在这种情况下,坐福这一习俗虽然还存在着,室内布局也没有南炕北炕的区分,但是在方位的等级上,新娘子必须面向北方端坐,其意味着新人的新床是位于房间靠南的位置,即使不是位于居室的南部,面北而坐则意味着形式上的南炕。同时由于北炕为长者所居,小辈人不能占据长者的位置,也体现了满族自古以来的长幼有序、尊重长辈的习惯。生活习俗随着社会的发展与变迁可能再也找不到原汁原味的模式,然而其意涵却深深地留在对后来人的要求与习惯中,代代相传,直至有一天被复原或者被遗忘。

## 六、当代承德地区满族婚俗的特点

### (一) 象征性

从文字的发展演变来看,几大文明古国最初的文字大都是象形的,它基于对现实存在的具体世界的描绘,通过这样的描绘,展示了一个形象的物质世界。因此直观、真实是人类对现实世界的第一再现方式,随着世界的不断发展,象形文字不能满足人们对越来越抽象的事物的描述,于是,象形文字也逐渐符号化,很难看到象形的影子。它的组成变

---

[1] 毛公宁、刘万庆:《少数民族风俗与禁忌》,北京:民族出版社,2007年,第14—15页。

成了一个符号体系,逐渐抽象化。世界上其他事物也遵循着这样的一种规律,当具体与真实缺少了其存在的土壤,形式与象征便占据了主导地位。以满族婚俗的发展来看,当满族人逐渐脱离了原始的游牧生活,脱离了统治阶级民族的特权,他们经历了新时代的洗礼,逐渐融入了现代社会。那么环境发生了变化,社会生活状况发生了变化,自然,婚俗礼仪中的许多具体场景不得不发生了变化,逐步去掉了具体的婚俗细节,而代之以象征性的存在。以当代满族婚礼梳头为例,清代满族妇女在少女时代的发型为一单辫垂于脑后,辫梢系一红头绳,前额留刘海,满族年轻女子的这一发型相传几百年没有改变,结婚当天则变为已婚妇女的头型。已婚妇女的头型则为典型的"两把头"造型。当代,发型经历了长期的不同时代的变化,甚至曾经被赋予了政治色彩,女子留长发与否不再受到限制,审美观也有很大的改变,因此,在发型改变这一婚礼仪式上,完全没有了旧制的束缚,只是变成了象征性的存在,如在平泉县,新郎摸新娘的头,用梳子象征性的梳理头发,即完成了发型转换的环节。同样,在现代满族婚礼中,新娘在新房中面向北坐着,即是满族以前小辈人住南炕习惯的象征性存在。随着时代的发展变迁,婚俗中有的实物很难找到,或随着人们生活的变化,满族也不再精于骑射,因此,婚俗中有的细节就被抛弃了,有的以象征的方式存在于现代满族青年的婚礼中。从实物到抽象,也是世界的一种发展规律,生活在现实中,婚俗礼仪也摆脱不了这样的变化。

### (二)不平衡性

即使存在着同一祖先的人类团体,长时期不在同一地区居住,也会受到地理人文环境的影响,风俗习惯发生着巨大的变化。婚俗礼仪也会因地域的不同显现不同的发展轨迹。通过对承德地区几个县区乡镇的调查我们可以看到,在同一地区,同一时代,满族年轻人的婚俗有很大的不同。从民族认同感的角度来看,围场满族蒙古族自治县的满族人具有强大的意识按照民族传统在家乡举行婚礼。即使工作地离家很远,也必须回男方家举行婚礼,这反映了一种强烈的传统意识。而宽城满族自治县则更加灵活,不必一定回家乡举行婚礼,但是回到家后宴请、回门的习俗还保存着。婚俗按照什么样的方式来进行,从来都不是靠强制手段来执行的,但是从对民族婚俗的坚持与放弃上,可以看出一个民族的自觉的凝聚力。由于历史的原因,满族的民族性曾经被削弱,但是我们看到,当今社会,也出现了满族提高民族认同、加强民族凝聚力、重新开始满语课程的情况。一个民族的何去何从,其风俗礼仪的发展,只有历史能够回答。

### (三) 融合性

民族婚俗的发展是一部民族发展史,同时又是一部婚俗演变史、一部民族融合史。从远古先民时期开始,满族的民族风俗就在悄悄经历着变革。满族人主中原前后婚俗的发展体现了这一变化。清代满族入关时期,已经完全接受了汉族《周礼》《礼记》的影响,按照儒家礼仪进行三媒六证的婚媾过程,形成了一套婚俗礼仪,包括延续至今的说媒、下定、结亲、婚宴、闹洞房、坐福等仪式。[1]

婚俗中的细节也体现了民族融合,现代满族婚俗的喜车,喜车一般为双数,六个或八个为多数。这符合汉族双数为吉祥数目的习惯。第一个车为新娘所坐的车,车子前面布置上花,后面的车两边车镜挂上气球等。而在清朝时期,迎亲的车辆一般为五辆,同蒙古族相同,以奇数作为吉祥数字。从 20 世纪初就已经很难找到纯正的满族婚礼了,满族婚俗一直在与其他民族的融合中发生着变化。

## 七、满族婚俗的民族特色及成因

满族婚俗在经过清朝的三百年期间,婚礼的程序由简到繁,并渐渐融合吸收了汉族婚俗的特点。现今保留下来的满族婚俗是满汉婚俗融合的结果,但我们仍能从中发现满族人的民族特色。经济基础决定上

---

[1] 姚斌:《满族民俗文化探源》,沈阳:辽宁民族出版社,2006 年,第 37—39 页。

层建筑,满族人的特色文化是建立在满族人的生活习惯、生产生活方式、民族信仰上的,是物质生活的产物,具有历史的烙印。

### (一) 满族人具有骑射文化的民族特色

结婚是正日子这天,满族有男方踹轿门的这一习俗,以前是新郎对轿门底下连射三箭,以除去新娘在路上带来的邪魔,而认为新娘能带来邪气的思想意识,亦出于父系社会的思想观念。[①] 但也有其他说法,在女真时期,满族曾有抢婚制度,新郎连射三箭也表示对新娘的震慑,让新娘老老实实下轿,服从男方。现今的时代人们家里都没有了弓和箭,用脚踹轿门代替,但是跨马鞍这个风俗依旧流传了下来。

可以说马是满族人信仰的图腾。历史文献记载,满族先人有"人皆善射,以射猎为业"、"善骑射,耐饥渴,上下崖壁如飞,济江河不用舟楫,浮马而渡"的说法。满族人爱骑射,是个崇尚骑射和武功的民族。满族人的骑射文化有一段很长的历史,从肃慎人时期开始,满族人便开始骑射,进行狩猎。满族先人以渔猎为生,马是重要的狩猎助手,代步工具。清朝入关,满族成为统治民族以后,骑射逐渐成为了娱乐项目,以及皇室考核选拔人才的标准,不再是以前那种为了基本生存需要而去练习骑射。箭与马的作用在满族人的生活中逐步深入到人们的民族意识里。在满族的历史上,人们曾以箭法高低为荣耻,而且是人人习射,全民皆兵,这种特色就理所当然地表现在生活当中,让后人不要忘记满族人是依靠骑射而获得天下的光荣传统。人们在思想上就已经将骑射放在了一个相当高的位置上。

虽然满族人在入关后生活方式有所改变,不再以骑射为主,人们也不再像先人那样重视骑射,但清朝统治者非常重视骑射,曾有"国语骑射"的说法,虽然最后没能成功。清朝统治者考核八旗子民的最基本要求就是自幼学习"国语骑射"。例如镶黄旗满洲鳌拜的重孙名叫戴均的

---

① 张秀荣:《试论满族生活习俗对北京地区的影响》,《北方文物》,2005 年第 1 期。

只因"骑射不好"、"满洲话不好",而被取消了补授佐领的资格。[①] 还如皇太极时提倡"衣服语言,悉遵旧制。时时练习骑射,以备武功"[②],道光帝曾说:"八旗根本,骑射为先"等,这些都使得这个民族不得不注重骑射。

在这里不得不提的是满族的骑兵,满族同蒙古族、哈萨克族、鄂伦春族一样,是一个马背上的民族。满族由一个小部落小民族逐渐走向强盛至一个统治民族,其中离不开满族强大的骑兵。清太宗皇太极曾言:"我国士卒,初有几何,因娴于射,所以野战则克,攻城则取。天下人称我兵曰'立则不功摇,进则不回顾。'"以及清高宗弘历曾言:昔人有一言:"满洲兵至万,横行天下无敌。"[③]可见满族骑兵的强大,满族依靠马打下天下、平定社会,例如推翻明朝的统治、再统一天下,后来的平定三藩之乱、收服噶尔丹和收回台湾等诸多伟大事件,都证明了骑兵的强大作用。满族人有祭马供奉马神的习俗,经常修建马神庙。这种神马可以随意走动、吃食,人们不得驱赶等。可见满族人对马的信仰观念已深入到骨子里。人们对箭与马的尊崇喜爱的程度,将其引入到婚俗中也不足为奇。

对于跨马鞍这项习俗,也有说是当时抢婚制度下新娘是被捆在马鞍上弄回来的这一制度风俗的延续。满族婚俗中新娘离家时由哥哥或叔叔背出家门,亲兄弟要扶轿门,兄长护送至男方家等都有明显的保护之意。满族曾有抢婚制度。女真人时期,在诸多婚姻中,如收继婚、夜婚、抢婚、指腹为婚、隶役婚、包办婚等中,抢婚是持续时间最久、扩散面最广的一种婚。抢婚制的缘由是满足社会曾经历母权制时期,女性在社会地位中起决定作用,在婚配上是女娶男,男方去女方家成婚,男方以后都要受到女方家人的管制。随着社会分工的差异,以及男性在骑射、打猎等方面的优势,男性逐步在社会中趋于主导地位,父权制时代

---

① 牡丹江市数字图书馆:《满洲教育简史》,http://www.mdjlib.cn/showdf2.asp?id=9246。
② 刘彦臣:《清代'国语骑射'政策研究》,东北师范大学 2010 年 5 月博士论文,第 25 页。
③ 张鹏辉:《20 世纪中国小说中的满族书写——以老舍、叶广芩、邓友梅为研究对象》,湖南大学 2008 年 5 月硕士论文,第 5 页。

取代母权制社会。父权制时代的建立,女子的权利和社会地位下降,女子不愿意被娶去成婚,男人们为巩固权力,强制女方去男方家成婚。随着社会的发展,女子逐渐承认男子在社会中的地位,此时抢婚制度也逐渐变成一种娱乐活动,即假抢真娶,并被人们沿用下来。所以现在的扶轿门,兄长护送都跟抢婚制度颇有渊源。

### (二)满族人具有豪爽饮酒的民族特色

满族人喜好饮酒,家里来客人,或送亲,或者遇到大事小情,酒是必不可少的一项,而且很多时候人们都是豪饮,边喝边划拳,满族人酒量很大。满族男人中很少有不喝酒的,女性也有很多都喝酒的。满族人喝的酒都是白酒、烈酒。满族人喝酒讲究一饮而尽、一口闷等习俗,喝得越多越显诚意、真诚,关系越亲密等,在女真时期人们就好酒成风。在性格上满族人也比较豪放,有时有些争强好胜,往往会因为一些小事在酒桌上行打架之事。尤其是在订婚宴、结婚宴上,男方家里的人都要尽量忍让,说话客客气气,再三斟酌,以免引发冲突。满族人家中来客时,定会饮酒,主人给到第一杯酒,客人要留底,不能喝完,有留福根之说。若家中宴请宾客,主人、妇女、孩子都会出来敬酒,客人要一口而尽。满族人说亲时有"成不成三瓶酒"之说,以及结婚时还有换盅酒、交杯酒、敬神酒、谢媒酒等诸多与酒相关的礼节。以及祭祀活动、祭拜祖先、逢年过节、看人送礼等都离不开酒。酒在生活中有着重要作用。还有家中孩子满月、修建房屋时都会饮酒。这些都可以看出满族人的爱酒程度。

满族好酒的习俗由来已久,满族先人在唐代就会酿酒。尤其是东北地区盛产高粱和荞麦,更加方便了人们制作烧酒,烧酒有利于御寒。史书曾记载,金熙宗皇帝"荒于酒,与近宫饮,或继以夜,并酗酒妄杀"[1],把酒当成业务,沉溺其中。明人严从简的《殊域周咨录》中曾记载,女真人"聚会为礼,人持烧酒一鱼泡,席地歌饮"。由于人们酒后闹事、过度放纵等原因,满族统治者曾多次禁酒,但无大功效,仍旧改变

---

[1] 李萌棠:《满族人的酒文化》,《江城日报》,2012年12月28日。

不了人们爱酒这个习惯。曾有满族先人每日饮酒，每次喝酒定会劝酒，最后大醉而归；人们豪放到有时不用杯子饮酒，直接用酒桶，或用 舀子的记载。满族人在清朝时，江山稳定，人们渐渐摒弃了早先日日练功、练习骑马射箭的传统，养鸽子、斗蛐蛐、聚在一起酗酒，不思进取，最终清朝走向没落。小酒怡情，大酒伤身且误事，我们应当理性来对待。

满族人喜欢酒，与当初满族人居住在东北的寒冷天气有关，要生存、要御寒，酒是最方便的东西。东北寒冷的天气有"腊七腊八，冻掉下巴；腊八腊九，棒打不走"、"一九二九，在家死守；三九四九，棍打不走"的民间谚语，可见气候非常之寒冷。此外，酒具有活血化瘀、医治跌打损伤，外加酒具有解忧、壮胆、解乏、助兴的原因等，因而成为了人们生活中的不可缺少的东西。

### （三）满族人具有重婚姻财产的民族特色

尽管满族婚姻中有着较为自由的婚姻特色，男女可以自由恋爱，但财产仍是满族婚姻缔结中一个重要部分。满族人定亲和结婚时，一定会收取男方的聘礼，金额较大。满族订婚时双方很看重礼金，有时会因为礼金达不到女方家的要求而不能成为一家人。现在人们收取的主要是现金，订婚时男方大概会送女方家五万礼金，甚至更多。结婚时还有诸多要给红包的礼节。从订婚、结婚中我们不难看出，男方家要花费大量的金钱，所以在满族有"女儿是元宝垛、儿子是赔钱货"之说。但满族人还是喜欢儿子，儿子可以传宗接代，可以让家里有主心骨，将来还能得到儿子的赡养。

在满族婚姻中满族人重财产是满族人的生活状况决定的。在满族，现在依旧是"嫁出去的女儿泼出去的水"这种观念，父母年老时是儿子儿媳赡养，女儿不去赡养父母。所以人们既想让女儿嫁入富贵人家，又想在对女儿的养育花费上，从彩礼上寻求点平衡。这项习惯在现今依然存在，与现今的男女平等的观念相比还是有些落后的。

这也是由于当母系氏族社会向父系社会过渡时期，男子在掌有经济实力和财产权后,为了削弱女子对父系社会的反抗,男人们愿意用钱收买、补偿女方,以巩固男性在社会中的地位。这项习俗直至沿用至今,虽然在意义上有所改变,但金钱在今天的婚俗中仍旧占有不可忽视的地位作用。

从上述来看,满族的风俗在婚俗上至今并没有多大的变化。尤其是满族聚集地,满族文化的特色保留的更为完善,满族人始终努力保留着自己民族的文化特色。还有其他诸多习俗,如定亲时期女方给男方家亲属敬茶,与装烟袋在形式上都是一样的。跨火盆是满族人在狩猎时期野外成婚的一个缩影,是对野外成婚的一种留存,也有说是满族萨满教对火的崇拜的遗留。在婚礼上的坐福,这是满族人的一个传统的习俗。坐帐是满族人对先前族人居住在帐内的一种怀念,也有说是男子在外打仗,将新娘接到军营成婚的原因而产生的说法。明代茅台瑞征在《东夷考略》中说居住在黑龙江的女真"或以桦皮未幔,止则张架",这是说满族先人以桦皮帐篷为舍,这是坐帐习俗的渊源。还有吃子孙饽饽这项习俗至今没有改变,饽饽这二字是满语的说法,是指饺子。满族人在女真时期生产生活方式较为落后,人们利用乌鸦和喜鹊的警惕性,可以提前带来一些信息,故将乌鸦和喜鹊信奉为神鸟,受人们喜爱,尤其是结婚时碰到喜鹊更被认为是件吉利事,人们现今仍保留着这个信仰。但随着生产方式的进步,人们已经不再需要它们,又因乌鸦吃腐食,吃杂食,叫声难听等,乌鸦的地位慢慢下降了,但满族人仍旧不杀乌鸦。人们仍然信奉喜鹊,认为喜鹊能带来好事。这种信仰是由于当时生活水平决定的。还有满族人不吃狗肉,不杀狗,因为狗救过满族的先人。通过满族人依然保留的这些习俗,可以发现这是满族人历史轨迹的一个缩影,具有满族人的特色。

### (四)婚俗所反映的民族特色的根源

#### 1. 自然原因

自然环境包括气候、地貌、土壤、水、植物、太阳辐射等。俗话说一方水土养育一方人,环境是人们赖以生存的基础,并影响人们的生活、生产方式,也决定民族的性格特征。西方史学家希罗多德曾言:"温和的土地产生温和的人物。"孟德斯鸠也说:"炎热国家的人们,就像老头子一样怯弱;寒冷国家的人们则像老头子一样勇敢。"在我国人们常有东北虎、西北狼、南方大绵羊的说法,可见自然环境对人们性格的重要影响。与南方地形崎岖不够开阔、多山、气候温和、湿润、植物茂盛所造就的南方人温婉、活泼的性格相比,我国东北地区,地形开阔、平原山川较多、气候夏短冬长且干燥、冬季严寒、环境恶劣,人们性格更为豪放、爽朗、大方,体型上也更为高大勇猛。地形开阔,人们得大声说话才能听得清,练就了大嗓门的特点。恶劣的环境造就强势的民族,人们在恶劣的环境中要生存,必须具有强韧的坚韧、强势的性格,聚集在东北的满族人这种性格尤为明显。婚俗中体现的满族人具有爽朗的性格特点和豪爽饮酒的民族特色也是由环境所决定的。满族人的饮酒风俗盛行已久,豪爽的满族人结婚订婚时,喝酒更为肆无忌惮,热闹场面非同一般,常常会因为一点小事就大打出手。人们爱喝酒的习惯也是由于东北地区寒冷的气候所决定,酒可以驱寒的功能令人们喜爱。还有满族人爱喝的烧酒的制作原料也是东北区容易生长产量较高的高粱,这也为制酒提供了方便。可见自然环境对满族人的性格和特性都影响至深。

2. 社会原因

从经济角度上看,我国西北和东北,畜牧较发达,但明显不如南方、沿海地区经济发达、生活富裕。南方在种植业、渔业上的优势,以及水陆交通的便捷,商品经济更为发达,经济水平较高。我们发现在东北西北这些地区的人们在性格上比南方人更加直率豪爽,人际关系简单,而商品经济发展迅速的南方沿海地区,人们性格更细腻,工于算计,多愁善感等。我国满族人聚集的东北地区,人们性格豪爽直率、热情奔放、待人真诚等特性受商品经济的状况所影响。

从历史角度上看,民族特征是这个民族历史的产物,历史会在人们的生活习惯、风俗文化、思想观念、信念信仰上留下或多或少的印记,人们会形成一种历史意识。由历史而积淀的民族心理、思维方式、观念信仰所形成的民族文化精神是区别于其他民族的重要特征。民族特征具有稳定性,变化缓慢,是人们对于自己所归属民族具有的一种群体意识。现今满族人所表现出来的区别于其他民族的特征,可以说是历史作用的结果。比如满族人在婚俗上跨火盆、跨马鞍、坐帐、吃子孙饽饽、尊崇喜鹊乌鸦等这些习俗,以及满族人具有骑射文化、婚姻重财产、豪爽饮酒的民族特色等都有着历史的痕迹,这些包含着民族过去的历史,隐含着过去的历史文化和先人们的生活。所以历史因素是一个民族的民族特征形成的重要因素。

从政治角度上看,满族在清入关后,完成了由渔猎民族到农耕民族的转变,人们的生活方式发生了巨大改变,骑射已不是人们维持生活的必要手段,逐渐被人们放弃。但出于统治国家的需要,如需要稳固四方、治理社稷、保障文化传承等,统治者对骑射的重视和提倡作用,也使得满族人骑射文化的民族特征能够保留下来,例如统治者重视骑兵、利用骑兵征战四方,安稳社稷,重视骑射,让骑射成为考核八旗子弟能力的一个标准,使人们不得不重视骑射,因此更强化了满族骑射文化的民族特性。至今人们的婚俗中仍旧包含着骑射的民族色彩,如婚礼上的跨马鞍、射三箭等习俗。政治的原因对满族特色的保留也起了非常大的作用。

到了近代,随着清政府退出历史舞台,满族也经历了文化心理的巨大改变。由统治民族一变为普通民族,满族人没有了特权,需要靠自己的技能度日,甚至由于政治的原因出现了改变民族姓氏为汉姓,隐瞒自己的民族成分,改为汉族的情况。在这种情况下,满族的民族风俗很难得到复兴与保存。虽然在 20 世纪 80 年代政府提倡重新调查民族成分,很多满族逐渐改回满族,但是,经历了长期的与其他民族杂居状况,满族的风俗礼仪、婚俗习惯必然经历了很多变化,加入了其他民族的成分,因此,我们现在看到的民族婚俗只能是一种在某个方面体现先祖习俗的婚俗习惯,它是民族融合与社会发展的产物。

# 结论

当今社会文化越来越融合,满族文化的民族特性也在逐渐消融,满族的婚俗逐渐融入汉族婚俗的特色,并接受了西方文化的影响,个性差异在减少,需要我们来保卫这个将要消失的民族的文化特色。但在这些满族聚集地,满族的婚俗仍旧保留着满族人的一些重要特点。婚俗中的整个大的程序礼节都没有改变。婚俗中的一些风俗如敬酒、重礼金、添箱、扶轿门、押车、踢轿门、跨马鞍、坐帐、离娘肉等继续存在着,还有酒在满族婚俗中仍旧扮演的重要角色等一系列习俗都没有太大变化,这些重要的民族特色仍继续延续着。

当前满族年轻人的婚俗礼仪体现了以下特点:象征性、不平衡性、融合性。

象征性指的是许多曾经的婚俗中出现的事物或现象逐渐在实际生活中退出了人们的视野,为了保持这些曾经出现的事物的存在形式,人们采用了象征性的方式来对先祖的婚俗进行继承,包括梳头礼、媒人的作用、婚房新娘面北而坐的习惯等等。这是一种符号化的手段,也是婚俗中千年延续不断的满族文化的根本。

不平衡性指的是即使在承德地区,满族的聚集地属于关内比较集中地地区,但是由于时间的推移,地理环境、人文景观的不同,各区县的满族人在婚礼的要求上体现了很大的不同,宽城满族自治县相对来说,对满族婚俗的保存比较全面,民族认同感较强。围场满族蒙古族自治县的婚俗也体现了满族特色,其他居住地的满族婚俗相对较松散,民族意识相对较弱,这样在保持婚俗的礼仪上体现了不平衡性,这是当前满族婚俗调查中的现状。因此,增强民族认同意识、提倡民族自尊、保持民族风俗是当前需要考虑的问题。

融合性指的是,满族在清代入关前后,由于与汉族、蒙古族的接触交往、与蒙古族的联姻,纯正的满族婚俗在一点点发生着变化,逐步融入了其他民族的婚俗习惯,尤其是汉族的婚俗礼仪。当前满族婚俗体现了这一特点,在保留传统婚礼的主要环节的基础上,体现了与汉族相同的婚礼特点。双数为吉祥数字,结婚一天完成,在床上放大枣、花生等等,都是受汉族影响的表现。

不过,我们依旧可以看出满族是个受骑射文化影响、豪爽饮酒、婚姻重财产的民族。满族人的民族特色和婚俗的形成都有其内在的原因,是满族人们受生活环境、自然环境、社会环境等的影响而作出的反应。满族人聚集的东北地区,人们在性格上和南方地区的人有很大的差异,北方人性格豪爽、南方人性格柔弱即是这一性格特征的鲜明体现。还有与南方富饶的商品经济制度相比,满族人聚集的东北地区人际关系更为简单一点。因为商品经济往往与人的敏感、多思、求利结合在一起。商品经济的不发达往往与人的直爽简单结合在一起。出于政治统治的需要,统治者的重视和强调作用对满族人的民族特色的保留也起了很大的作用。满族的民族特色是经过历史年轮而沉淀下来的民族内在的特点,是区别于其他民族的重要特征。现今满族人的生活方式,思维方式,民族信仰,风俗习惯,婚俗特点等都折射着这个民族曾经的历史,也是民族历程的缩影。满族人的婚俗特点和民族文化特色应该继续保留下去,是我们应当珍惜和保留的非物质文化遗产之一,并用于繁荣我们当今的文化,让其成为中国特色文化的一个重要组成部分。

# 新农村婚俗、丧葬的仪式变化的文化意义

## ——以河北省香河县庆功台村为例

赵淑华　石彦霞

## 一、婚俗仪式的特征及其意义

冀东村落曾经是几千年农耕时代遗留下来的宗法式家族文明代表。自然村落人口不断繁衍,村落生活经验和民俗习惯在传承中发展,形成贯穿日常生活方方面面的村落特色文化,包括特色语音、语调和语言;不断传承更新着生产生活方式;婚丧嫁娶、生儿育女、庆祝节日等活动的仪式、禁忌等。随着新农村建设进程的加快,自然村落文化在后工业化时代发生了巨大变化。人员因素的变动是其重要原因,青年人外出求学、工作,外来人口到本地工作生活都带来了异地新的文化因子;城镇化、集约化聚拢合成新农村成为势不可挡的历史发展趋势,新的生产生活方式必然改变旧有的文化习俗。随着原生村落居民的迁徙流动,以村落为依托存在了几千年的民俗文化可能会随着人们的分散而逐渐消失。保存和梳理曾经存在的民俗文化,对其进行专题考察和研究是非常有价值的工作。

有着三千年历史的庆功台村坐落于京津之间,是河北省生态新农村建设的杰出代表。了解庆功台传统婚俗仪式,推断其产生的历史及现实原因,思考现代婚俗仪式的变化,对新时代乡村文化建设有一定的指导意义,可以起到移风易俗的作用。本文从文化学角度考察庆功台村传统婚俗与当下婚俗仪式的对比,通过研究各种神秘仪式和禁忌挖

掘隐藏在村民集体无意识中的心理意图。

上世纪八十年代之前，庆功台村民多以家族形式聚居，居民之间累世为邻，知根知底，街坊邻居共饮一井水，彼此之间熟悉亲近。村西沙布坑边出土过三千年前的古墓，被考古学家定义为属于夏家店文化遗址。墓里出土排列整齐数量众多的陶罐子，里面装着各种祭品，尸骨头顶边有一个自然形成的金属制作的金臂钏，村民推断可能是一个三千年前的村落巫师。神秘的巫文化是原始自然崇拜的反映，其基础是万物有灵。在庆功台村婚俗细节中有很多禁忌，可以看到残存的神秘主义巫文化因子。其中的婚俗仪式中的禁忌，有的可以通过咒语、器物、"道具"、仪式给予破解，人们希望借助于神秘力量的帮助获得企盼的好运，通过祝福的咒语、神秘的仪式、特别"道具"来破解所谓"神秘邪祟"的冲撞。婚俗中体现的还有儒家文化所提倡的"孝"的理念，"延宗续嗣"的使命。体现在对新人的各种规定之中，包括穿戴的衣饰，使用的物品，准备的饮食，收赠的礼物等细节中。为了在婚礼的细节上没有疏漏，给家族和新人带来好运气，顺利地继续家族繁衍，每家办喜事都会请知客帮忙。知客是熟知村落民俗细节的民间专家，对每个程序的细节都会按部就班地指导主家去做。归纳起来婚俗文化体现了村民如下向往：以追求发家致富、延宗续嗣为主旨，以建设长幼有序、温顺和谐的大家庭为目标。为了家族走好运、福运，避免招惹不干净的"邪祟"，在婚礼细节中特别用心。下面就从企盼好运、发达富裕、多子多福的细节分析，婚礼中的特别"道具"所体现的神秘主义倾向和与时俱进的新婚仪对传统男尊女卑的反拨几个方面分别加以论述。

### （一）巫文化的神秘主义和儒家传统观念"孝"在婚礼中的交融

庆功台婚俗中体现着企盼新家庭走向发达富裕的好运气的情结。富裕发达表现在两个层面，一个是发人，就是多子的祝福，一个是发财，物质的丰富。《礼记昏义》"昏礼者，将合二姓之好，上以事宗庙，而下以济后世。故君子重之。"因为婚姻的缔结导致新的家族关系发生变化，为了得到顺遂的好运气，过上好日子，一代更比一代强，在婚礼细节上颇多讲究,主要表现在以下几个环节。

1. 数字里隐藏的神秘祝福。

为实现追求吉利喜庆、企盼好运气、获得好寓意,新人订婚、登记结婚,办婚礼会选择黄道吉日。办喜事选择双日子,希望有晴朗的天气,预示着娶到一个好脾气、心灵手巧、能过日子的佳妇。双日子是对"好事成双、新人成对"的祝福。

婆家给新妇的各种礼物、礼金都有特别的含义。几十年来其内容和形式不断变化,40年代的青年定娃娃亲,婆婆用手绢包起来一对银手镯,作为"见面礼",接受了就算订婚了;70年代之前婆家送一套衣服或者几元钱就可以"订婚了"了;80年代之后"见面礼"礼金数额不断增长,出现了一百一、一千一、一万一等吉利数字,表达婆婆对儿媳的满意度。领证登记为合法夫妻前后有"打手印"仪式,其中最重要的环节是过"彩礼"。随着生活水平的逐渐提高,"彩礼"也在不断增加,70年代中后期有过所谓"三大件"(自行车、手表、缝纫机),之后有了六百六、八百八、几千、一万、两万、五万、十万这样一个阶梯式的过程,"彩礼"是给新娘子的,不包括男方要准备的婚房、装修、家具等,属于父母对新婚夫妇开始新生活的物质资助。这些数字象征着平安、顺利、十全十美、发家等祝福。

"婚被"中蕴藏的神秘仪式。做婚被非常讲究,"被子"与"辈子"谐音,不仅新人这一辈子都要使用被子,还要传到下一代去,叫做"传辈",婚被成为多重象征意义的物质载体。人们特别重视婚被的制作环节。首先需要准备材料,买最好的布料和棉花做被子。以前农家种地,有准备结婚的男孩的家庭要提前好几年开始积攒优质的棉花(优质棉花只是在第三次采摘时的棉花,绒长)。做婚被要选择良辰吉日,选好季节好天气的双日子,要找到双数的"全和人"在一日内全部做完。双数"全和人"象征好事成双,办喜事都不要单数。现在结婚做婚被共九件:4床被子(双人被,两薄两厚),2个褥子,2个垫子,1床炕被。新婚当天用的两床被子的四角,用红线串上枣儿、花生、桂圆、栗子,叫做早生贵子,早儿立子。充分体现了对男孩子出生的重视。做被子也有禁忌:

七月八月不做婚被，忌讳"七接八对"，怕将来日子不好过，农历上半月做被子是好日子，寓意人生和日子往上走；被子要用手工缝制，不能用缝纫机或者做被子机器直接扎，可能也暗示了"辈子"是自然而然传接下去，不需要机器干扰。

2. "全和人"和"童子"参与仪式，企盼神秘迁移作用。

婚礼过程中"全和人"和"童子"的介入，具有神秘的迁移、模仿的用意。所谓"全和人"，过去要求是有儿有女，父母长寿健康，生活能力强的有福气的夫妇。计划生育后，生了儿子的夫妇就可以算作"全和人"，生女儿或是不生养的不是，失去配偶的更不是。法律虽然提倡男女平等，但在婚俗中很多环节依然保持着重男轻女的情结。婚礼程序中有很多时候需要"全和人"参与：制作婚被要请双数"全和人"；男方娶亲要找"全和人"；新娘家包"子孙饺子"也找双数的"全和人"来做；新娘家给姑娘齐箱装嫁妆箱子的人要请"全和人"操作；新婚当晚撒帐铺床要请"全和人"铺床捂被子等等。

同样，婚礼仪式中对"童男子"的使用也有迁移和象征作用。传统认为童男子的阳刚之气足，对各种邪僻的镇压作用大。新婚前一夜，新郎家会请本家族的几个童男子和新郎官一起压床，叫做"压炕头子"，这个神秘仪式既显得热闹又有给新房增加阳刚正气的象征作用，还有一种期盼，希望新人婚后多生儿子。接新娘必然有一个娶亲童子，俗称"压毡子"的。过去是用轿子或者马车接娶新娘，所以车里铺毡子，压毡子的童男子坐在车里，既可以辟邪，也有迁移意向，希望新娘头胎生个男孩。压毡子小男孩的任务是：坐在车上替新娘辟邪；与娶亲大人一起接新娘；新娘离开闺房上车之前童子走在新娘前面用手电筒在车上晃一圈、车周围晃一圈，以驱赶那些有可能附着在车上干扰新娘子的任何不干净的神秘邪祟物存在，保驾护航；在新娘换衣服的时候童子在新娘家找到一个铁质的东西"偷"走，比如铲子、锁头等，表示新娘铁了心要嫁给新郎。新娘家送亲的人也要带一个童男子，叫做压包袱的，他也有自己的使命，给新娘拿着换装的包袱，给新娘的新房挂门帘等。婚礼中重视由"全和人"和"童子"来参与，说明民俗中对生男孩的强烈向往，对延宗续嗣的重视,对婚姻当事人的祝福,希望他们通过这些神秘的仪式之后,沾到"全和人"带来的好福气,早生童子,成为"全和人"。

3."子孙饺子长寿面"和"坐财"仪式所体现的对财富、多子的向往。

姑娘被娶走前的晚上,娘家要请来双数"全和人"包"离娘的饺子",也叫"子孙饺子"。共包 70 个饺子 2 个合子。"七十个零俩,又骑骡子又骑马"。这是来自娘家对新人婚后富贵发达的祝福。包饺子前要多和面,饺子形状像元宝,象征财富,谐音像"小子",象征儿子,多生儿孙,是一种祝福。用羊肉大葱做饺子馅,象征儿孙洋气聪明。饺子被娶亲人随车带回。女知客负责煮饺子,饺子煮上来后要先问问新娘"生不生?"新娘要回答"生!"。生就是饺子没煮熟,生饺子谐音"生小子"。饺子形状像元宝,象征财富,只有四个人可以吃饺子,公婆和新婚夫妇,不给别人吃,是四口子守住家财不外流的意思。吃饺子是有数目的:新人每人十个,象征十全十美,公婆每人六个象征六六大顺,碗里同时煮几根面条,象征长寿。

拜完天地进入新房后新娘要"坐财",就是在床上坐着不动。坐的时间越久,越稳当,预示将来就会有越多的财富。新娘子"坐财"仪式,象征稳稳当当守住家财。

4."腰子"、红盖头、羊皮袄、红被子等在仪式中起"道具"的神秘作用。

红色是传统婚礼的主要颜色,据说可以辟邪避煞,所以新娘从里到外都是大红衣服。"腰子"是婚礼神秘仪式中历史悠久的道具之一,一般是婆婆亲手制作的。红色棉布制作的"腰子"上面有两个蓝布的口袋,蓝口袋里面是婆婆给新娘放的"压腰钱",娶亲时新娘穿上"腰子"之前新娘的母亲要在另一个口袋里放同样数目的钱,表示从现在起婆婆和妈妈一样重要了。左边口袋里还要放一个小镜子,被称为"照妖镜"的,"腰子"带来时镜面朝里,新娘穿上"腰子"之后把镜面反转一下,镜面朝外,在娶亲路上经过的所有桥头路口,山洼野地,若万一遇到可能的邪祟,都会因为镜子的反射作用被抵挡。腰是女孩身体最为柔弱的部位。"腰子"护住了腰,百邪不侵。作为一个道具,也体现了婆婆对媳妇的关怀。腰子口袋里面的压腰钱是婆婆和妈妈对等象征,是新婚夫妇的第一笔私房钱。

红盖头的作用是遮挡星光。尽管在千挑万选的好日子结婚,但是避星光免冲撞还是每一个新人的理想。所以红盖头一盖,就相当于制造了一个小的界限,红盖头、红嫁衣鲜血颜色,可以辟邪,所以喜庆。

新娘子穿好嫁衣后,还要给新娘反披上一件娶亲人从婆家带来的大皮袄。皮袄里面有羊毛,外面是青布缝制的,羊毛朝外披在新娘肩上。皮袄是一个道具,无论春夏秋冬,只要是娶亲,都要披上或者围上这一件皮袄,这个神秘的仪式具有游牧特色,可以保护新娘子避免被什么冲撞。

另一个道具是有一条跟着新娘一整天的红被子。这床被子由娶亲女人抱着进入新娘家,红色被面朝上,铺到新娘床上,新娘在这床被子上换衣服,叫做踩红,也有"传辈"的寓意,也表示新娘贞洁。新娘回门也得带着这条红被子,回门之后娘家送回新婚夫妇也要抱着这床红被子。红被面,白被里,表示白头到老。被子是贴身护身符,红色的代表辟邪,所以这个红被子新婚的一整天都要跟着新娘。

5. 神秘的婚礼禁忌反映了集体无意识之中的"存而不论"理念

新娘穿好衣服后,脚不再沾娘家土地,以前不亲迎由本家哥哥或叔叔抱着上轿,现在亲迎由新郎抱着上轿,都是从此不再沾娘家的财产这个意思。婚车不走重复路,不走回头路,象征祝福婚姻顺遂美满,避免重复波折,或者新娘被"送回去"休妻,这些禁忌都是为辟邪运,人为选择好运气。新娘进入新郎家门后,在新亲没有走之前,不可以出去上厕所,怕冲什么不干净的邪僻。新亲走了,就代表婚礼结束,婚礼已成,再去就没事了。如果非要去,就可以支开屋里人,在房间里用小桶解决。一般新娘都不需要解决。因为之前几天都不太吃东西。新婚三天以内新娘新郎不许出门,如果非要出门,一定要在太阳下山之前回家,婚期的人气场弱,怕遇到夜色和邪僻冲撞,运气不好。洞房当天的晚上,家长会嘱咐新人,无论外面出现什么响动都不要出房间的门,也是从神秘角度怕被冲撞。细致些的还会算算有没有属相冲撞的人,如果有,就需要告知对方在这一天避免进入洞房,避免和新人见面。婚房必须住满一个月,床不能空着(防止守空房,空床)。如果新婚夫妇必须出门或者旅游,房间也要有人住,婆婆住或者其他人住。

### (二)移风易俗,反抗传统对女性的神秘压制

随着女权主义运动的流行,男女平等的追求,国家法律贯彻的彻底,女孩在社会生产生活和家庭生活中起到了和男子同等重要的作用。为了反抗传统婚礼细节中存在的重男轻女、男尊女卑现象,破解传统三纲五常遗毒给女性立规矩现象,新的婚仪中增加许多细节,或者从抬高女性地位,增加对话平台入手,或者打破原有禁忌,增设新的仪式项目,或者游戏化戏谑化旧有仪式,淡化其压制作用。新时代婚仪除了喜庆热闹,更增加了中西合璧,阐释婚姻的责任义务,增加了对真正婚姻幸福的理解环节。

1. 女孩进入婚仪环节是对旧习俗的挑战,提高地位从法律保障财产继承权入手。

传统上男女不平等,对女性压抑很多,"嫁出去的女儿泼出去的水"、"嫁鸡随鸡嫁狗随狗嫁个扁担抱着走",因为女性在娘家没有财产继承权,在夫家又有三从四德限制,不受教育,没有独立生存的社会空间,导致无力改变男尊女卑的状况。传统上女孩与娘家家产无关,出嫁嫁妆大多也是婆家"彩礼"转买的。在旧式婚俗中"抱轿"仪式体现的女儿出嫁,脚不沾娘家的地,由新娘的哥哥或叔叔抱上娶亲的车轿,表示新娘出嫁不带走娘家的土,出嫁后不指望娘家的财产,都留给娘家的哥哥或者弟弟。娘家包"子孙饺子",虽然是娘家请"全和人"包,有很多祝福,但是要包小小的,不要装太多的馅,因为馅象征的是"财",72个之后剩下的馅作为娘家嫁女之后留下的财运,要越多越好,剩下的馅包了家里人吃,也是沾光剩财的意思。还有剩面不剩馅的传统,意味娘家嫁女之后日子仍会好过。过去女孩没有地位,未出阁的女孩是不可以作为新亲去新郎家的,去做新亲的会选择相等数量的"全和人"。独生子

女政策实施之后,女孩子同样得到尊重和重视,新郎家没有了对新亲身份的要求,所以新娘未婚的妹妹也可以成为新亲中的一员。一般妹妹会抱一个毛绒玩具狗,抱着"狗"找新郎母亲道喜,"妹妹抱狗,越过越有"。新娘婆婆就会借着吉言,高兴地给这个妹妹红包。还有给新婚夫妇拿地盆这个环节,以前也是童男子做,现在也改了,叫做"姑拿盆,抱大侄",允许了小姑娘进入到婚礼游戏环节之中。这一切改变来源于法律保障的男女平等和女性社会地位的不断提高。女孩和男孩一样承担赡养父母的义务,可以继承父母的遗产。

2. 反抗传统婚礼中的"男尊女卑",提倡男女平等所采取的改进。

旧传统在婚礼中有诸多对新娘的要求体现了男尊女卑的倾向,比如:花轿到门后放鞭炮的时间新娘不能进门,要关关新娘的脾气;拜天地之前新郎要在房间等知客喊三声才出来,让新娘在院子里等待新郎,以抬高男子汉的气势;铺床的被子要男红女绿并且女方在外面方便服侍丈夫等等习俗,都受到女方的抵制。新式婚礼的新郎亲迎就粉碎了以上这些仪式中比较气势的机会。另外,为了提高女性地位,从新婚"鞋子"开始着手,传统上新娘子上车之前要穿娶亲人从婆家带来的衣服和鞋子,"穿小鞋"是肯定的,因为一直以"小脚"为美。现在娶亲人从婆家带来的婚鞋是新娘自己选好的蓝色水晶鞋子,蓝色为的是"拦婆婆眼睛",寓意进门后婆家人不要挑毛病,鞋子的好坏由自己的脚说了算,而且要求婆家要在新鞋子里面压红包镇压邪气,否则不穿鞋不上轿子,就娶不回来媳妇。另外还有一身衣服和红色鞋子,由送亲的男孩带着,新娘"坐财"结束准备下床时,换装穿这套衣服和这双红鞋,里面有娘家压的红包,同时送亲人要求婆婆也要给压上红包,意味着开始走红运,过好日子。换鞋压红包为了谐音辟邪(鞋),所以要求婆婆和妈妈都放红包压制邪气。体现传统男尊女卑的环节还有"撕窗户纸"。过去窗户都是用纸糊的,洞房窗户上贴一块红纸,新娘娶进门后,男方安排一个童男子撕下来,送给新娘,新娘子要给这个童子红包。这一仪式的含义是告诫新娘子,来到婆家注意自己的角色转变,要有眼色,会看眉眼高低,懂规矩明事理。这个窗户纸撕开了寓意新娘子长眼睛,看到婆婆在干家务自己不能一边休息，要吃苦在前享受在后，这是传统上站在婆家的立场给新媳妇立规矩。当下婚礼保持这一节目，摘红纸也只是一个象征，是一个婚礼热闹的环节，没有对媳妇的各种规矩限制了。新型的婚姻关系把这种神秘仪式游戏化了，变成了婚礼过程中一个热闹游戏环节。

3. 新式婚礼中西合璧，更多从婚姻当事人角度体验婚姻的意义。

新式婚礼对传统婚礼"拜天地"程序的延长，强调现代婚姻对感情、权利义务等责任感的认可度，对双方父母的感恩情绪等细节方面做得更饱满。传统婚礼是忙坏了双方家长，新婚当事人却没事人一样走一个"拜天地"的仪式就完了，所以太简单，对婚姻意义理解的不够，对夫妻的情感、责任、义务领悟不透彻，所以婚后生活懵懵懂懂、磕磕碰碰不可避免。传统的"一拜天地、二拜高堂、夫妻对拜，送入洞房"的仪式有点戏剧化，新婚夫妇没有领悟天地、父母、夫妻的意义，司仪没有对婚姻仪式意义和责任义务进行强调，走个过场的新婚夫妇不能入脑入心。一场婚礼下来，父母消耗掉半生积蓄，亲人受累忙乎好几天，婚姻当事人却觉得像是走程序演戏。所以新式婚礼对此有所增加，更多的强调了婚姻的意义、权利义务等关系，去掉了男尊女卑的糟粕，通过婚礼教育年轻人也教育父母，教会新人在婚姻关系中幸福融洽的相处。

通过对庆功台村知客的采访，对新旧婚俗仪式的考察，截取他们耳闻目睹的近六七十年的婚俗记忆进行整理分析，得出如下结论：庆功台村悠久的民俗文化中有传统的巫文化"万物有灵"为基础的神秘主义色彩，寄托着村民趋吉避凶、谋求富裕顺遂的热望；有封建时代成熟饱满的儒家孝文化"延宗续嗣"的强烈理念，特别注重"结婚生子、传宗接代"的目的性。随着新时代的到来，提倡夫妇平等，和谐温馨的血亲之间讲权利义务责无旁贷，姻亲之间注重感情培养、相互友爱的新型家庭家族关系伴随着法制和德治的社会大氛围一并到来。新农村新气象，随着物质文化生活水平的同步提高，后工业化时代的新农村文化生活将被重新定义。

## 二、丧葬仪式的特征与意义考察

死亡是一个神秘的主题，因为对未知领域的好奇和恐惧，每一个族群都有对死亡的感悟。葬礼是为安葬死者举行的仪式，也是为活着的人们解答"我们最终到哪里去"的一个文化演示。每个存在了几千年的自然村落沿袭下来的对待死者的安葬方式都有其传承性，那些神秘的仪式，琐碎的细节，诸多的禁忌体现了村落居民心理的企盼。被不断重复的丧仪细节表现了村落文明的群体心理走向。各国的宗教都解答了人们的终极追问：古埃及人认为如果保存好尸体，那么人可以死后复活，所以创造了《亡灵书》、木乃伊、金字塔；希伯来人、基督徒、穆斯林等虔信造物主是万能唯一的神，他们笃信死后灵魂可以进入天堂，与上帝同在；印度人认为灵魂可以轮回转世；中国人如何认定人死后状态的呢？从传统自然村落的葬礼细节中可以分析出其心理追求。在葬礼中人们执著坚守过程中的每一个细节，对老辈人留下的各种神秘仪式及象征环节保持着谨小慎微、一丝不苟的态度，本色地反映了村落文明对人死亡后的未知领域的集体无意识——为灵魂顺利寻得安置之所是其群体的心理追求。

孔子对死亡的看法奠定了中华文化对死亡保持的神秘敬畏和唯物现实相结合的状态。"未知生，安知死？"是告诫人们要活好当下，不要沉迷虚妄；"子不语怪力乱神，六合之外存而不论"表达了一种神秘主义的死亡观，高堂教化时不把"怪力乱神、六合之外"列入研究主题，承认它有或者没有，孔子自己也是矛盾的。若教化有，商末的各种崇拜和迷狂严重破坏生产生活；若教化无，民众因彻底唯物而无所畏惧，道德失控，仍然会出现唯利是图、弱肉强食的混乱；孔子的"存而不论"，虽然模模糊糊，却平衡中庸地解决了民众心理的安然，"敬而远之"是一种对待鬼神灵魂的态度，深刻影响了中华丧葬文化。墨子的"天道、明鬼"观念代表的是底层民众的心理，他们相信鬼神、灵魂是存在的，提倡人生行"义"可以改变宿命。几千年的封建文化融合了儒释道的思想，体现在民间心理上是以求顺、求利、求财、求子嗣的现实主义追求为目标,在心理上对祖先、灵魂、鬼神体现了民间式的唯心倾向,在族群集体无意识中存在对祖先灵魂的崇拜和鬼神似有似无的信仰,在丧仪中体现为以"孝"为表,追求"顺、利"的诸多细节。

庆功台村历史悠久:出土过属于 3000 年前夏家店文化的古墓;隋唐时期在这里建造了佛教庙宇九圣寺,直到解放后才因破败失修被拆除,近年又在多方人士的努力下重修九圣寺;这里流传着宋辽古战场的诸多故事和古迹;在清末有民间武术团队少林会非常有名,参与过义和团运动。村民勤劳淳朴,上世纪 80 年代以前以家族式聚居,时间久远,是具有深厚文化传承的典型自然村落。研究庆功台村现存葬礼细节,可以探索村民祖辈传承的对于死亡主题的认识,揭示集体无意识中的心理追求,起到保存和记录历史文化,辨明文化精华和糟粕,移风易俗,指导新农村文化建设的作用。

为了顺利平安地发丧已故之人,所有人家在办丧事之前要请"知客"和"把式头"来商量丧事办理。"知客"一般是女性,是本村民俗专家,负责提醒和安排葬礼过程中需要准备的各种物品和指导细节执行;"把式头"是男性,负责全局安排往来客人在丧礼中的活动节奏和内容。丧礼办的形式和细节,主要看主家的要求和经济实力,以及来往亲朋的数量和与死者的关系。确定下来之后,"知客"和"把式头"就会安排"落忙的"人(在婚丧嫁娶等仪式中村民互助,每家出一名"落忙的"充当服务人员)全面展开。本文主要从以下几个方面分析其细节的文化心理作用。

**(一) 火化前的各种物质准备所满足的集体无意识中关于死亡主题的心理分析**

民间小调"哭七关"详细描述了存在于村民集体无意识中的心理信仰,也深刻印证了人死时家属准备的寿衣和随葬物品的"道具"和"法器"作用。葬礼预设的情景背景是认为人死之后灵魂要到幽冷的黄泉路上去走一遭,最后的终点是去西天极乐世界。"哭七关"作为一首民间小调，讲述了人死之后"过七"的具体仪式和要求，每七天死者家属祭奠亡灵帮助其灵魂过关所举行的仪式。为死者穿寿衣及准备携带的各种随身物品是为了帮助灵魂顺利过关。"哭七关"歌词主要描述了灵魂在死后的四十九天里每七天过一个难关的过程。一七要过望乡关，死者魂魄到了望乡台，回首望家乡，家乡的亲人正在悲伤，家人想象，灵魂在望乡台看到了亲人在自己生前停留的房间里烧纸钱，灵魂随着纸钱来到堂屋，再来到院子，这是家属对死者灵魂的提示，人鬼相隔，请他（她）该走就走，不要留恋家乡。二七要过鬼门关，死后第十四天，魂魄来到鬼门关，守门二鬼拦路向死者灵魂要买路钱，所以火化前家属会在死者寿衣的袖口里放一包烧纸灰（死者咽气后女儿先烧七刀半纸钱，然后用白纸把灰包成包放在死者寿衣的袖口里），死者灵魂拿出包"钱"的纸包送给守门鬼差，魂魄才可以过鬼门关。三七要过金鸡关，死后第二十一天，魂魄来到金鸡关，金鸡拦路要吃的，所以火化前要在死者寿衣袖口里放一包麦麸（代表五谷杂粮），死者的灵魂拿出五谷粮，撒在大路旁边，金鸡吃了食，灵魂就过了金鸡关。还有一种说法是第三关是蚂蚁关，撒麸子可以让蚂蚁分散注意力，因而顺利过关。四七要过饿狗关，死后第二十八天，魂魄来到第四关，饿狗拦路很厉害，所以火化前要把"打狗饼""打狗棒"放在死者寿衣的袖口，以便赶走那些恶狗（死者咽气后停床完毕要在尸体头前摆供，供桌上放一碟用白面团做的三个或五个大约五厘米左右的面饼，是生的，不是熟的，如果死者配偶还活着，就放一个碟子盛三个"打狗饼"，如果夫妇都没有了，就分放两碟一共五个"打狗饼"，临去火化，要把这三个或五个打狗饼子放到寿衣袖口里，以方便在过恶狗关的时候扔给狗吃；"打狗棒"是用高粱秸秆的最上边长高粱穗的那一节做棒身，用弹好的棉花蓬松的缠在顶头上面，共三支一样长的"打狗棒"，插在一个盛满谷子的碗里，供在尸体头前的供桌上，临去火化时，"打狗棒"也放在寿衣袖口里）。五七关过阎王关，到第三十五天的时候，死者魂魄来到阎罗殿，阎王爷要查看生死簿上记下的账，行善如何，作恶如何，进行最后的审判。阎王关难过，需要家人隆重过"五七"帮助魂魄过关，家人扎上五盆纸糊的花，拿到坟前火化，让死者把花献给阎王,可以过第五关。六七关是衙差关,审完了,需要衙役押送到指定地点,衙役大棍戳在路边,死者寿衣袖口有元宝(寿衣袖口里塞两个金元宝模型,还有一块布),此时需要给衙差钱,还要做件衣服让衙差穿,这一关就可以顺利过去。第七关黄泉关,第四十九天,魂魄要过黄泉关,"黄泉路上路漫漫",七七要烧一些纸糊金童玉女、马匹轿车甚至大船,可以保护着死者在黄泉路上顺利到达西天,"金童前引路,玉女伴身边,骑马坐着轿,一路平安到西天"。这些仪式体现了民众的现实主义心理作用。因为民俗心理信仰,所以各地区寿衣店里这些东西基本是齐全的。想象中黄泉路上的所有关口,都需要准备相应的"道具""法器"才能通过。所以生人担忧死者路上受阻,一定会特别周全。

**(二)"摆供"反映的民俗心理意识**

1. 死者咽气停床之后,家属会在"知客"的指导下摆供:一般死者为大,都会把死者放在家中东屋上房,顶门口头朝西,在紧挨着尸体的头部的堂屋门口,摆上一个长方形的矮桌,上面摆放着一碟或两碟"打狗饼",需要提前和好白面团,分成几个比饺子剂子大点的面疙瘩,用手拍平,厚墩墩大概五厘米左右一个圆饼子,叫做"打狗饼"。如果死者配偶健在,就用一碟摆三个"打狗饼",如果配偶已去世,就再摆一碟放两个"打狗饼"。在盛满谷子的一个碗里插三个"打狗棒"(提前准备好同样长短的高粱杆,顶上缠上新的棉花团,捻上三个小小的鬏鬏)。盛高粱的碗里面插上点燃的三炷香(寓意烧高香)。用新弹好的棉花捻成长长的灯捻,倒上一碗食用油,浸透并没过棉花捻,把棉花捻挑出碗边,当做灯点燃,这是一盏长明灯,也摆放在供桌上。未火化之前,家人吃饭的时候每顿饭都要摆一份放在供桌上,表示死者还在和家人一起进餐。供桌前面放一块砖,上面放上一个瓦盆,这个瓦盆是专门用来烧纸钱的盆。点燃纸钱,直到棺殓前收集所有的纸灰最后包起来统一放到棺材里面。棺殓后的包起来放到坟墓里。

2. 火化后儿子抱着骨灰盒倒退着进入死者生前的房间,一直让死者照片脸朝门外,是为了方便魂魄出去而不是留在家里。黄昏时分举行棺硷仪式,全家族亲人往棺材里扔硬币,然后"把式头"或者阴阳先生指挥人们把骨灰盒放进棺材里,为了装满棺材,里面还要放上纸钱、硬币、稻草等填充物。棺材摆放好后,棺材前面摆一张大供桌,把贡品摆放好。有五碗米饭(用碗压结实,凉了翻过来扣着放,显得饱满好看)、五盘子馒头(每盘五个馒头、下面三个,上面两个,上面的两个可以对着,中间插一根牙签,以免滚落,有的在供品馒头上打上红点)、五碗肉(用开水紧过,上了糖色,每碗肉底下有粉条,每碗肉的形状不一样,中间的一碗是大块的肉,称为囤,旁边两碗是肉块,外面两碗是肉片);还要摆上干鲜水果(各种水果、糕点)。大女儿要供上象征全猪的祭品(四条整猪腿四个方向在一个大托盘里面放稳当,上面一个大猪头,嘴巴里叼着一根猪尾巴,表示整猪祭)。供桌上一直有那盏象征生命之火的长明灯,放了高粱的香碗上面插着三根点燃的香,要一直有人负责换香,不能灭了断了,烧香寓意子孙香火传承不断,保佑子嗣绵延不绝,高粱表示日子好过。

3. 宾客为死者摆的供桌。出殡当天的上午,亲朋好友会以给死者摆供桌的形式前来吊唁。每个出嫁的女儿以婆家的名义给死者摆供品,各房媳妇的娘家也要给死者摆供品,死者的娘家(或岳父母家)后人会以姻亲的名义摆供品,出嫁的孙女、结了婚的孙媳妇娘家也摆供品。主家安排"落忙的"迎接供桌叫"接桌子","接桌子"都伴随着吹鼓手的音乐声和人山人海的观看者,所以显得格外热闹隆重。外嫁女和家中媳妇的娘家都摆供桌,很讲排场。"落忙人"一般会抬着桌子接出去半条街,在大路口摆上供品,一直抬着到灵前,负责接桌子的会得到摆供人给的辛苦钱。"摆桌子"也有各种讲究:有"吃桌",一般是大女儿摆全猪祭(四个猪腿上面一个叼着猪尾巴的大猪头)、活鸡、活鱼、五碗馒头、五碗饭,水果,点心,以及其他的死者生前爱吃的东西;死者娘家(岳父家)的供桌也格外受重视,也是吃桌,所以特别尊贵;其余人的供桌没有限制,摆钱摆东西都可以。有"连五"的桌子,有"连七""连九"的桌子,连就是连续的意思,后面的数字是桌子的数量。其他桌子除了钱之外还要摆烟(一桌两盒)、摆酒,摆吃的点心。除了摆供桌之外,所有来吊唁的亲人都要带烧纸。桌子接进来之后,"摆供"的人要进门到灵堂磕头行礼,哭几声,把烧纸放在灵堂交给知客,到账房写账随礼。

4. 过"五七"、周年、三年家里也到坟前摆供。供品是一张桌子上面点上香,五碗米饭、五碗馒头、五碗肉,以及干鲜果品。还要放鞭炮、祭酒、烧纸钱。除此之外,阴历的三月三、清明节、七月十五、十月初一,都是鬼节,要给死者烧纸裁的衣服,甚至于烧各种纸质用具,有的与时俱进,甚至于烧手机、汽车、驾驶证、房产证等纸糊的模型等,同时必须要烧纸钱。在村民心中,死者在自己的世界里安然的生存,对家族保佑平安顺利,是潜意识里面存在的认可的。所以一般都会在节日、祭日去举行这些仪式。

### (三) 葬礼上的细节要求及其文化意义

1. 孝服。穿孝是葬礼最明显的特征,所有的亲人来到灵棚,都会先向死者行礼致哀,然后被领到"分孝"的房间,"知客"和帮忙的人在这里帮助来客撕孝布,缝制孝服。庆功台村使用白布做孝布。根据来客与死者关系不同,孝布和孝服也有所区别。近亲之中子侄是重孝,要求"披麻戴孝":穿缝制的孝袍子;腰上系上麻绳,腰绳后面还要缀上很长一节麻绳拖到地上,像个细长的尾巴;头上戴白布缝制的孝帽子,帽顶上系麻绳,也要留出比较长的一节(拖着麻绳称为"拖孝"也叫"拖财",寓意通过这两节麻绳拖动祖先流传下来的"财运",后继有人,绵延不断);白裤腿缝好后用别针别在裤子外面的膝盖部位偏上面一点;白袄袖缝好后也要用别针别在袖子根部;布鞋外面缝上白布作为孝鞋——白鞋。儿媳、侄媳等也是披麻戴孝的重孝:孝袍子、腰系麻绳、白裤腿、白袖口、白鞋等都是与子侄一样,只有孝帽子不一样,男子的孝帽子是白布缝制,顶上系麻绳,女子的孝带子是白纸叠的一条宽带子,戴在额头上面一点,折叠的后面用麻绳缝订在一起,奔拉一节麻绳。孙子、重孙子身上穿的孝与子侄基本一样,只是孝帽子上面有一个剪成小葫芦形状的红布缝在顶上,也用麻绳系上。以上是家族内部人的孝服。女儿、侄女、外甥女儿、孙女儿、外孙女儿等外嫁女或未嫁女的孝袍子要用新扯的白布,不用缝,对折后只要从正中间剪开一个小口子,能钻进头就可以,腰上不系麻绳,系一条白布的腰带子,系孝带子不许结扣,是两边挽上,表示不与娘家或死者结扣的意思,也是求顺利怕有意外;头上有一个勒头的孝带子,是一条白布折叠好了大约一寸多宽几层厚系在额头,带子在后面耷拉着。所有的女亲属都有一块盖头布,称为"塔头",出殡的时候所有女性都把这个"塔头"盖在头上,用手拉着两个角,不使它掉下来,如果出殡时"塔头"掉下来了,就不要再围上去,直接拿着就可以。女婿、侄女婿、孙女婿等的孝袍子布,连剪开都不用剪开,折叠好了斜搭在胸前,腰上用孝带子系上就可以了。同姓家人包括子、侄、孙及其妻子才有资格"披麻",女儿等外嫁女及其亲属不"披麻"。"麻"象征家财运气,没有外嫁女儿的份。反映了传统文化对男子的重视和对女儿的轻视,尤其是财产和家运的继承上的重男轻女。

2. 行礼。得到死者故去的消息后,亲人陆续进来行礼,表达哀思。亲朋来到灵前,有的鞠躬,亲近的要磕头,痛哭,每来一个祭奠的人,孝子孝媳们在灵堂两边跪拜着回礼磕头。知客在旁边支应着,处理各种仪式和程序上的问题。亲戚朋友和同村的老邻居,都会过来随份子,哭两声,行个礼,送一送死者。本家都会陪在那里,准备帮忙。

"磕岁头"是在灵堂前对死者行的隆重仪礼,死者活了多少岁就磕多少个,额外再磕两个给天和地。火化回来当天晚饭后,死者的女儿、侄女儿、外甥女儿、孙女儿、外孙女儿等要"磕岁头"。死者岁数太大的就由知客帮忙给数数,知客手里拿着一把火柴杆,每十个拿一个在另一只手里,这样不容易数错。可以单独磕,也可以一组一组的几个人一起磕,可以磕一个起来一次,也可以三拜九叩,或者一次十个,不过磕之前告诉知客怎么磕,不能磕半截不磕了,也不能磕半截换姿势,选择哪种都必须坚持到底。灵棚里跪在两旁的孝子孝媳们要陪着跪在那里一起磕头还礼,孝子孝媳包括近宗同族中的很多人,所以灵棚里面陪礼的孝子孝孙越满档越好看。男子在左边跪一队,女子在右边跪一队。家里人多的要磕很长时间,会有很多人来看热闹。此时如果家里请了吹鼓手和跳舞的,"把式头"会以那些吹鼓手和唱跳的人的辛苦为名找准备磕岁头的出嫁的姑娘要辛苦钱,这个都要给一些的。吹鼓手和跳舞的在门口吹打起来,唱跳的非常热闹,整个村子都能听到动静,这是为送走老人的一个仪式。

"哭惊不止"。子夜十二点,女儿们要烧纸,放声大哭,呼叫死者,一边叫一边哭,称为"哭惊不止"。据说死者的灵魂在家的烟囱上抱着不走,他没有意识到自己死了,意识还在哪里,所以深夜大哭,是告诉他他死了,让他自己知道自己不存在了。准备好在第二天出殡的时候带走他的灵魂,去西天极乐世界。

3. 对财运的追求:手抓饺子和涨财仪式。当夜十二点,哭完"惊不止"之后,人们散去,灵棚整晚都要有人守夜,夜里12点之前家里的人吃猪肉大葱馅的饺子,"知客"安排人包很多。但吃饺子的人是有限制的,必须是本家的近支才可以吃。饺子象征家财和好运,出嫁的女儿等外姓人和亲戚不给吃,也是对女儿的歧视。先给死者捞一碗饺子,要求一勺捞单数的饺子供上,不能捞第二回,表示有什么为难事一"单"(谐音"担")就都担过去了。本族近支们吃饺子时不能用筷子,只用手抓,表示抓财,一种抓运气的象征仪式,所以吃饺子的人都很在意。死后第三天天亮后,早晨八点钟("发"与"八"谐音),有一个仪式,叫做"涨财",棺材的四角各放一根筷子和一个一元硬币垫起来,象征"快点长财",祝福主家快点发财的意思。

4. 出堂。待宾客们吃完流水席的中午饭,大约下午两点左右,"知客"和"把式头"各自履责,准备出堂(出殡)。亲人儿孙各就各位,全部孝服,女性盖上塔头。每人手里分几枚硬币,一块馒头(上供的馒头),几块糖。知客分派这些东西,"把式头"主持仪式进程。大家各就各位之后,"把式头"大喊"行礼!"、"聚棺!","落忙人"把棺材盖和棺材钉在一起。大棺材上面盖着一块大红的被面,葬礼结束时这是象征传辈的财运,要给死者的长孙。此时亲属们放声哭泣,子孙们每人拿着一个幡,长子拿主幡,其他子侄孙等拿普通幡("幡"就是白纸糊的吊在缠好的高粱杆上一个"道具",是为"招魂幡")。打幡的人越多说明家族子孙旺盛。长子还要负责"摔盆"(盛烧纸灰的瓦盆),把纸灰包起来带到坟地去,出堂前长子高高举起这个瓦盆,狠劲摔在垫瓦盆的几块砖上,一下摔得粉碎,盆碎的瞬间,亲人放声痛哭,长子接过主幡,准备出堂。长媳"抱罐",罐就是用纸筒糊的一个细高的纸罐子,有底,里面放上谷子(插"打狗棒"那碗谷子),在谷子里面放两根葱,象征死者保佑后世子孙聪明,罐里装一双筷子插一个馒头,也是象征快兴发家的意思。长子、长媳负责了打主幡、抱罐子,应该继承更多的财产和财运。其他的儿孙打小幡。有多少男性子孙、侄子、侄孙就做多少个幡。打幡的都是本家后代,是一种家族血缘认可的标志,女性晚辈不打幡。过去死者没有儿子的由侄子打,所以侄子继承死者家产,现在没有儿子的女儿或女婿打主幡,其他本家侄子打小幡也可以。女性和亲戚穿全孝陪同出堂。吹鼓手在前面开道,后面"抬杠子"的抬着棺材,过去用棺材都是用 16 根杠或者 24 根杠抬着走,很是威风热闹排场,现在普遍用车拉着棺材了。孝子贤孙们举着幡的队伍从家门口往外走,后面是送殡的人群,再后面是女性后辈的车,姑娘媳妇们全都上车,每个人有每个人娘家或婆家派来的车。每到一个路口,吹鼓手就会停下来唱跳一阵,观热闹群众的在道路两边挤着看着评论着,孝子们哭着磕头。送殡的队伍走走停停,直到坟地。中间也有群众截着要听唱听哭的,就需要吹鼓手唱、哭,之后还要给拦截者烟才能结束。这些事情都是"把式头"来解决。死者大女婿要提着香斗在最前面,斗里面装满了剪得圆圆的纸钱,一路撒钱(纸钱)叫做撒路钱,就是为死者开路的意思,一直从家里撒到坟地。

5. 埋葬。墓地一般都是请阴阳先生看风水后再选址。老人咽气后,商量好了办理仪式之后,"把式头"就安排人去坟地打坑了,按照宗法制模式,确定一个位置之后,按照棺材的大小挖坑。棺材进入坟坑之前,阴阳先生会说几句埋葬咒语,在坟坑里面的打坑人不上来,要找死者的姑爷要钱,要辛苦钱,给钱后,他们在坟坑的底部铺上石子,象征基础牢靠,石子也有祝福子孙繁盛的寓意。还要在坑底铺纸钱,之后他们才上来,孝子贤孙开始往坟坑里面扔硬币,每个人都扔,然后慢慢把棺材放进坟坑,送殡的人每个人都把出堂前"知客"给的曾经上供的那个小馒头咬一小口吃掉,剩下的扔进坟坑里,之后每人抓一把土,填到坟坑里。"落忙的"就开始往坑里面填土了,直到填满填高成一个圆圆的坟堆。每一个送殡人在坟地脱下孝袍,把零零碎碎的孝袍子、带子、帽子、塔头卷在一起,带回家,这是孝布,带回家,不可以给别人,也不可以扔,留着做被子被里用,既是表达一个纪念,也是发孝发财的意思。离开坟地上车之前,每人要吃块糖,不空口回来,意味着苦尽甘来,去苦回甜的意思。

6. 圆坟。下葬三天的时候举行圆坟仪式。出嫁的姑娘这三天不要回婆家,在娘家住着,等待圆坟。可能也有很多需要处理的事务,安顿家族的各种关系等。连续忙碌几天,累得够呛,也可以休息一天,到第三天圆坟,将老人的遗物打成包烧掉。参加圆坟仪式的出嫁女不许回婆家,要在娘家住下,如果走了,就不许圆坟那天再回到娘家来,但可以直接去坟地,烧完纸后才可进家。圆坟的时候,用高粱秸秆做三个门框,排成队插在坟头上,弄一个三排门,一个门比一个门高,寓意步步高升;圆坟的人拿着一个大钱,举行"开门"仪式:用一个五彩线系上"大钱"系在最下面门的中间,再把前两天供桌上盛谷子的碗埋在门中间的下面,谷子是死者的食粮,是种子,寓意逝者用这个饭碗有源源不绝的饭吃。然后用苕帚往坟上扫土,正三圈,倒三圈把坟扫得光滑整洁,形成圆圆的坟墓,这就是圆坟仪式。

7. 其他时节的祭祀。还有一些固定的节日祭扫:比如阴历三月三上午去坟地烧纸钱;中元节放河灯,可以在河边烧纸;清明节是传说中的鬼过年,所以清明要扫墓祭祖,但是不用哭泣,扫墓可以摆供,烧香,祭酒,摆鲜花,放鞭炮;阴历的十月初一是寒食节等,可以给逝去的亲人烧纸钱和裁纸的衣服。如果子女在外地不能回来,想要祭奠死者,或者赶上什么祭奠鬼魂的节日,可以烧纸钱或祭品。烧的时候尽量到十字路口,或者有水的地方烧。给女性先人烧纸钱,一般划一个圈留一个口,给男性先人烧纸钱划一个圈,谁烧谁画。一般是女性(女儿、媳妇等)负责烧纸,男性(儿子、女婿等)不烧。

### （四）消失了的伍德庙——第一个接待死者灵魂的场所

采访时庆功台村的老人们都提到了解放前村里的伍德庙，伍德庙成为传统丧仪一个重要场所。在伍德庙里一系列仪式反映了人们对灵魂的认知和对死后世界的猜想。老人记忆中的伍德庙是一个青砖搭建的小房子，里面是空的，一个门，没有窗户，大约可以容下三个人站在里面。据说庆功台伍德庙后来损毁了，人们在原地用三块土坯搭了一个象征性的伍德庙继续使用，就留下了"三块坯就可以垒一个伍德庙"，"小伍德庙，露鬼了"的民谚。人咽气后，儿子拿着一个纸钱去伍德庙的墙上正对门的地方贴上，表示为死者报到，可能认为伍德庙是鬼魂接待站报到处。然后根据家到伍德庙的距离远近，"知客"指挥人们扎一个很长的高粱秸秆捆扎的长龙，儿孙们扛到伍德庙，然后在这个高粱秸秆的长龙上面放点着火的带油的棉花骨朵，快灭了就再放一个，后面一直点着火，从伍德庙往家里拉这个长龙火把，表示香火不灭，子嗣绵延。子孙们拉着高粱秸秆的长龙走三圈，也代表拽财，把财富传给下一代。走三圈这个高粱杆的长龙捆子也就烧完了。

出殡之前烧纸活，那些纸活有纸糊的小车，死者是女性就糊一头牛，据说是女人一生洗衣服做饭，制造的脏水多，这头牛可以在阴间替她喝脏水。死者是男性，就糊一匹马，在阴间可以骑马过关。过去所谓接三就是把死者的灵魂接三回送三回，到伍德庙去做一些仪式。现在就是接一次，打幡的儿子（一般是长子）用簸箕装着牌位，孙子用挑帘纸盖着牌位，拿到外面放到"车里"，闺女给牌位"洗脸"，把纸车子里装上烧纸，每个穿孝人都拿着点燃的香。如果死者配偶健在的就每人拿一根香，如果死者夫妇都没了的每人拿两根香排着队伍簇拥着这些纸糊的牛马车轿和牌位，走到村子的外面去烧。到达后每个人把拿在手里点燃的香插在小纸车上，点燃小车，这是准备送路的仪仗。如果死者是舅舅，外甥就用纸糊灯笼，点火。有一句民谚"外甥打灯笼——照舅（照旧）"。

### （五）丧仪中的禁忌

1. 咽气时死人的最后一口气，据说很是晦气。为避免在旁边伺候的人被死者最后一口恶气喷到，亲人要把逝者的嘴盖起来，这是很忌讳的事情，怕有病，也可能怕晦气致使将来运气不好倒霉。要让死者干净地走，不要有异味。临死前亲人在"知客"的指导下给死者擦洗身体，清除便溺，一定要清理干净，不能留下脏东西，也不能留下尿不湿纸尿裤之类的东西。清理干净后给她（他）穿上准备好的寿衣，寿衣通常男的有三件上衣（里面一个衬衣，中间棉袄，外面一个大袍，对襟的，单的不可以，必须是棉的。上衣没有扣子，是缝在对襟两面的布带子，用带子两面一搭裹上，不许系扣，系扣不吉利，结扣好像结仇的意思），有黑色青布制作的棉裤、袜子、棉鞋。女寿衣有夹袄、大棉袄、长衫、棉裤、大裙子、袜子、鞋子等。穿好后把死者手背扣过来放在身体两边，代表留住钱，有钱花。穿上布鞋后，用麻把腿绕上，脚下蹬着"山"字型脚枕，上面绣着莲花图案，表示不会踩空，脚有登头，脚踩莲花。头上有一个莲花枕头，寓意头顶莲花。寿衣穿戴安顿好了之后，女儿用香油为死者擦眼睛、鼻子、嘴巴、耳朵等，一边擦一边念动祝福的咒语：擦擦眼，看得远，擦擦鼻，闻得香，擦擦耳朵，听得清楚，擦擦嘴巴，说话香甜。然后梳理头发，戴帽子或包头巾，盖上一个上面有八仙图案的黄色布，比尸体长，脸和脚都要盖住，这块布叫做"青单"。差不多咽气结束了，死者嘴巴里面放上口铃，手里拿着元宝、麸子包、手绢子等。把各种随葬的"法器"安顿好之后，先不盖上脸，等待至亲好友看过之后再盖上。一定要在她（他）还有一口气的时候穿衣服准备各种仪式带上各种"道具"，死了再弄就是没带走，不吉利。所以最后的时刻显得非常紧张，显得非常神秘。

2. 方位的讲究——对西方极乐世界的追求。死者停床一定要在上房东屋，头朝门口，就是朝西。所以活人忌讳头朝西睡觉。死者朝西，朝门口，是方便他（她）的灵魂离开房间奔西方极乐世界去不转向，不迷失方向。这是佛教净土宗的影响。用莲花图案的脚蹬和头枕是佛文化的影响,用八仙图案的青单是道教文化的影响,身上穿戴的寿衣和路过的黄泉以及各种可能的经历则是传统的祖先崇拜、万物有灵的遗迹。关于方位的讲究,还有火化回来后抱着骨灰盒要倒退进来,让死者骨灰盒正面朝外。出殡时棺材也是头朝外出去。

3. 镜子的禁忌。死者咽气后,要把所在房间的所有镜子都用布盖上,不让镜子见到光。一直到出殡结束,打扫完房间才揭开这些遮挡。可能害怕镜子留住死者魂魄,造成日后家宅不安。

4. 关于猫惊尸的传说。死者身边要一直有人看护,晚上也要有人守尸,屋子不能离人,更不能让动物进去,否则不吉利。尤其是猫,据说是害怕诈尸,猫惊尸。

5. 摔碗摔盆。棺殓时那个开眼光的香油碗放在棺材底下,出殡时得摔了这个碗,去晦气。出殡时摔碎那个盛纸灰的瓦盆,也是去晦气的意思。据说死个老人,可能家里会倒霉三年。摔碎了,就破了忌讳,一切顺利。

6. 数量禁忌。死人的事大多数都需要单数。人死后第二天早晨就去火葬场火化了,清早亲人们准备去火葬场,需要去的人要有男有女,但是死者配偶健在的话,去火葬场的亲人数量必须是单数,车辆也是单数。夫妻都没有了人数车数是双数。到火葬场后举办一个简单的遗体告别仪式,遗体就被火化了。(在火化的过程中,去告别的儿女要哭,在外面有一个烧纸钱的火墙,在那里要烧纸钱)

7. 埋葬结束后,车队回家,回来不许走原路。若是哪个媳妇的车先到家,预示她家要发家,所以妯娌之间有暗中较劲的现象。一般是按照长幼顺序去,按照长幼顺序回。回到出殡的房子门口,所有去坟地的人都要迈火。这也是一个仪式。跨过门口得用高粱秸秆点燃的一个火堆,表示可以隔离开从坟地回来带回来的阴气、邪气。平平安安,红红火火的开始新的生活了。

8. 到家后坐财。打幡抱罐的夫妇会得到一把坟地棺材底下的土,用衣襟兜回来,到家用纸包上放在炕头炕席地下,坐在上面呆一会,叫做坐财。临出殡前,出殡这家的炕上摆一个供桌,找四个人看着供桌,桌上摆上四碗菜四碗饭，叫做压炕头儿。送殡的儿子们儿媳妇们回来后用筷子翻翻菜饭，表示翻身了，发财了。

## 三、结论

村民之所以按照传统葬礼模式安葬亲人，是因为对死亡和未知领域的迷茫和敬畏，也是因为企盼好运、发财、子嗣绵延的现实向往，他们模糊地希望通过细致安葬死者得到祖先保佑。经过马克思主义的洗礼，辩证唯物主义对宗教和鬼神之说的唯心主义界定，村民已经认识到唯物主义的正确性。当我们揭开那些仪式背后的层层面纱，揭开那些象征与企盼的心理映像，打开集体无意识中存在对死者世界的层层累加的幻想，村民对葬礼细节的各种思考就可能除去那些铺张浪费的诸多环节，抛弃迷信糟粕的诸多禁忌和细节，结合现代科学知识的理解，改变人们的认识，移风易俗，推行健康、绿色、环保的葬礼，把葬礼赋予承载对死去亲人的纪念、哀思、感恩的心情，以便珍惜活着的人，关心爱护健在的父母，而不是把有限的物资和精力铺排到祖先祭祀的场面、劳民伤财的程序中。

# 西学拾零

# 康德的责任概念

田　达

## 一、责任公式的雏形——理性与情感的摇摆

1. 唯理论倾向的责任形式公式

康德的责任概念最初来源于对道德哲学的探究。他认为,虽然表面上看来现世(十八世纪六十年代左右)的道德哲学是要比形而上学更完备的哲学,明晰并且在生活经验中就可证。但实际上,道德哲学的基础概念充满着所谓世俗智慧所带来的偏见与混乱,从而使整个道德哲学难负科学严谨的盛名。只有厘清道德的第一原理究竟何为,才能建构出真正的道德哲学。

康德在 1764 年的一篇重要著作《关于自然神论与道德的原则之明晰性的研究》,即"应征作品"中论证"道德的第一原理是否能像几何学的真理一般清晰证明"这一问题时,毫不犹豫的指出:道德的最初根据就性质而言并不能取得其所要求的一切明晰性。他在该篇文章中把"责任"指认为道德哲学第一概念,并认为对责任概念的考察是获得明晰的道德哲学的基础。

为了厘清责任概念,康德认为必须首先放弃"在实践的世俗智慧中提供基本概念和原则的为自明性所需的清晰性和可靠性",也就是排除经验的干扰,对责任应该遵守的公式加以考察。他把"你应该做这件事"或者"你应该放弃这件事"作为责任的一般公式。这里的"应该"表达了责任行动的必然性,这种必然性可以分为两种,手段

的必然性与目的的必然性。这里已经初步具可见康德成熟期的关于"出于责任"与"合乎责任"的行为的划分的雏形,论述方式也是一致的:

在手段的必然性中,一个人履行责任只是作为一种手段,这个必然性指向另外的意图,但当这个意图改变的时候,必然性也就不复存在了。比如"你应当言行一致,以赢得诚实的美名",这就意味着,如果一个人不想要诚实的美名,就可以不再言行一致。"言行一致"在这里已经不成为责任,而成为一种功利性的手段。以手段必然性为公式的责任,虽然"可以把所有的道德说教纳入其中,但他们已经不再是责任了,而是某种就像我在想把一条直线分成相等的两部分时画两个交叉弧的责任那样的东西,只是对人们在想达到一个目的时要采取的精明举动的指示"①。

在目的的必然性中,一个人应该做某事的行为就是目的本身,它直接从属于一个自在必然的目的。比如说,"你应该促成最大的完美性","你应该过上帝所要求的生活",这里所要求的就是一种直接必然的行动,不从属另外的目的,具有永恒的必然性。因而只有目的的必然性为公式的责任才是真正的责任。

但此时的康德只是把这种出于目的的必然性当做责任形式公式,还没就加入关于责任的命令性与尊重规律的内容,因而他所推出的责任普遍公式还只是类似于沃尔夫的完美伦理学的空泛形式:

"做通过你而成为可能的最完美的事"。

"放弃那阻碍由于你而极有可能的完美性的事"。

这样的责任公式,正如康德在标题里所指出的,不能从对某一个事物或者概念的考察中被认识或者推论出,无法像几何学原理一样被清楚地证明。因为,能够被证明的只能是手段必然性的公式,不作为责任

---

① 康德:《康德著作全集,第2卷:前批判时期著作Ⅱ(1757—1777)》,李秋零主编,北京:中国人民大学出版社,2003年,第300页。

的公式,只是问题的技巧公式了。①

## 2. 情感论倾向的责任质料依据

康德在 18 世纪 70 年代的道德哲学又被称为"自然道德哲学时期",其原因在于,虽然他这时的道德哲学还印有鲜明的沃尔夫式烙印,但不同于后期旗帜鲜明的反对"杂拌儿的伦理学",康德这时主张,责任公式仅仅是道德的形式根据,还需要质料依据来补全它。因为,没有实践认识的质料原则,仅仅凭借这两个关于善的规则无法推导出任何特殊规定的责任,构建整个道德哲学。谈及实践认识,康德指出"在我们这个时代,人们首先开始认识到,表象真东西的能力就是认知,但感受善的能力却是情感,二者并不必然地相互混淆"②,他开始把感觉作为责任质料原则的来源。

卢梭的《爱弥儿》对康德的这一选择有决定性的影响。康德曾在紧接着《论优美感与崇高感》之后所作的"后记"般的小文章中写道:"我天生是个求知者。我时时感到知识的饥渴,带着不安的欲望一步一步探索,时而因有所斩获而感到满足。长久以来,我相信那是可以为人类带来荣耀的惟一可能。我鄙视一无所知的乌合之众。卢梭在这方面纠正了我的错误,消除了我的盲目偏见,我学会了尊重人"③。卢梭以良心为基础的道德哲学认为,人可以没有知识,但如果他有发自内心的道德原则,那他就是高尚的人。卢梭带给康德的正是这种"苏格拉底式的转向",他开始试图在自然而非理性中,寻到判断道德行为的质料准则。赫尔德——正是这一时期跟随康德学习的他的得意门生——在康德道德哲学课上的笔记显示了康德的这一转向。康德说:"我们应该研究自然人的感觉,它胜过我们人为修饰的感觉。卢梭对此深有体会。道德的最高法则是忠于你的自然天性。我的理智可能犯错。道德感则只有在一种情形下会犯错,即习惯遮蔽了自然感觉。"④

---

① 本节引用参见《康德全集,第 2 卷》,第 300—301 页。
② 本节引用参见《康德全集,第 2 卷》,第 300 页。
③ (美)曼弗雷德库恩:《康德传》,黄添盛,上海:上海人民出版社,2008 年 4 月,第 167 页。
④ 《康德传》,第 166 页。

但是,从康德关于责任质料原则的论述中可以看出,虽然他把卢梭视为第一个发现人类纷扰的表象下"潜伏的天性与法则,并因此得以确立人性尊严"的思想家,但却并不认为他正确厘清了这些法则。在康德的道德探寻之路里,卢梭只作为一个指向标,之后的路径并不重合。

康德在人的自然情感中探寻责任质料原则的第一步,是以知性来解析关于善的感情。善的情感常常并不是一个地道的存在,始终与一个感受着的存在者相联系,因而是含混的、复合的,需要知性来做出澄清。但知性并不能对于善的情感做出完全的解析,这一解析止步于善的简单感受。康德认为其"简单"的原因在于,"它并不以一种隐秘的方式包含通过解析可以在其中认识到的某种别的善,以及为什么它叫做完美之原因"①,而是直接被表象为善,是"快乐的感觉的意识连同对象的表象的一个直接结果"②。

因而一个直接被表象为善的行为,或者说,一个以善为依据的具体的责任行为,其行动的规定性是无法证明。即这个善的规则,不能借助实践的方式,借助追溯到另一个完美行动的必然性而得到证明的,而是直接被归摄在善的行动的一般规则下。

"尽管在道德的最初根据中达到最高程度的哲学自明性必然是可能的,但责任的最高基本概念还是必须首先得到更可靠的规定。就此来说,实践的世俗智慧的缺陷要比思辨的世俗智慧的缺陷更为严重,因为首先必须澄清仅仅是认识能力还是情感(最求能力的最初的、内在根据)决定着这方面的最初依据"③。排除世俗的智慧,寻求责任之普遍性;从人性出发,寻求责任的规定性正是康德的思路。也就是说作为责任概念的基础问题——责任的规定性,或者说什么是善的依据究竟来自哪里必须首先澄清。

---

① 《康德著作全集,第 2 卷:前批判时期著作 Ⅱ(1757—1777)》,第 302 页。
② 同上书,第 300 页。
③ 同上书,第 302 页。

## 二、责任的规定性来源——对"道德感"的扬弃

### 1. 作为起点的"道德感"

康德对于道德哲学的关切始终集中在责任概念的原则问题上——责任的规定性。在《65—66年冬季学期课程安排的通告》中,他开篇以特有的冷幽默表述了道德哲学的混乱:"道德的世俗智慧具有这种特殊的命运,即它比形而上学还要早就得到了科学的外观和缜密的声誉,尽管这二者在它那里连一个也遇不到";"再也没有比一个道德哲学家的头衔更平常的了,再也没有比配享有这样一个名称更罕见的了"[①]。他认为造成这个混乱的原因在于一般的道德问题不再诉诸情感、心灵或者理性等依据加以考量而是被直接认知的。所以道德哲学的首要问题依然是对基础原理,即责任规定性的探究。

这一时期他的伦理学课程以鲍姆加登为蓝本。这位以"美学之父"著称的哲学家主张道德的基础原则如本能一般为心灵所固有,根植于人性之中,不能证明,也不需思虑,是整个道德哲学的依据。从中不难看出,康德这时深受情感论者的影响,认为沙夫茨伯里、哈奇森和休谟"在探索所有道德的最初依据方面是走得最远的",这里康德所指的是关于他们以"道德感"为基础道德哲学探索。

"道德感"一词最早由沙夫茨伯里于1709年提出,用以指称人性中天然审辨美丑、善恶的一种感情直觉能力。此后,哈奇森在人的生理机制上对其作出了进一步的论证,并完善了以此为基础道德判断的体系。他认为每一种简单观念都对应着一种感觉器官,道德感就是一种与外在感官相对应的内在感官:就像眼睛知觉到色彩一样,道德感知觉到善恶,是一种在心灵在观察行为时,先于关于利害得失判断的对行为采取可爱或不可爱的意见作用。道德感进行道德判断的依据是觉知我们的行为之中是否具有"仁慈"的情感。这个作为责任规定性的道德感是

---

[①]《康德著作全集,第2卷:前批判时期著作Ⅱ(1757—1777)》,第314页。

源于上帝的,因而无需更进一步的探究;但是在面对质疑时,哈奇森也曾指出,上帝完全可以赋予我们与"仁慈"完全相反的道德感——这无疑使责任之所以为责任之规定性成为外在的。

休谟则进一步完善了道德的规定性体系。他首先指出道德是实践的,并通过设定准则来影响人们的行为:"日常经验告诉我们,人们往往受自身的责任的支配,并且在想到非义时,就受其阻止而不去作某些行为,而在想到责任时,就受其推动而去作某些行为"①。这里的准则是一种价值的规定性,用"应该"或者"不应该"来表述。那么,究竟是理性还是情感规定了责任呢? 在休谟那里,理性的作用在于辨别真伪,涉及的是观念与对象的符合问题,用"是"或者"不是"的形式表述一种判断。但"恶与德的区别不是单单建立在对象的关系上"②,仅仅由"是"或者"不是"不能推出"应该"或者"不应该"。所以,理性在道德中的作用不是成为规定性的基础,而是确证规定性的存在;不是产生责任,而是发现责任。这样,既然"恶与德既然不是单纯被理性所发现的,或是由观念的比较发现的,那么我们一定是借它们所引起的某种印象或情绪,才能注意到它们之间的差别"③。休谟认为根据日常经验不难推断,由善所发生的印象总令人愉悦,而恶所产生的印象则是痛苦的:这种特殊的苦乐感就是道德感,是人的一种本能的知觉。道德正是由"道德感"所引起的,比如善来自于思维一个品格时所感觉到的一种特殊的快乐。这个过程并不是一个逻辑推断的过程——由一个品格令人愉快推断那个品格是善良的——而是觉知到愉快就是觉知到善。"这个情形就像我们关于一切种类的美、爱好和感觉做出判断时一样。我们的赞许就涵摄在它们所传来的直接快乐中"④。

这样的道德感不仅仅成为责任的规定性,同时也成为责任的驱动

---

① (英)休谟:《人性论》,关文运译,北京:商务印书馆,1980 年,第 497 页。为配合整体文章,这里将原文中的"义务"替换为"责任"。
② 同上书,第 497 页。
③ 同上书,第 510 页。
④ 同上书,第 511 页。

性,是责任之所以为责任与履行责任之原因的结合。但康德对于情感论者关于"道德感"的研究的认可仅仅是方向性的认可,并不满足于仅仅依靠道德感来规约责任。

2. 对道德感的批判与内在准则的发现

在 1770 年前后,康德开始主张说:"道德感的理论更像是个假说,用以解释为什么某些行为会得到我们赞许的现象,而不是在于揭露客观的准则与第一原理,告诉我们如何评断好坏和衡量行为。"[1]这是他开始把理性作为道德第一原理的基础。

情感论者们也尝试对于道德感进行更深入的探讨。比如,在休谟那里,仅仅由道德感是无法完成道德上的善恶界定的。比如,敌人的聪慧并不能引起我们的愉悦。"我们只是在一般地考虑某种品格,而不参照于我们的特殊利益时,那个品格才引起那样一种感觉和情绪,而是我们称那个品格为道德上善的或恶的。"[2]"德和恶是被我们单纯地观察和思维任何行为、情绪或品格时所引起的快乐和痛苦所区别的。"[3]"不参照于我们的特殊利益时"与"单纯地观察和思维"可以看出休谟为"道德感"寻求一个更为普遍的依据,类似于一个无私无我的观察者的快乐与痛苦来解释道德判断,他称其为"同情"。道德的规定性必然"依靠于心灵的持久的原则,这些原则扩及于全部的行为,并深入与个人的性格之中"[4]。我们常说"人同此心,心同此理",凡能激动一个人的任何感情,也总是别人在某种程度内所能感受到的,当我们在他人那里感觉到感情的效果时,我们的心灵就由效果转向原因,形成同样的感情,这样就可以对这些与自身无关的行为产生赞许或责备的道德感。"同情原则才使我们脱出了自我的圈子,使我们对他人的性格感到一种快乐或不快,正如那些性格倾向于我们的利益或损害一样。"[5]

---

① 《康德传》,第 238 页。
② 《人性论》,第 512 页。
③ 同上书,第 515,516 页。
④ 同上书,第 617 页。
⑤ 同上书,第 621 页。

来自于一个理性的"观察者"的"同情"显然比沙夫茨伯里与哈奇森的道德感拥有了更广泛的普遍性，但康德显然也不满足于"同情"来作为道德判断或者说责任行为的依据，同时认为情感论者尝试是"未完成和有缺陷的"他所追寻的是一种内在的，属于所有人类的普遍性，因而他接下来所要完成的工作是："任何时候我都将在指出应当发生的事情之前以历史的和哲学的方式思考所发生的事情，所以我将阐明人们研究人所必须遵循的方法：不仅是被他偶然的状态加给他的可变形态所歪曲的、作为这样一个被哲学家们几乎在任何时候都认错的人；而且是人的常驻不变的本性，以及它在创造中的地位，以便人们知道对他来说，什么完善性在原始的淳朴中是合适的，什么完善性在睿智的淳朴中是合适的。"[1]

但此时的康德仍旧使用"道德感"或者"善的简单感觉"来表达道德判断的依据，并且沿用了休谟"不参照于我们的特殊利益"，"单纯地观察和思维任何行为、情绪或品格"这样一种判断模式。他所抛弃的是"道德感"中情感动机（苦乐感所代来的偏好选择）。他指出："道德感不是原始的感觉。它是基于一个必然的内在法则，使我们得以从一个客观且外在的立场去观察和感受。我们就像在理性的人格里一般：我的感觉是普遍性的，而我的个体是偶然的主体，只是共相的一个偶性。"[2]这样康德就把休谟的"第三者"视角转化为内在与人性本身的理性中去，成为一理性自我观察者，自我开始被划分为行动者与观察者。

所有以"道德感"为道德判断或者说责任行为的依据的学说的共同之处在于我们之所以行善是需要一个外在自然动机或者原则，这正是康德不肯止步于道德感的原因。一方面，责任的正当性不能是外在于责任的东西所赋予的，否则责任就变成一种被规定的幻觉；而另一方面，如果没有一个先在的关于正当性之所以为正当性的东西，那就无从判断责任的正当性，责任就成为一种空话。理性的自我观察者就正是

---

① 《康德著作全集，第 2 卷》，第 314 页。
② 《康德传》，第 239 页。

内在于责任的自我规定,这样一种对于自我的划分也正是康德二律背反的起点。

## 三、责任思想的逻辑结构

康德成熟责任思想主要见诸其于 1785 年 4 月出版的《道德形而上学原理》一书,该书的写作时间仅有一年左右,但却拥有相当长的酝酿史,可以回溯到康德在二十年前所关切的道德问题。在此书的众多译本中,德语词"Pflicht"的英译有"obligation"或"duty",中译为"义务"或"责任"①。本文参照的是艾伦·伍德(Allen W. Wood)的英译本与苗力田先生的中译本,即把"Pflicht"译为"duty"与"责任"。"责任"与"义务"自然是不尽相同的两个概念,但在这两个概念的一般解释上存在一种普遍而有趣的现象:

如,据《伦理学大辞典》(宋希仁,陈劳志等主编,1989 年版):

"道德意义上的责任是指人们对自己行为的善或恶所应承担的责任。它表现为对他人或社会应尽的道德义务。"

(义务作为)"最重要的道德范畴之一,指人们意识到的、自愿承担的对社会、集体和他人的道德责任。"

这样,"责任"与"义务"的一般概念中存在着一种隐藏式的同义反复,属于一种指向应然的自明性概念。康德的道德哲学也正是从这一点出发,在《道德形而上学原理》的前言中设问式地指出"人们是否认为有必要制定出一个纯粹的,完全清除了一切经验、一切属于人学的道德哲学;因为从责任和道德规律都有自明的普遍观念来看,必须有这样一种哲学是很显然的了"②。这一种哲学就是道德形而上学,康德的责任概念正是在它的架构之中。

---

① *Kant's Groundwork for the Metaphysics of Morals*：*A Commentary* (*with Dieter Schönecker*)，*Cambridge，MA：Harvard University Press* (*forthcoming，*2014).
② (德)康德:《道德形而上学原理》,苗力田译,上海:上海人民出版社,1986 年 8 月,第 37 页。

### (一) 责任前概念

#### 1. 道德形而上学

康德的"责任"概念是道德形而上学范畴内的概念。"道德形而上学"其范畴本身也是由康德所圈定的。他指出，自希腊以来将哲学分为物理学、伦理学与逻辑哲学的分类法，是一种主题与本性完全一致的划分，在某种程度上是"剪裁得宜"，但却模糊了"形式科学"与"质料科学"这个更重要的区别。为了实现这个更重要的划分，康德把完全以经验为依据的哲学称为经验哲学，完全以先天原则为依据的哲学称为纯粹哲学。在这个基础上进一步划分，则"单纯是形式的纯粹哲学即为逻辑学；当其限定在知性的一定对象上的时候，就称为形而上学"①。这样伦理学，或者说道德哲学就分为经验的部分与形而上的部分，经验部分叫做实践人学，形而上的部分即为道德形而上学。这个道德形而上学即是康德根据责任自明性概念所推导出的那个"纯粹的，完全清除了一切经验、一切属于人学的道德哲学"。

自然哲学的形而上学部分给自然界规定规律；道德形而上学的任务则在于给自然影响下的人类意志规定规律。这个规律同自然规律一样指向绝对的必然性，因此其规定性，一方面，不存在于人的情感中，因人作为有限理性的存在，受制于本能、欲望与爱好，单单一个关于"道德感"或者"同情心"的"假说"无法提供必然性的依据；另一方面，也不在人所身处的经验世界，因为这样的必然性只能是一种机械的必然性；而只能是以思辨的方法寻求先天存在于我们理性之中自明性的实践基本命题。

道德的实践命题的基本形式在于，所做的这一件事情之所以是善的，并不能因为其合乎道德而善，因为这样就会涉及到其自身之外的其他问题，丧失其必然性与自明性；而只能是因为出于道德的而成为善。这样一种出于善，一种做好事的意愿、意志（will）就是善良意志。

---

① 《道德形而上学原理》，第 36 页。

## 2. 善良意志

在康德的道德哲学中,善良意志(a good will)是唯一无条件的善。它"并不因它所促成的事物而善,并不因为它期望的事物而善,也不因它善于达到预定的目标而善,而仅仅是由于意愿而善,它是自在的善。"①其价值在自身之中而非之外,但又并不作为一种无涉行动主体的价值的普遍维度。这个善良意志并不是一个形而上属性的理念,而是一种按照纯粹实践理性的规定去行动的"意志"。"做某事出于善"与"做某事出于理性"在康德的道德哲学里具有相同的意味。康德的道德哲学所强调的就是,尽管人们生活在物欲的自然与社会中,但确立善良意志始终是比追求幸福更为崇高和根本的人类的最高实践使命。

这一"理性可以主宰意志,使善良意志的确立成为人类实践的最高使命"的设定在康德看来并不是出于对人类的爱与信心而虚设的慰藉,而是由普通理性就可推定其合法性的:

普通的理性出于对于和谐的自然的崇敬就可以确证这样一个命题为真,即"在一个有机物、一个与生活目的相适应的东西的自然结构中,每一个用于一定目的的器官,都是与这一目的的最相适合的,与其能力相匹配,是物尽其用的"。以此为前提可以进行如下推定:

第一个推定:假定人最高的实践使命是自我保存与追求幸福。

大前提:在一个有机物、一个与生活目的相适应的东西的自然结构中,每一个用于一定目的的器官,都是与这一目的的最相适合的,与其能力相匹配,是物尽其用的。

小前提:人作为一个拥有本能,同时也具有理性的有机物,自然真正的目的是保存他,使他生活舒适、幸福。

结论:自然会选中被造物的本能作为作为实现其幸福的工具。

因为,由本能来规定被造物为达到幸福的目的全部行动已近足够目的的达成,而且要比由理性来规定更有把握达到目的,更加物尽其用。理性的所能做的不只停留在追求幸福与自我保留,它能对自然所

①《道德形而上学原理》,第43页。

赋予的幸福处境从旁欣赏，并还具有更高的能力。这样，在人这个被造物中，理性就成为多余的工具，与大前提不符。故"人作为一个拥有本能，同时也具有理性的有机物，自然真正的目的是保存他，使他生活舒适、幸福"的小前提是错误的。

第二个推定：

大前提：在一个有机物、一个与生活目的相适应的东西的自然结构中，每一个用于一定目的的器官，都是与这一目的的最想适合的，与其能力相匹配，是物尽其用的。

小前提：人作为一个拥有与生活目的相匹配的自然结构的被造物，被赋予了理性，一种能够给与意志以影响的实践能力。

结论：理性的使命并不是去产生完成其他意图的工具，而是发挥其命定的作用，影响意志，使其成为在其自身就是善的意志。①

这样康德就证明了，"树立善良意志是人的最高实践使命"的命题，是可以被自然的健康理智本身所确证的。善良意志作为人最高的实践使命是实存的，不需通过教导获得，只要把它解释清楚就好了。

然而，人的意志既能接受纯粹实践理性的规定，又同时受制于本能与欲望。人只能作为"有限实践理性"的存在，其树立善良意志作为最高实践目的的过程可以说是一场旷日持久的战争。"在人类的条件下，在我们必须为反对违法的冲动和欲望而斗争的条件下"，康德引入了责任的概念来进一步表述善良意志——"善良意志就表现在为了责任（Plicht）的行动中。"②

### （二）责任的形式依据

1. 责任的第一个概念

康德推定"责任"概念的方式如《道德形而上学原理》第一章的标题那样，是"从普通的道德理性知识过渡到哲学的道德理性知识"的方式，

---

① 两个推论参见《道德形而上学原理》，第 44 到 46 页。
②《道德形而上学原理》，第 127 页。

是通过对日常的责任行为的分析,回溯到责任概念最原初的面貌。

首先是对责任的动机的分析。就日常经验而言,一个行为之所以被称为责任行为,亦即其最粗略的规定性,不外乎两种:第一,这个行为是出于责任的行为;第二,这个行为是合乎责任的行为。出于责任的行为其动机就在于责任本身,是为了负责任而负责任,就是为了责任的正当性而履行责任。而合乎责任的行为,其动机就具有了复杂性,可能出于责任,也可能出于其他。这个"其他"可以分为自然倾向与间接倾向。

自然倾向所指向的是享受履行责任的过程,表现为一般意义上的善,诸如同情心,没有私心的爱。间接的倾向则指向把履行责任作为实现目的的手段,可以是中性意义甚至贬义上的自我保存。康德把"欲望对于感觉的依赖"称为爱好(Neigung),认为它"总表现为一种需要"①,对财富、权利与地位的追求。爱好是对于对象的爱好,间接倾向的情况下就表现为出于对于对象的爱好而履行责任的模式。

其次,是对出于责任行为的道德价值来源的分析。出于自然倾向的责任行为,就像康德所说的那样,全无虚荣与利己动机播撒快乐,尽己所能的对人做好事,怀抱深切的同情之心,是合乎责任并且值得称赞的。在他1784年的论文《关于一种世界公民观点的普遍历史的理念》中,这类行动被称为道德的"影像"②。但是,他并不认为这种出于自然倾向的行为具有真正的道德价值,而是把它与对于荣誉的爱好向对比。比如,同情心是一向为人称道的善,出于同情心而做出的合乎责任行为,如帮扶弱者,也具有一般意义上的道德的价值,但深入检视其行为动机的话,出于同情心的责任行为也可以被视作通过对弱者施与同情而获得自我满足的行为,也不能作为无条件的善。

出于爱好的责任的行为只是在行为上看似践行了责任,其实由于

---

① 《道德形而上学原理》,第64页。
② 康德:《康德著作全集,第8卷:1781年之后的论文》,北京:中国人民大学出版社,2003年,第23页。

动机的不确定,目的也具有不确定性。这样,出于爱好而合乎责任的行为的道德价值就有待商榷了。比如,商人做到公平交易的行为无疑践行了自己的责任,但很难断定他是为了要践行"公平交易"的责任而这样做,还是为了赢得良好的声誉从而赚取更多的钱财而这样做;后者就会因为其行为动机里爱好的介入而不能成为善了。这个出于爱好的行为之所以不具有纯粹道德价值,是因为追求除了"实现责任"这个行为本身之外的目的:商人是为了获取更多利润而践行责任;帮扶弱者则有自我满足的期许。善不成为其目的而成为手段。

这样,合乎责任行为的道德价值就具有了偶然性,是被自然偏好、情感与欲望而非理性所规定的。合乎责任的行为因此被牟宗三先生称之为"文貌上为道德地善"的,不像出于责任的行为那样是"精神上(在意向上)为道德地善的"①。

而出于责任的行为之所以能够成为善良意志的表现,拥有纯粹的道德价值,是因为它的形式是自足的,无关乎其本身之外的期许或者目的。可以表达为"实现自己的责任,不管这个责任是什么"的行为准则。这样的一个准则是纯形式的,是被理性所直接规定的规律,因而能成为纯粹的善的基础,行为道德价值的源头。

最后,康德得出了关于责任的命题是:"责任的行为的道德价值不取决于它所要实现的意图,而取决于它所被规定的准则。从而,它不依赖于行为对象的实现,而依赖于行为所遵循的意愿原则。"②这样就把责任定义为"由于尊重法则而产生的行为必要性"③。

这样一个责任概念,虽然是由实践理性的普通用法推导而来的,但却并非一个经验概念,而是一个形式的概念,隶属于道德形而上学。概念中的"尊重"与"规律"需要在道德形而上学的范畴内进一步加以

---

① 康德:《康德的道德哲学》,牟宗三译注,长春:吉林出版集团有限责任公司,2013 年,第 227 页。
② 参见《道德形而上学原理》,第 49 页。这里也参考了杨云飞的译本,将苗译本中的"规律"替换为"法则"。
③ 《道德形而上学原理》,第 50 页。

阐释。

2. 责任的第二个概念

把责任限定为"由于尊重法则而产生的行为必要性",使得责任成为纯粹的,清除了出自经验外来要求的概念。

责任概念中的"尊重"(Achtung)虽然作为人类的情感的一种,却并不妨害责任概念的纯粹性。在康德的语境里,尊重是仅通过理性自身而产生出来的一种使意志服从于规律的意识。它不需经验世界的东西作用于感觉作为产生根据,因而虽然是一种情感,却并不是经验的。尊重是规律作用于意志的结果,而非其原因。一方面,我们毫无个人打算地服从规律,这时的尊重是类似于恐惧的感情;另一方面,这个意志所要尊重的规律是行动者的理性加之于其意志的,因而是自身加之于自身的东西,这时的尊重又类似于爱好。这个"尊重"的对象除了规律以外不再有第二个了。①

自然界中的东西都是按照规律起作用,而有实践理性的人则可以按照对法则的观念,也就是准则而行动,即他具有"意志这样一种取理性之规律以为一行动之动力的机能"②。责任概念中这个意志所尊重的"法则",不是一般概念上的规律,而是可以规定意志、使其成为在自身就是善的善良意志的规律,是理性加诸意志之上的不假外求的规律;因此只剩下"行为对规律自身的普遍符合性"这样一种普遍形式。意志所遵从的准则,可以由这个普遍形式推导而得,就是"除非我愿意自己的准则也变为普遍规律,我不应行动。"③

这样,责任概念也可以表述为"为确立法则而产生的行为的必要性"。如果说责任的第一个概念强调的是责任来自于对实践理性所规定的规律的遵从,第二个责任概念则指向责任是自身加诸与自身的行为必要性。

---

① 参见《道德形而上学原理》,第51页注释部分。
② 《康德的道德哲学原理》,第196页。
③ 《道德形而上学原理》,第51页。

3. 责任的第三个概念

3.1 责任的命令式

在拥有纯粹实践理性的东西那里,意志只选择被理性判定为是实践上善的东西。它的意志就是善良意志本身,所有的行为都纯粹的责任行为。它对善的客观规律或者说实践理性所规定的规律的遵从,并非被强制所为,而是因为其自身就主观状况而言就是被这个善的规律所决定的,这样就达成了其主观必然性与客观必然性的同一。因此,它的一切(责任)行为都是"必然"的,没有"应然"的存身之地。

在不完全理性的东西那里,意志不能自在地与理性完全符合。受到主观条件的影响,它不能确定无疑的实现纯粹尊重,在客观上必然性的行动只是主观的偶然。所以,在它那里责任行为的实施,即对善的客观规律的尊重是需要强制性地把客观的必然转化主观的必须。这样,责任在不完全理性的东西(这个或那个有理性东西的不完全意志,人的意志的)那里就成为一种命令。在责任的命令式里使用"应该"(Sollen)这个词来表述意志与其所尊重的法则之间的关系,即意志就其主观状况而言并不必然的被法则所决定,但是应当如被决定一般去尊重法则。

命令式分为假言命令与定言命令两种类型。假言命令的形式是这样的:如果你要X,那么你应该做Y。可以清楚地看到,一个假言命令是以一个(可能的)欲求或者愿景为条件的,相对应的行为必然性只作为实现这个欲求或愿景的条件。定言命令,也叫作绝对命令,其形式则为:你应该做Y。一个定言命令仅仅把一个行为本身看做必然的,无涉另外的目的。把命令式应用于责任行为时,可以从其形式方面,做出这样一种类比,假言命令形式的责任是合乎道德的责任,定言命令形式的责任是出于道德的责任。这样,根据责任的第一个命题,只有出于责任的行为才具有道德价值,显然只有定言命令才符合成为纯粹责任概念的表达形式。

但是,康德又指出并非所有的定言命令都能作为责任的命令式,比如这样一条责任命令:你应该诚实。诚实这个责任行为在这里似乎是没有目的或动机的,但是却不能不考虑这样一种情况,一个人诚实的必然性不只是出于诚实这个善的价值,而是为了规避不诚实行为所带来的可能恶form,或者为了赢得良好的声名。从而无法确证,这个人的意志是仅仅出于对理性规律或者说善的规律的尊重而做到诚实,还是同是也受到其它隐秘的情感或动机的影响。这个看起来似乎是定言命令形式的责任命令,实际上也可能只是一个粉饰良好的假言命令。康德认为,这种只有拥有定言形式的责任命令"实际上不过是一种实践规范,它依我们的方便而制定,并要求尊重"①,因而是比假言命令更容易令责任的纯粹性遭到破坏。责任的定言命令必须是纯粹的定言命令。

### 3.2 纯粹命令下的责任概念

表面的或者隐藏的假言命题中,行为的必然性来自于某种意图,意图的放弃将导致必然性的丧失。纯粹的定言命题则是无条件的戒律,自身就具有规律的必然性,因此,这样一种纯粹的定言命令只能是先天综合命题,不能在经验中寻找。定言命令自身就包含自身的全部内容,没有外在的条件和目的,只有规律和与其相符合的准则。所以纯粹的定言命令的内容就是行为准则对规律的普遍符合。纯粹的定言命令只有一条:"要只按照你同时认为也能成为普遍规律的准则去行动"②。康德根据这一纯粹定言命令推定责任的普遍命令:"你的行动,应该把行为准则通过你的意志变为普遍的自然规律。"

推定过程中,康德把普遍规律替换为普遍的自然规律。但这里的自然并非被因果律所规定的自然,而是由于"规定后果的规律普遍性"产生的"形式"上称之为自然的东西,是"事物的定在"③。

这样,在不完全理性的东西那里,责任的命令就有了自然的普遍形式,成为要求把行为准则通过你的意志变为普遍的自然规律的立法命令。责任的定义就成为:确立自然规律原则而行动的实践必然性。

---

① 《道德形而上学原理》,第 71 页。
② 同上书,第 72 页。
③ 同上书,第 73 页。

### (三) 责任的质料依据与其尊严

1. 人作为责任的践行者与目的

在康德的划分里,其实存是以自然而非人的意志为依据的东西,不具有理性的被称之为物(Sachen,艾伦的英译为 Things),有理性就是人(Personen,艾伦英译为 Persons)。人的"一种按照对一定规律的表象自身规定行为的能力"[1]就是意志,这种能力只为有理性的东西所有。人作为自然的一部分,具有自然的机能与需求,被自然规律,或者说因果律的所限制。人的意志,也自然地受到自然本能与自然规律的影响。同时,被赋予的理性又使人超拔于自然,追求一种本能驱使下的自我保存之外的更高的生存目标。意志可以在理性的影响下,产生在其自身就是善良的意志。但是,人的理性并不能完全地规定其意志,这个理性,康德形象地比喻到,"在懒惰的时候喜欢睡在鸭绒枕上沉溺于梦幻之中,把一朵彩云当做女神来拥抱,把一个由各种不同因素凑成的,谁来看就像谁的混血儿充做道德"[2]。责任,进一步说,第三个责任概念中作为立法命令的责任,其执行者,就是这样一个意志具有自然与道德双重属性,只拥有不完全理性的人。

康德把目的设定为"意志自身规定的客观根据"[3],进一步推定关于责任目的的命令式。纯粹的责任行为要求把行为准则通过你的意志变为普遍的自然规律。这样一种可以作为普遍自然规律的的意志准则,其规定的客观依据,也就是目的,必须自在地具有绝对价值。作为责任执行者的不完全理性的人,受到欲望的影响时,所择定的目的只包含有可能性,只有在与主体的某一特殊需求相联系时才获得其价值,因而这个价值是相对的,不具有为意志准则提供客观规律的能力。但是人,这个有理性的存在本身却是"自在地作为目的而实存着","他不单

---

[1] 《道德形而上学原理》,第 79 页。
[2] 同上书,第 78 页。
[3] 同上书,第 79 页。

纯是这个或那个意志所随意使用的工具。在他的一切行为中,不论对于自己还是对于其他一切有理性的东西,任何时候都必须被当做目的"①,从而成为受意志尊重的对象。

这样就可以推出目的的命令式:"你的行动,要把你自己人身中的人性,和其他人身中的人性,在任何时候都同样看做目的,永远不能只看做手段"②。人,这个责任的践行者同时也成为责任的目的。

### 2. 责任的尊严

责任的自然规律命令式赋予意志所遵循的准则以普遍的形式,使它能够成为规律,甚至自然规律;责任自在目的命令式,使意志在行动中以作为行动主体的人为目的。一个是责任概念的形式依据,另一个是责任概念的质料依据,在它们的基础之上,康德提出在责任行动中的意志所遵守的第三个准则:"作为自己和全部普遍实践理性相协调的最高条件,每个有理性的意志的观念都是普遍立法意志的观念"③。如果把它改写成命令式的格式就成为:"你的行为要使自己的意志能够认为自身通过其准则同时制定普遍规律"④。

在自然规律的命令式中,每一个有理性的东西都拥有立法能力;而这一个命令式则指出每个有理性的立法者所确立的规律只能出于它的意志。一般地,意志在服从什么规律时需要某种关切或兴趣作为刺激或促进,因为当它所服从的规律不是由其本身所规定的话,它无疑是需要动机的,需要在另外的东西的迫使之下做出符合规律的行动。但是,当"每个有理性的意志的观念都是普遍立法意志的观念"时,就在意愿时就把一切兴趣或关切从责任中排除,不需要除自身之外的任何动机。责任行动中的意志,不再是简单的规律的服从者,更成为规律的立法者。

人一方面通过责任被规律所束缚,但是,人之所以践行责任,由于

---

① 《道德形而上学原理》,第80页。
② 同上书,第81页。
③ 同上书,第83页。
④ H.J.帕通,论证分析,同上书,第144页。

实践必要性是自身加诸自身。践行责任在这个意义上就成为一种自律。这样,"虽然在责任概念中,我们感到对规律的服从,然而我们还是认为那些尽到了自己一切责任的人,在某种意义上是崇高的、尊严的,其尊严并不来自服从,而是来自于他是规律的立法者并因此服从这规律"①。

在康德的语境里,与人的需要相关联的东西具有市场价值,与人的兴趣而非目的相关的东西具有欣赏价值,"一个有价值的东西能被其他东西所替代,这是等价"。"超越于一切价值之上,没有等价物可替代,才是尊严"②。只有那种构成事物作为自在目的而存在的条件的东西,才具有尊严。道德就是一个有理性东西能够作为自在目的而存在的唯一条件,只有通过履行责任,他才能成为目的王国的立法成员。

3. 善良意志与责任

康德的责任概念是通过"善良意志"的概念所引出,经过一系列推演之后又返归"善良意志"的。他根据责任的两个命令式:一个是普遍形式的命令式,一个是自在目的的命令式,得出了全部意志所应遵循的准则是"你行动所依据的准则,要同时使其自身成为像自然普遍规律那样的对象"③。康德称其为"彻底善良意志的公式"。

而人作为受制于种种欲望、爱好的并不彻底善良的意志在遵循准则时就产生了道德的强制性。"一个不彻底善良的意志对自律原则的依赖,道德的强制性,是约束性,出于约束性的行为客观必然性,称为责任。"④

这样,康德的责任即是在某种主观限制和障碍之下运作的善良意志。

**(四) 责任的先天预设与自由**

所有上述关于责任理论得以成立的条件是我们必须预设这样一个

① H. J. 帕通,论证分析,同上书,第 93 页。
② 同上书,第 87 页。
③《道德形而上学原理》,第 90 页。
④ 同上书,第 93 页。

前提,即人的意志是自由的。只有设定了意志自由,才能通过对概念的分析推定责任与道德规律。一个有理性的人必须认定自己是有能力按照自己的理性原则而行动的,只有这样践行责任才有意义。

1. 消极的意志自由与自律

康德把意志称为"有生命的存在者就其是理性存在者而言的一种原因性"①。这样,意志天然的就是自由的,或者说自由就是意志所有的属性。"原因性"所指向的就是意志没有外在的规定性,是自因的。那么这里的自由就是消极意义上的自由,与自然的必然性相对应,即意志不需自身以外的东西作为其活动的原因,而独立地起作用。

但这个自由意志不是无法无天的,而是一种具有不变规律的原因性。无理性的存在根据自然规律而起作用,拥有自然必然性。这个必然性可以被看作是一种由作用因所构成的他律性。意志虽然也需要服从于实践理性所确立的规律,但不同于自然的必然性规律,这个规律不是由外在的东西强加的,而是由自己加诸自身的。意志同时是立法者与服从者,在这个意义上的意志自由与道德自律等同,所以是从属于道德规律的自由。意志所固有的性质就是它自身的规律。意志的一切行动都是它自身规律的这一命题,所表示的正是这个原则:"行动所依从的准则必定是以自身成为普遍规律为目标的准则。"②在这个意义上,康德的自由意志与服从道德规律的意志就是同一个词了。

2. 责任的自由与必然

当康德把自由意志与服从道德规律的意志作为同义词时,关于履行责任的推定就不可避免的陷入困境。一方面,我们需要以自由为责任的预设,因为任何外在于责任的强制性规定都会破坏责任的纯粹性,消解责任概念;另一方面,我们从意志自由出发推导出我们必须履行责任,因为我们设定自己是自由的。这正是康德关于自由与必然的二律背反问题在责任概念上的体现。

---

① 参见《道德形而上学奠基》,第 89 页。
② 《道德形而上学基础》,第 101 页。

　　为了解决这个问题,康德提出了"双重立场"的解释:

　　在康德那里,可以被知性所认识的是现象,现象背后所没有显现出来、只能被设想的是物自身。两个世界的划分正是以这两个概念为基础,感性世界是通过感性认知的世界,理智的世界是可以设想但不可能知悉的世界。

　　人类关于世界的全部知识都是设想与感性的结合,作为理性存在者的人对于自己的认知也是一样。通过内省,人们认识作为现象的自我,同时又设想这个现象背后自在的自我。人们一方面只能被动的接受感觉,认识自身,这样现象的自我隶属于感性世界,拥有欲望、爱好,符合自然的他律性,并且以幸福原则为行动依据。另一方面,人们清楚地发现位于自身之中的一种可以把现象的自我与自在的自我所区分的能力——理性,这样自在的自我可以设想自己属于理智世界,符合道德的自律性。

　　人在认识到自己属于感觉世界,是遵从与自然必然规律的主体的同时,更鲜明地认识到他作为理性的存在者,更深刻的归属于理智世界。只有在这时,他的因果性才能被称为意志,并且被设想为超乎感性原因的规定,只服从以理性为根据的规律。这样,康德所说的自由就是:意志在任何时候都不被感觉世界的原因所规定,而是遵从与理智世界的规律。这时候,作为理智世界的一员,人意愿履行责任与应当履行责任具有相同的意义,他的责任行为是自因的或者说是自由的。

　　然而人又不单单归属于理智世界,他同时也是感觉世界的一个成员,其意志在遵从理智世界的规律时受到感性欲念的干扰而成为一种命令:一个人必须服从,在他作为现象时不适用于他的规律。这样意愿履行责任就成为应当履行责任,责任行为成为一种必然性。

　　由于人从不同的立场考量自己,所以履行责任就人作为理性存在者、理智世界的一员而言是自由的,就人作为不完全理性的存在、感性世界的一员是被规定的。

# 四、责任与实践

1793 年 9 月,康德《柏林月刊》发表了题为《论俗语:这在理论上可能是正确的,但不适用于实践》①的文章。该文的第一部分《论一般道德中理论与实践的关系问题》主要是对伽尔韦对他的道德学说提出的质疑做出了回答,进一步讨论了道德理论与道德实践的关系,涉及到康德在晚年对于责任与实践的关系问题。

## 1. 责任与配获得幸福

伽尔韦曾在 1783 年出版《西塞罗义务论的哲学探讨》一书,他与康德一样视责任与德行为基本的道德概念,认为责任建立在理性之上。但不同的是,他发扬了西塞罗的学说,认为理性即源于自然,顺应自然与履行责任是一脉相承的,亦即践行责任的行为终究会带来更多的幸福。因此,伽尔韦对康德责任概念的第一个反驳就是:根据康德的说法,对道德法则的遵循是人唯一的终极目的,践行责任需要完全不考虑幸福,而这无疑是违反人性的。

康德对此的解释是:要求人放弃对幸福的追求是不可能的事,因为那正像伽尔韦所说的一般是违反人性的。幸福作为所有爱好的总和,始终是任何一个只拥有不完全理性的自然人的无法割舍的部分。即使是在面对责任的诚命之时,人作为自然人的部分始终存在,因而要舍弃对于幸福的追求是无法完成的。康德也从未作出如此要求,他所说的对幸福的"不考虑"是指,人在面对责任诚命时极尽可能地不把由追寻幸福所派生出来的动机与目的混合到责任的诚命中去。这也正是责任行为的本真。因此,康德"把道德解释为一门不是教导我们如何得到幸福,而是教导我们如何配享有幸福的科学的导论。"②"配享有幸

---

① 康德:《康德著作全集,第八卷:1781 年之后的论文》,北京:中国人民大学出版社,2003 年,第页。

② 《康德著作全集,第八卷》,第 282 页。这里为配合本文所采取的翻译形式,将原文中的"义务"改为"责任"。

福"正是"一个人格基于主体自己的意志而有的资质,符合这种资质,一种普遍的(既为自然也为自由意志)立法的理性才会与这个人格的一切目的协调一致"①。正是践行责任的活动使人享有获得幸福资格。

此外,伽尔韦把幸福与责任相联系,还可以从他对幸福的定义推断出来。他认为人对行为状态的偏好选择是先在地目的。而"一个赋有对自己及其状态的意识的存在者,当一种状态在并为他所觉察时,与其他存在方式相比他所偏爱的这种状态,就是一个好的状态;而一系列这样好的状态,就是幸福这个词所表述的最普遍的概念"②。这样伽尔韦意义上的幸福作为行为的目的,产生出每一种努力的动机,当然,也包括遵循道德法则、践行责任的动机。这显然与康德的责任概念是相悖的,伽尔韦也正是在这个意义上指出康德不以任何目的(包括幸福)为依据的责任是无法实现的。

对此康德提出的抗辩是:他所说的践行责任不需要以任何特殊的目的为根据,是说不需要为人的意志带来另一种目的。责任就其自身而言是"把意志限制在一种普遍的、因一个被采纳的准则而可能的立法的条件上,不管意志的对象或者目的如何(因而也包括幸福);但是在此完全不考虑这种对象,也不考虑人们可能有的任何目的"③。在康德那里,不考虑被奠定为基础的目的而践行责任所依据的准则与以幸福为目的的行动所依据的准则是完全不同的。前者是自在的善,而后者是相对的善。以一个被奠定为基础的目的(幸福)所颁布的法则为基础的行动,只在这个目的的条件下拥有相对的善。偏好一个行动与另一个行动,所体现出善的差别仅仅是程度上的。但是,对责任的偏好则是自在的善。在康德那里,幸福之就配享有幸福而言才能被理性承认为善。因为"人必须首先肯定,他并没有违背责任而行动;然后才能被允许,在能够将幸福与他的那种道德上(不是自然上)善的状态统一起来的范围

---

① 《康德著作全集·第八卷》,见注释部分。

② 同上书,第284页。

③ 同上书,第283页。

内,去寻求幸福"①。

2. "出于责任"的实践可能性

伽尔韦在谈及"如何得到幸福"与"如何配享有幸福"之间区别时,对康德的学说提出了关于其现实性的质疑。他认为人可以在"脑"中理解对理念的这种区分,但"在自己的心中却不能找到对愿望和努力的这种划分;甚至无法理解,某个人如何能够意识到,已经把自己对于幸福本身的要求隔离干净,因而完全无私地履行了责任"②。这样,他针对于康德责任的天然实践性所做出的的质疑是:责任行为的动机利益或者爱好始终是意识活动中的部分,错综复杂的诸多动机当中,我们永远无法真正的确定是否是出于对诫命的遵循来履行责任。

对此康德认为伽尔韦曲解了他作出出于责任这一区分时的意义。他承认没有人可以确知自己的行为是纯粹出于责任。"因为这属于内部经验,而要对其心灵状态有这种意识,就需要对一切通过想象力、习惯和偏好而与责任概念伴生的附带表象和考虑有一个通透清晰的表象"③。站在旁观者的角度来确证一个人的内在意识经验,这当然是不可能的工作;即使是自我对于自身意志的反躬自查,也不可能从复杂的意识状态中明确区分习惯、偏好、责任等一系列意识。

但康德表示,"出于责任"本身表示的就是一种对行为的诫命,表达的是一种"应然"的状态:一个人可以清楚分明的意识到,他应该出于责任而践行责任。这里所关涉的是个人的存心与灵魂的诚实而并非经验心理学。人可以清楚地意识到,他应当隔离对幸福的偏好,完全无私地践行责任;他不仅应当意识到这一点,他还应当极尽可能地付诸实践。道德真正的价值就蕴含在践行责任的纯粹性之中。重要的并不是他真正无私地践行了责任,而是"他在最审慎地反省时能够在自己心中觉察到,自己不仅没有意识到任何这样的参与其事的动机,而毋宁是在

---

① 《康德著作全集,第八卷》,第 286 页。
② 同上书,参见第 299 页。
③ 同上书,第 287 页。

许多与责任理念相对立的动机方面意识到自我否定，从而意识到致力于那种纯粹性的准则；只是能够做到的；而这是对于他践行责任来说也就够了。"①

### 3. 责任的实践可能性

除了对"出于责任"的行为动机是否具有实践可能性提出质疑之外，伽尔韦更近一步，质疑了康德纯粹责任的实践可能性。他指出："在反复思考个别对象时，理念的这样一些精细的区别就变得黯淡了；但在把它们运用到欲求和意图上，而事关行动时，它们就完全消失了。"②无疑，他认为康德关于责任的种种精细划分只是理论上美妙的学说，并不具有实践的根据，无疑属于"这在理论上可能是正确的，但不适用于实践"的领域。

康德文章的开篇就设定了理论与实践的概念。"实践规则在某种普遍性上被思考为原则，并抽掉一堆毕竟必然对其实施有影响的条件，这时实践规则的总和就叫做理论。"③把实践则是对为实现对某一目的的促成而对某些普遍地设想的行事原则的遵循。这并非是两个严格的概念，大体可以将理论与实践的鸿沟归结为，法则与对法则遵循。就像文题所说的那样，存在有"这在理论上可能是正确的，但不适用于实践"的领域。但康德认为基于责任概念的道德哲学不属于这些领域。因为责任的定义本身就包含着对于诚命的遵循，天然具有与实践的联系，如果意志不能遵循法则那么也就不存在有责任了。因此，在道德哲学中宣扬"这在理论上可能是正确的，但不适用于实践这在理论上可能是正确的，但不适用于实践"在康德看来就是"以一种高傲蔑视的口气，充满狂妄，想要在理性安置其最高荣誉的东西里面通过经验来改进理性本身；且以智慧自负，凭借死盯着经验的鼠目寸光，能够比一种被创造得昂首直立、凝视天穹的存在者所分有的眼睛看得更远、更准"。④

---

① 《康德著作全集，第八卷》，第 288 页。
② 同上书，第 289 页。
③ 同上书，第 278 页。
④ 同上书，第 280 页。

在康德那里，与以幸福身或者对幸福的考虑为基础的准则相比，遵循道德法则、践行责任，是"更为简单、更为清晰，对于每个人来说为了实践运用而更易把握、更为自然，而且甚至在最普通的人类理性的判断中，只要它被带给人类理性，确切地说与这些动机相隔离，甚至与之相对立，被带给人的意志，与一切借自后一种自私原则的动因相比，都远远更为有利、更为强劲、更有成功的希望"①。

因为，就事实而言所有那些犹豫不定、权衡利弊多半出于幸福原则或者说自私的原则。因为对幸福的追索往往需要计算各种利益，考虑各种可能的情况，关注行为的绩效：这些无疑都是不确定的，从而也造成行为的混乱，因而需要各种关于技巧的磨练来保证其实践有效性，并且还不能确证其有效性的程度。但是，当一个人选择遵循道德的法则，践行责任之时，那他会清楚地意识到自己应当如何行为，并且，就如康德所说的那样，如果责任在他那里具有效力，那么"哪怕他只是着手估算自己从违背责任能够得到的好处，他也甚至将感到一种厌恶，就好像他在这里还有这项选择似的"②。

# 五、后记

对于有的哲学家来说，比如苏格拉底与孔子，他们的生活就是他们的哲学；而对于另外一类哲学家来说——康德正是最为典型的一位——他的哲学就是他的生活，除了他学说的历史以外，他自己似乎就不再需要别的传记了。

受感于各类传记故事，在我们传统的印象里，这个不苟言笑、呆板、准时又带一点书生式的滑稽的柯尼斯堡老头，唯一令我们意外的地方就是他从不使我们感到意外，最有趣的故事就是他无趣的生活本身：这几乎可以加入他的二律背反条目里去了。可实际上这只是个晚年康

---

① 《康德著作全集，第八卷》，第 289 页。
② 同上书，第 290 页。

德的被脸谱化、概念化的形象。他几乎横跨整个 18 世纪的一生虽然简单，却并非无趣：他是生长于浓厚虔信派氛围家庭、接受传统教会教育的少年学生；他是妙语连珠的幽默青年教师；他更是在沉思中酝酿着哲学的革命的年轻哲学家。在他漫长的一生之中，西方世界经历的种种变革至今仍旧在影响着我们的生活，我们所定义的今天意义上的世界即形成于兹。康德的批判哲学，进一步说，他的道德哲学、责任思想都扎根于他的生活，他的国家、他的时代，是在多年的思考中逐步发展与成熟，而并非凌空开出的无根之花。康德关于责任概念的研究也是贯穿其整个研究生涯，逐步发展，渐趋成熟完善。他的责任学说正如郑昕先生所言，正是"睥睨古人，下开百世"的学说，值得后人详加探究。

岭南地域文化研究

# 湛若水兴修与讲学书院考

潘志锋

明代中期,湛若水是与王阳明齐名的心学派大家,多部史书都曾记载湛若水广建书院传播陈湛心学的史实。那么明代到底有多少所书院为湛若水兴建或曾经讲学的呢? 关于这一问题至今无人详细考证过。本文以《泉翁大全集》《甘泉先生续编大全》为主要文献依据,广搜明代中晚期与清初地方志及学人文集,详细考证了与若水有关的三十二座书院的兴建过程,以期还原湛若水在明中期传播陈湛心学的学术活动之全貌。

## 一、湛若水生平

湛若水(1466—1560),原名露、雨,字元明、甘泉,号民泽,谥号文简,广东增城沙贝村(现增城新塘)人。湛若水 11 岁时父亲湛瑛去世,母亲陈氏抚养其长大成人。由于遭受丧父等变故,湛若水直到 14 岁才进入小学接受教育。16 岁进入乡校,22 岁进入府庠。弘治五年(1492年)秋天,27 岁的湛若水参加了乡试并考中举人。弘治六年(1493 年),28 岁的湛若水上北京参加会试,但却意外落榜。失望之余,弘治七年(1494 年)二月,29 岁的湛若水在梁景行的介绍下赴江门拜陈献章(白沙)为师。陈献章告诫他说:"你如果不把科举应试的知识内容完全忘掉,就很难接受我的学说。"于是湛若水断然焚烧了科举应试的复习资料和考试凭证,一心一意地聆听老师的教诲。

在跟随陈献章学习的六年间,若水全面继承了老师"学贵自得""静养端倪"的思想体系。白沙先生对学生湛若水十分赞赏和信任,弘治十二年(1499 年),72 岁的陈献章把江门钓台这一讲学场所赠予 34 岁的湛若水,标志着陈献章把自己心学的衣钵传于若水。弘治十三年(1500年)二月初十,陈献章病逝,享年 73 岁。35 岁的湛若水为恩师守孝三年。

弘治十七年(1504 年),39 岁的湛若水在母亲陈太夫人的催促下北上进入南京太学学习,准备参加会试。弘治十八年(1505 年)春,40 岁的湛若水考中进士,从此步入仕途。

正德元年(1506 年),刚刚担任翰林院庶吉士不久的 41 岁的湛若水与 34 岁的王阳明在北京仙居书院相遇,多日的讲学辩论让二人对彼此十分赞赏和钦佩,奠定了终生的友谊。此后二人为了传播心学,一个在江南,一个在岭南,大规模兴建书院。正德十年(1515 年)正月,湛若水母亲病故,50 岁的若水扶送母亲的棺柩南还增城,并为母亲守孝长达七年。这期间湛若水在西樵山、罗浮山、增城等地兴建了多所书院,广泛收徒讲学。

嘉靖元年(1522 年)五月,56 岁的湛若水官复翰林院编修之职,此后的 19 年仕宦生涯中,他平步青云,先后被提拔担任南京国子监祭酒、南京礼部右侍郎、南京礼部尚书、吏部尚书、兵部尚书。嘉靖十九年(1540 年),75 岁的湛若水结束了 35 年的官宦生活,致仕回乡,专心讲学。在余下的 20 年间,他把心血倾注在兴建书院、游历讲学和著述中,足迹遍及长江南北、岭南各地,广泛传播了陈湛心学。嘉靖三十九年(1560 年)四月二十二日,湛若水仙逝于广州禺山书院,享年 95 岁。

## 二、湛若水兴修和讲学书院数目考

湛若水在 35 年的仕宦生涯里,除去正德十年(1515 年)丁忧返乡居岭南 7 年,他实际身居官场 28 年。其中的前 16 年在翰林院和国子监任职,后 12 年转任礼、吏、兵部等部门。也就是说他在明代文化界担任官职长达 16 年。湛若水一生倾注心血最多的是创办民间教育,即创办书院和讲学。《泉翁大全集》和《甘泉先生续编大全》收录了许多他讲学的讲义和与学生讨论的对话录。关于"若水兴建和讲学的书院"到底有多少所？学界聚讼不已。

罗洪先在《甘泉墓表》中比较早地总结了湛若水兴建书院、收徒讲学的概况："道德尊崇,四方风动,虽远蛮夷,皆知向慕向从。士三千九百有余,于其乡则有甘泉、独冈、莲洞馆谷;于增城、龙门,则有明诚、龙潭馆谷;于羊城,则有天关、小禺、白云上塘蒲涧馆谷;于南海之西樵,则有大科、云谷、天阶馆谷;惠之罗浮,则有朱明、青霞、天华馆谷;韶之曲江,则有帽峰;英德则有清溪灵泉馆谷;南都则有新泉、同人、惠化馆谷;溧阳则有张公洞口甘泉馆谷;扬州则有城外行窝甘泉山馆谷;池州则有九华山中华馆谷;在徽州则有福山、斗山馆谷;福建武夷则有六曲仙掌、一曲王湛会讲馆谷;湖南则有南岳紫云馆谷。"此中记载了若水兴建和讲学的 27 所书院。

李国钧主编《中国书院史》中追溯了湛若水为官、讲学的一生,介绍了与湛若水有关的书院 21 所:明诚书院、大科书院、云谷书院、新泉书院、新江书院、甘泉行窝、中华馆谷(又称甘泉书院)、斗山精舍、福山精舍、天泉书院、甘泉山馆、张公洞口甘泉精舍、一曲大同书院、九曲精舍、帽峰精舍、朱明书院、天华书馆、紫云精舍、石鼓书院、龙潭书院、禺山书院。

邓洪波在《中国书院史》中说,湛若水一生在全国创办书院 40 所,其中在广东省就创办了 16 所:广州的白云、天关、小禺、上塘等;西樵的大科、云谷、天阶;增城的龙潭、独冈、莲洞;罗浮的朱明、青霞、天华;曲江的帽峰;英德的清溪、灵泉。

陈时龙在博士论文《明代中晚期讲学运动:1526—1626》中说,湛若水共建书院 36 所:广东 19 所、南直隶 13 所、福建 3 所、湖广 1 所。其中大科书院建于正德十二年(1517 年);嘉靖七年(1528 年)在南京建新泉书院、三山书院,在扬州建甘泉行窝;嘉靖十九年(1540 年)建天关书院。

王文娟在《湛甘泉哲学思想研究》一书的附录《湛甘泉书院建设活动一览表》中列出了与湛若水有关的书院 35 所:其中广东 22 所、江苏

5 所、福建 2 所、安徽 4 所、湖南 1 所、山西 1 所。在广东境内所建的 22 所书院分别是：明诚书院、独冈书院、白沙书院、帽峰书院、清溪书院、灵泉书院、莲洞书院（又名莲花书院）、朱明书院、甘泉书院、天关书院（又名天关精舍）、青霞书院（又名甘泉精舍）、天华书院、大科书院、云谷书院、白云书院、上塘书院、禺山书院（又名小禺书院、禺山精舍）、天阶精舍、蒲洞精舍、玉泉精舍、合一书院、龙潭书院。在江苏境内修建的 5 所书院有：新泉书院、同人馆谷、惠化馆谷、甘泉书院（张公洞口书院）、甘泉行窝。在安徽境内修建的 4 所书院有：斗山书院、天泉书院、福山书院、九华山甘泉书院。在福建境内修建的 2 所书院是：一曲大同书院（又名王湛会讲馆谷、一曲精舍）、六曲仙掌书院。在湖南衡阳修建的书院是紫云书院（又名衡岳书堂、甘泉精舍）。湛若水的弟子潘高在山西太原修建了甘泉书院。

季啸风主编的《中国书院词典》中列出，在广东省内湛若水修建书院 9 所：大科书院、云谷书院、明诚书院、天关书院、莲洞书院、白云书院、独冈书院、龙潭书院、博罗甘泉书院。另外还列出若水在广东讲学书院 2 所：番禺鳌峰书院、曲江甘泉精舍。词典中还列出了甘泉在湖南衡山县修建的甘泉书院（紫云书院）、白沙书院，在安徽兴建的休宁天泉书院和歙县斗山书院。

乔清举在《甘泉文集考》一文中对《湛甘泉先生文集》中涉及书院的篇目做了整理汇总，约 27 篇，文集中还收录了若水在书院讲学的讲章和问答录 17 篇。以上 44 篇文献提及了 26 所书院：天关书院、大科书院、程明道书院、迁冈书院、新江书院、蔡浚滨书院、莲洞书院、朱明洞精舍、龙津精舍、萧山行窝、明诚书院、崇正书院、宗山精舍、白云书院、太原甘泉书院、神交精舍、三贤书院、白沙书院、新泉书院、独冈书院、禺山书院、福山书堂、九华山中华书堂、斗山书堂、会华书院、韶关明经馆。

比较以上七种观点，我认为与湛若水同时代的罗洪先的记述较为可信。罗洪先（1504—1564 年），字达夫，号念庵，江西吉水人。从年龄上看，罗洪先比湛若水小 38 岁，尊称若水为"甘泉翁"，属于学界晚辈。湛若水嘉靖三年（1523 年）至嘉靖九年（1530 年）担任南京国子监祭酒，此阶段正值罗洪先求学应考时期，他应该久闻湛若水的大名。嘉靖八年(1529 年)，罗洪先中进士，授北京翰林院编修。作为阳明后学的主要代表人物之一，罗洪先的思想以"主静"为特点，并且他对白沙心学也十分赞赏，所以他与湛若水的关系应该比较密切，对于甘泉所兴建的书院情况也应该熟悉，所以他撰写的《湛甘泉墓表》比较可信。

## 三、书院兴建过程考

湛若水所兴建和讲学的书院在名称上有多种称谓：书院、书堂、书馆、行窝、精舍等。精舍原为宣讲佛法的场所，例如佛经称释迦牟尼讲经的地方是"祇园精舍"。东汉末佛教传入中国，"精舍"一词也被引进汉代经学。《后汉书·党锢列传·刘淑传》曰："淑少学明五经，遂隐居，立精舍讲授，诸生常数百人。"三国两晋时期，随着佛教和道教的盛行，"精舍"一词在儒释道三教中被广泛使用。"行窝"原为道教中修炼场所，后被用来指小型的书院。至于"书堂""书馆"与"书院"三个名词，似乎区别不大，基本互用。

湛若水比较偏爱山景，所以他大多选择在江南、岭南四季常青且风景秀丽的山上修建书院。因为是依山而建，书院中各个建筑星罗棋布地散布在山坡上，所以不太像宋代著名书院那样从建筑形式上分成规范的两进式、三进式等等。

湛若水在广东南沙风景秀丽的西樵山建有三座书院：大科书院、云谷书院和天阶书院。

大科书院。正德十年(1515 年)，时任翰林院编修的湛若水为母丁忧返乡。三年守孝期满，若水并没有返回翰林院，而是选择携带家眷隐居在南海西樵山。吕柟在《大科书院记》中说："正德间权奸踵横，忠良率遁匿山谷不出。……丁丑之岁，甘泉先生……携家来亦隐西樵山中。"[①]若

---

① 吕柟：《大科书院记》，《泾野先生文集》卷十五，载《四库全书存目丛书》集部第 61 册，第 125 页。

水继方献夫在西樵山小科峰兴建石泉书院后，也选定在大科峰烟霞洞后修建大科书院。正德十二年（1517年）底，大科书院落成。书院在大科山麓依山而建，主要建有礼门、乐阁、正义堂、茹芝堂、凝道堂、寅宾堂、崇经楼，两厢建有进修斋、敬义斋和寝舍。凝道堂相当于讲学厅，只有德高望重的学者才能在这里宣讲；寅宾堂相当于招待所；进修斋和敬义斋是学生讨论和向老师请教的场所，相当于普通教室。"寅宾馆所以处远方相过之客，宜常虚之以待其人，诸生不宜居之。进修、敬义二斋，虽诸生会讲之地，客若来，众亦以处之可也。"①"进修、敬义二斋，同廊之人，各个早起衣冠，暂会于本斋，相揖，各言所疑、所得。俟先生出堂，整班而升，长少各依次序，所以养其敬谨之心。"②"书院凝道堂乃师生讲学之地，非饮食之客、异教之人所宜居。非德行道艺可为师法者，勿以设座。"③湛若水亲任山长，他非常重视大科书院的规章制度，亲自制定了《规训图》和《堂训》。嘉靖年间若水门生张希载曾任山长。清代刘子秀曰："当湛子讲席，五方问业云集，山中大科之名，几与岳麓、白鹿鼎峙，故西樵遂称道学之山。"④

云谷书院位于西樵山大科峰南天峰山麓，右邻紫姑峰，左右两侧均有山泉倾泻而下，注入山谷。若水很早就看中了此地并购买下来，认为是上天所赐之宝地："凡樵之胜，无出其右，天设地藏，以遗我后。"⑤嘉靖二十三年（1544年）四月二十六日动工兴建，八月四日建成，历时三个多月。书院建筑格局仿照朱熹的白鹿洞书院，采用二进式模式依山而建：前面是白沙祠，后面是见泉楼，左面是二妙阁，右面是憩云亭，两侧沿着泉水建有左瀑亭、右瀑亭等。书院内还建有生徒宿舍和供来访学者专用的客房。"而今而后，先师有祠，后学有馆。"⑥云谷书院集祭

---

① 《泉翁大全集》卷五《大科书堂训》，嘉靖十九年刻本。

② 同上。

③ 同上。

④ （清）刘子秀撰：《西樵游览记》卷二《名胜下》，载《广州大典》第34辑史部地理类第22册，广州：广州出版社，2015年，第26—27页。

⑤ 《甘泉先生续编大全》卷十三《奠告云谷第一关土地文》。嘉靖三十四年刻本。

⑥ 《甘泉先生续编大全》卷十三《卜筑云谷精舍及石翁祠告土神文》，嘉靖三十四年刻本。

祀先师与讲学设教为一体,是每年举行开学礼的主要书院。

湛若水在家乡增城建有五座书院:莲洞书院、甘泉山书院、明诚书院、独冈书院、龙潭书院。

莲洞书院。据广东增城新塘湛氏后裔湛如松先生考证,莲洞书院(莲花书院)位于新塘镇北南香山顶①。莲洞书院始建于嘉靖十五年(1536 年)十一月。湛若水在游览娥眉山时偶然在山顶发现了一处清泉萦绕的山洞,遂与增城地方官文念斋、教谕汤仁详细考察,决定在此处修建莲洞书院。书院修建了三年才完工,可能是因为建在四百多米高的山巅,建筑材料运送比较困难的缘故。书院是三进式格局:三间门楼,其后为五间讲堂,最后面是正堂五间。正堂左右为偏堂各三间,两侧还建有翼廊。文念斋还谨遵湛若水书信里的嘱托,把娥眉山下荒田十余顷划出作为书院赡田,并建了粮仓储粮。关于若水在莲洞书院讲学的记录留下的很少,只有揭阳县儒生黄钟在《莲洞书官讲章》一篇文字。此讲章记录了若水对《论语》中"吾未见好仁者,恶不仁者"一章的讲解。此外,《泉翁大全集》和《甘泉先生续编大全》中还保留了《娥眉山莲花洞作》《再宿莲洞有作》两首五言诗。《娥眉山莲花洞作》一诗曰:"闲从同心人,莲洞视兴作。兴作夫何为?讲堂开正学。"若水修建莲洞书院的目的正是为了讲授和传扬正学。

甘泉山书院亦称甘泉书馆,位于若水故里增城县沙贝村甘泉山下的甘泉洞。嘉靖十五年(1536 年)冬,若水携家人和弟子登山游览时赞叹山麓甘泉洞之幽静和秀雅,于是"买山与田,剪荆棘,披蒙茸,辇土兴工。"②据《甘泉洞修造书馆记》记载:"为堂者五矣,为楼如堂之数,门亦如楼之数,其廊翼称之矣,其松杉皆拱把茂而成林矣。"甘泉山书院采用三进式建筑格局:前门为五间门厅,中间是五间讲堂,后面是五间阁楼,比较著名的有仰宸楼、杏树坛等,两侧廊舍对称,院内松杉茂盛。若水还把自己收集到的神禹碑的翻刻碑石树立于仰宸楼的中堂内。甘泉

---

① 南香山即古代南樵,也称南乡岭,别称娥眉山,今已建成南香山森林公园。
② 《泉翁大全集》卷二十九《甘泉洞修造书馆记》,嘉靖十九年刻本。

还购买了多亩土地用作赡田。甘泉山书院是湛若水退休讲学生涯里经常居住的四座书院之一。门生王如宾在《甘泉洞讲章》中记载了若水对《中庸》里"子曰：'天下国家可均也，爵禄可辞也，白刃可蹈也，中庸不可能也'"一句的讲解。

明诚书院位于增城西郊凤凰山麓，原为明代管理增城县的地方卫戍长——千户杨政的故居。正德年间湛若水捐俸银五百两购得此故居，改建为陈白沙祠，县令朱砥斋书匾额为"明诚书院"。书院建有瑞贤堂、观善堂、菊坡亭等，西侧建有厨房和教师宿舍，两厢建有斋舍。堂内墙壁上刻有若水的《揭心性图说》及《心性图》。嘉靖二十四年（1545年），增城县令何艮所在书院山坡上修建了席光亭，此亭之名源自陈白沙的诗句："借我一席光"。后迁白沙祠于席光亭，书院每年在这里举行春祭和秋祭两次大型的祭祀先师的仪式。嘉靖三十一年（1552年），若水弟子们捐款对书院进行了扩建，特地为若水建造了隐居的居室，时年87岁的若水隐居于此，"地高万籁彻，风露洒衾裳。就床见诸山，山色送晴光。"[1]在景色怡人的明诚书院，年迈的若水依然讲学不止。关于明诚书院的历史，曾任增城县令的盛赟汝撰有《重修明诚书院碑记》[2]，做了比较详细的记载。

独冈书院位于增城独冈山玄明洞。嘉靖十三年（1534年）七月一日奠基，书院采用二进式建筑模式，两侧的廊房是学生宿舍。书院门前可遥望云峰山，周边有铁江缓缓流淌。若水曾作《游独冈书院》一诗："独冈冈之独，独立颇似吾。乃开二解堂，廊房列学徒。"[3]《独冈赠言引》记载了嘉靖二十三年（1544年）七月，若水与前来问学的儒生之间的一段关于"道"与"心"之间关系的探讨对话。

关于龙潭书院，若水得意门生洪垣在为恩师撰写的《墓志铭》中说："垣走候洪都，泝流南上，至南安，闻先生讣，以四月二十二日终於禺山

---

① 《甘泉先生续编大全》卷十七《初宿凤凰山房二首》，嘉靖三十四年刻本。
② 盛赟汝撰：《重修明诚书院碑记》，载（清）许代岳修撰：《增城县志》卷十二《艺文志三》。《广东历代方志集成》广州府部第31册，广州：岭南美术出版社，2006年，第290页。
③ 《甘泉先生续编大全》卷十七《游独冈书院》，嘉靖三十四年刻本。

精舍。先终之三月十日,偕诸生开讲龙潭书院,提掇性道之蕴,尧舜禹汤文武相传之绪。"罗洪先在《湛甘泉墓表》中也说:"于增城、龙门,则有明诚、龙潭馆谷。"明末屈大均在《广东新语》中也记载:"甘泉年九十五,复开龙潭书院。"但是在《泉翁大全集》和《甘泉先生续编大全》中并没有收录关于龙潭书院修建或讲学的文字材料,可能是因为这两部书刊刻于嘉靖三十四年(1555年)之前,距若水去世尚有五年,所以若水最后五年的讲学文献未能收录在内。

湛若水在广州城及城郊建有四座书院:白沙书院、白云书院、天关书院、禹山书院。此外广州还有一所是白沙和若水都曾讲学的书院——鳌峰书院。

白沙书院是由广东监察御史吴九祥受若水之托于嘉靖十年(1531年)八月修建的书院,书院在广州崇报寺的旧址上修建而成,原来归属寺院所有的一顷四十四亩田也划给书院做赡田。吴御史还特地聘请了陈白沙之孙、新会儒生陈畬担任山长。

白云书院位于白云山双泉至九龙泉一带,原为唐代白云寺遗址所在地,正德末年白云寺被毁。曾任大司马大中丞(国子监祭酒秘书)的欧阳约庵被任命为广东监察御史,受若水所托,他协同广州府署事同知曾乐行、通判陈大为、番禺县典史李诏,先后不懈努力,于嘉靖二十九年(1550年)建成了白云书院。书院规模宏大,包括五间尽存堂、尊师祠、三间坐进堂、三间声远楼、左右六间厢斋号馆、中道门石坊、著述台、云归亭、先门石坊、茶塍等。尽存堂内供奉孔子和颜曾思孟四配享,尊师祠内供奉白沙先生塑像。若水之所以要在白云书院建白沙祠,是因为时年85岁的若水感到体力日衰,每年亲赴距增城三百里之遥的西樵山云谷书院举行春祭和秋祭仪式,感到有些吃力,所以就近在白云山上修建了白沙祠。

天关书院位于广州城东北角白云山下的红冈(现广州市天源路一带)。若水的得意门生之一的洪垣被任命为广东监察御史,于嘉靖二十年(1541年)建成天关书院。书院采用三进式模式:前座同然堂,中座自然堂,后座悟亭。洪垣特地为若水建了隐居的起居室,"宴坐以终日,潮汐入水关。理棹登小艇,如乘万里船。多士有时来,共究古人编。忽焉会意处,古人亦无言。"①若水隐居于此休闲赏景、会友讲学,好不惬意!若水在天关书院讲学时间比较长,门人记录下了比较多的讲章和语录。嘉靖三十二年(1553 年),嘉靖帝御赐"天关圣训"巨匾,若水把此匾悬挂在书院最高处的悟亭上。

禹山书院。据清代任果、常德主编的《番禺县志》卷七《学校》记载:禹山书院始建于宋代嘉定年间,梁百揆曾讲学于此。明代成为乡绅聚会之地。从若水的《禹山书院兴工告上地文》和《禹山书院上梁告神文》两篇祭文可以看出:若水重修禹山书院的工程大致于嘉靖三十四年(1555 年)四月十五日动工,六月十二日完工,历时两个月。五年后,若水病逝于此书院。

鳌峰书院。据清代任果、常德编撰的《番禺县志》卷七《学校》②记载:书院位于广州敦头,广州府通判李文所建,陈白沙、湛若水曾在此讲学。

广东博罗县罗山和浮山合称"罗浮山",风景秀丽,素有"东樵"之称。若水在罗浮山建有三座书院:朱明洞书院、青霞书院、天华书院。

朱明洞书院。罗浮山东部的朱明洞景区号称"天下第七洞",景色秀美,湛若水曾在多次游览罗浮山时感叹罗浮山以葛洪、王野弥明等仙、道人物名闻天下,唯独没有儒家圣贤之足迹。嘉靖十五年(1536年)冬,若水偕友人游罗浮山时夜宿冲虚观,遂与道士李以贤、丁以福、邓以仁筹划欲在冲虚观后的朱明洞建造书院。在博罗县官员曾子鲁、胡子学等人的鼎力支持下,书院于嘉靖十七年(1538 年)秋天落成。书院采用三进式模式:前为大门五间,中为讲堂五间,后为寝室五间,两侧有翼廊八间。书院周围群峰耸立、泉水萦绕,景色怡人。如今罗浮山朱明洞景区的洞口石壁上依然刻有若水的题字"朱明洞",又有学者考

---

① 《甘泉先生续编大全》卷十六《卜筑天关精舍》,嘉靖三十四年刻本。
② (清)任果、常德编撰:《番禺县志》,载《广东历代方志集成》广州府部第 19 册,广州:岭南美术出版社,2006 年。

证说并非是若水的亲笔题字。

青霞书院。此书院位于罗浮山东部的青霞谷,隋唐时期道士苏元朗隐居于此修炼,因其自号青霞子,此地遂得名。嘉靖二十年(1541年)八月二十日书院落成,湛若水亲自主持了落成典礼仪式。若水曾在《卜得青霞洞作》一诗中写道:"朱明与青霞,相比为近邻。虾蟆(山峰名称)嘘其气,两洞生霞烟。青霞朱明后,朱明青霞前。前后一间耳,山眷云平分。天地不爱宝,多藏遗斯人。"①诗中表达了自己对朱明洞书院和青霞书院的喜爱。若水门生林廷俊在《青霞洞讲章》中记录了若水对《论语》中"敢问崇德、修慝、辨惑"的讲解。

天华书院。此书院位于罗浮山西部金沙洞的黄龙观,此道观原名"天华宫",系五代十国时期南汉开国皇帝刘岩所建,故书院取名"天华书院""天华精舍"等。书院里因供奉有周敦颐、罗从彦、李侗、陈献章等四位先贤,故又称"四贤祠"。嘉靖二十年(1541年)八月二十一日,四贤祠建成,若水在刑部给事中王希文、监察御史戴铣等陪同下登临罗浮山,亲自主持了落成祭祀大礼。门生林大植在《天华精舍讲章》里记录了若水关于《论语》"智者乐水,仁者乐山。智者动,仁者静。智者乐,仁者寿"的讲解。

韶关新定行窝,亦称帽峰精舍、韶州行窝、甘泉精舍,位于濂溪书院(相江书院)右侧。据清代张希京撰《曲江县志》卷十载:建于宋代的相江书院原址在府学东侧,后迁至曲江城北帽峰山麓相江之滨。嘉靖十九年(1540年),时任广东巡按御史的洪垣与韶州知府符锡一起在相江书院右侧修建了甘泉精舍,内建有忠信堂、息存亭等。若水在《题曲江新定行窝壁》一诗中说:"昔拟相江院,今为行窝室。"可知新定行窝建于相江书院旧址附近。若水在《宿韶州行窝》一诗中曰:"精舍帽峰下,舍下有行窝。"可证"帽峰精舍"与"新定行窝"是同一处。另外,《泉翁大全集》收录的《韶州明经馆讲章》中所提到的"明经馆"乃另外一所书院,符锡修撰《韶关府志》卷四有详细记载,并非指甘泉精舍。

---

① 《甘泉先生续编大全》卷十六《卜得青霞洞作》,嘉靖三十四年刻本。

灵泉书院,位于广东英德市清溪凤凰山,具体修建时间不可考。因凤凰山上泉水名曰"灵泉",故书院命名为"灵泉书院"。若水曾作《观清溪灵泉书院刻崖石》《九日与诸同志观清溪灵泉》两首诗。2014 年 7 月在英德市沙口镇清溪凤凰山半山腰处,正在重修潮水古寺遗址的工作人员挖掘出镌刻有湛若水草书手迹的石碑,可证若水与灵泉书院的密切关系。

南京新泉书院。嘉靖七年(1528 年),湛若水由南京国子监祭酒擢升南京礼部右侍郎,门人史际改建了自己位于长安街西的 处宅院,作为老师若水的讲学之处兼寓所。在修建过程中,挖地基时挖出了泉水,故命名为"新泉书院"。明代李三省也称:"新泉书院在长安街,嘉靖初湛若水为礼部右侍郎建,置田数顷,以延四方之士。万历十一年废。"[1]明代陈沂也记载:"新泉书院,在长安街西,嘉靖初大司马湛若水建,置田数顷,以延四方之士。"[2]《古今图书集成》也记载:新泉书院"在长安街西,明嘉靖初,湛若水为礼部侍郎,史际以宅舍为之。因掘地得泉乃名焉,有学田。"[3]关于书院兴建时若水的官职,因恰逢由大司马(祭酒)升任礼部右侍郎之际,所以以上记载并不冲突。《泉翁大全集》中收录的《新泉精舍赡田誓》和《新泉精舍圣像赞》是新泉书院举行祭祀仪式时的祭文。

罗洪先在《湛甘泉墓表》中说:"南都则有新泉、同人、惠化馆谷。"笔者遍查《金陵全书》中的相关地方志,只看到关于新泉书院的记载材料,其他两所书院已不可考。湛若水自嘉靖三年(1524 年)升任国子监祭酒始,在南京为官十六年之久。根据若水喜欢建书院的嗜好推测,他在南京所兴建的书院应该不止一所。书院的兴废周期比较短——尤其是小规模的书院,所以若水在南京兴修的书院没有全部被记载入史书,也

---

① (明)李三省撰:《万历上元县志》卷四,《金陵全书》甲编方志类县志 1,南京:南京出版社,2013 年,第 185 页。

② (明)陈沂撰:《金陵世纪》卷二,载《四库全书存目丛书》史部第 186 册,第 543 册。

③ 《古今图书集成方舆类编职方典》卷六五七,北京、成都:中华书局、巴蜀书局,1986 年,第 13678 页。

不足为怪。

　　湛若水在江苏、浙江两省内所修建的书院，除了南京的新泉书院和会化书院外，还有杭州的萧山行窝、扬州的甘泉行窝、宜兴的甘泉精舍。

　　杭州萧山行窝。若水所建的众多书院中，有几所选址与阳明所建的书院相比邻，譬如九华山的甘泉书院就位于阳明书院不远处，杭州的萧山行窝与阳明的山阴书院也很近。正德七年（1512 年），时年 47 岁的若水因公务途经浙江而拜访了好友王阳明，萧山县令王玮建议若水在幽静而秀美的萧山湘湖畔建一座书院，以方便来日与阳明切磋学问。嘉靖十八年（1539 年），若水终于在萧山建成了萧山行窝，而此时的阳明却早已离世 11 年了，时年 74 岁的若水慨叹道："阳明子哪里还会起来跟我继续争论'心'与'理'是'二'还是'一'的问题呢?!"与若水同朝为官的广东老乡方献夫也曾在《别王阳明》一诗中提及若水的萧山行窝："闻道萧山有主人，为寻王翰卜佳邻。野人亦有湘湖约，何日孤舟许问津?"①湛若水为了寻找探讨学问的好邻居而在萧山建了书院，可是当初所立下的湘湖约定，怎么就变成了孤舟在湖上漂荡呢？

　　扬州甘泉行窝。吕柟在《甘泉行窝记》里详细记载了行窝的修建原委。嘉靖六年（1527 年），时任南京国子监祭酒的湛若水任期届满，前往北京向嘉靖帝述职，路经扬州，学生们闻讯纷纷从江南各地汇聚于扬州为老师送行。聚集的学生越来越多，达五六十人，其中一位名叫"葛涧"的学生就是扬州本地人，他建议在扬州建一行窝作为师徒们定期聚会的场所。得到老师的首肯后，由同学们自愿捐资，购买了扬州城东一里之处的甘泉山麓的一块地——此山之名恰巧与老师之字相同，湛若水惊奇地说："甘泉之名，若预为我设者。"②甘泉山高三十丈，山顶有清泉流出，此泉名"甘泉"。甘泉山麓有一棵千年银杏树，树高十余丈，树干粗约二十尺，行窝就围绕银杏树而奠基修建。"甘泉行窝"的门匾由

① （明）方献夫：《别王阳明》，《西樵遗稿》卷四，载《广州大典》第 56 辑第 6 册，广州：广州出版社，2015 年，第 709 页。
② 《泉翁大全集》卷四十二《甘泉山诗有序》，嘉靖十九年刻本。

吕柟题写，院内建有"至止堂"，堂匾由若水亲笔题写。行窝北墙上刻有若水的《心性图说》。钟磬安放在东墙遍，瑟鼓安放在西墙遍。东西两侧还建有斋舍。弟子们还购置了周边的二十亩水田作为赡田。行窝建成两年后的嘉靖八年（1529 年）七月，湛若水再次来到扬州，下榻在甘泉行窝。他与同僚和门生一起登甘泉山，饮甘泉水，在山顶饮酒赋诗曰："此山非我有，胡乃名甘泉？而我有行窝，适在泉山前。始知天所作，意或遗斯人。"①风景如此秀丽的甘泉山，难道是上天专门留给他建书院的宝地吗？邹东廓《至止堂记》也记载了扬州行窝的修建过程。②

宜兴甘泉精舍，亦称"张公洞书院"，是溧阳进士史恭甫为若水讲学而修建的书院。张公洞位于宜兴西南二十公里孟峰山中。嘉靖十四年（1535 年），史恭甫与若水门生黄云淡、闻人诠商量准备修建书院。他们选址在景色秀美的玉女潭张公洞口，畜泉水为池塘，在池塘旁修建书院。书院采用三进式结构：三间正门上悬有溧阳县令周愁光题写的"甘泉精舍"牌匾，中间三间堂室上题有"自然之堂"，后面寝舍上题有"寻乐之室"，左右有四个翼廊。至今张公洞景区依然保留有"甘泉亭"和"甘泉碑"，碑上刻有甘泉于嘉靖十七年（1538 年）撰写的《宜兴甘泉精舍记》。

安徽省与南京邻近，湛若水时常去安徽祭拜先贤、讲学会友，因此，他在安徽兴建和讲学的书院多达五所：九华山上的五溪书屋和甘泉书院、婺源的福山书堂、歙县的斗山书院、休宁的天泉书院。

湛若水曾在安徽九华山建有两座书院：五溪书屋和甘泉书院。五溪书屋是湛若水委托池州官吏和儒生所修建的书院。据吕柟《五溪书屋记》记载，嘉靖四年（1525 年），青阳县县庠儒生江学曾、施宗道前往南京国子监问学，时任祭酒的湛若水在闲谈同言及打算退休后隐居九华山讲学的想法。若水之所以选址九华山，主要是因为好友阳明再三

---

① 《泉翁大全集》卷四十二《甘泉山诗有序》，嘉靖十九年刻本。
② （明）邹东廓：《至止堂记》，《东廓邹先生文集》卷四，载《四库全书存目丛书》集部第 66 册，第 12—13 页。

向他推荐九华山的胜景。于是江学曾、施宗道就选址在九华山北麓的五溪准备修建书院。"五溪"之名取自龙溪、池溪、漂溪、双溪、涧溪等五支小溪汇聚于此,依山傍水,既风光旖旎,又是风水宝地。青阳县令尹德与祝增也捐资相助。嘉靖八年(1529 年)仲夏动工兴建,初秋建成,书院建有五间讲道堂、三间心期亭,东西两侧有厢房,书院后还建有"望甘泉亭",以示"期盼若水前来讲学居住"之意。① 五溪书屋后来扩建时又在九华山无相寺后修建了心期下院,"卜无相寺后地为心期下院,以便来学登山者之小憩讲习也。"②明代顾元镜撰《九华志》卷二也记载了心期亭。

九华山甘泉书院,亦称甘泉祠、中华书院、中华馆谷等。若水在《寄题九华山书院序》中言及:门人江学曾等打算重修五年前所建的五溪书屋,经与池州知府侯缄、同知任柱、前御史柯乔、督学闻人诠、巡按御史虞守愚等人商量,决定放弃重修计划,另选新址修建书院。于是就选址在化成寺东侧、祗园寺至伏虎洞山道途中的一块地。据顾元镜撰《九华志》记载:甘泉祠在化成寺东侧、中峰之下,嘉靖十三年(1534 年)兴建。③ 湛若水曾亲题"甘泉"二字于石上。而建于嘉靖七年(1828 年)的阳明祠则在化成寺西侧,甘泉祠与阳明祠几乎比邻而居。不过甘泉书院建成之时,阳明已辞世五年了。嘉靖十五年(1536 年)八月二十三日,若水携扬、折、广、福、徽、宁、太池诸生同游九华山,并在甘泉书院讲学。

婺源福山书堂,是儒生方纯仁、方瓘兄弟及邑令吴辕韧等捐资所建。书堂建于风景秀丽的福山上,山上有洗心泉,泉上筑有一亭,若水为其命名为"洗心亭"。据《福山书堂讲章》记载了嘉靖十五年(1536 年)若水在福山书堂讲学的记录。

歙县斗山书院,是由歙县儒生冯实子等于嘉靖十五年(1536 年)在

---

① (明)吕柟:《五溪书屋记》,《吕泾野先生文集》卷十七,载《四库全书存目丛书》集部第 61 册,第 174—175 页。

② 《泉翁大全集》卷四十三《寄题心期院诗有序》。嘉靖十九年刻本。

③ (明)顾元镜撰:《九华志》卷二,载《四库全书存目丛书》史部第 234 册,第 303 页。

一座小山上修建的书院。这一年若水因去婺源县蚺城文公庙拜谒祭祀朱子而路过歙县,曾夜宿于斗山书院,并在此讲学。

天泉书院是休宁儒生创建的书院,书院建在半山腰,旁边有小溪潺潺流过,其源头是山上的一眼清泉。泉水从山上像瀑布一样倾泻而下,远望似来自天上,顾名"天泉"。《天泉书堂讲章》记载了若水在天泉书院讲解《孟子》的记录。

衡山紫云书院,亦称甘泉书院、石泉精舍。据清代高自位编著《南岳志》记载,嘉靖二十四年(1545年),八十岁的湛若水应武陵蒋信的邀请,带着骆尧知、周荣朱、黄云淡等三名生徒游览衡山。若水看中了紫云峰一带的秀丽风景于是决定在山麓修建书院。嘉靖二十四年九月五日奠基,至十月十八日建成,历时一个半月完工。若水曾赋诗曰:"紫云在云外,幽居紫云里。空谷烟萝深,深藏配君子。"①紫云峰高耸入云,而紫云精舍却深藏在紫云峰深处,似乎寓意了君子的德行是潜行而不张扬的。若水在紫云书院旁还建了白沙祠。嘉靖二十九年(1550年),九十岁高龄的湛若水再次来到紫云书院讲学,只见他"庞眉皓首,其颜如童,人望之若仙"②,颇具圣贤神韵。

武夷山一曲精舍,亦称大同书院、武夷精舍。湛若水与王阳明曾在游览武夷山九曲溪时探讨学问,阳明后学传人为了纪念此事而修建了此书院。若水在《与何吉阳启》中说:"近日,建宁刘太守、吾南董二守蓉山为老朽与阳明创武夷一曲大同书院,以图寄视水,甚喜。"③阳明弟子邹东廓在《武夷第一曲精舍记》中详细记载了书院兴建过程。嘉靖三十七年(1558年),郡守刘佃与郡丞董燧商量在九曲溪的第一曲幔亭修建书院,书院包括先贤祠、行窝等。次年二月建成书院,迎若水和阳明二先生的塑像入先贤祠。书院正门上题写"武夷精舍",正门前建有"大明道德"的牌坊,书院内有正学堂、观澜堂、乐山亭、甘泉行窝、阳明行窝、

---

① 《题石泉精舍图》,《甘泉先生续编大全》卷十八,嘉靖三十四年刻本。
② (清)高自位编著:《南岳志》,载《中国道观志丛刊续编》(第9册),广陵书社,2004年,第101页。
③ 《与何吉阳启》,《甘泉先生文集》卷七,桂林:广西师范大学出版社,2014年,第362页。

号房等。书院建成时,距阳明辞世已三十年了,若水也已九十四岁高
龄了。

河北宁晋洨滨书院,是若水门生御史蔡某被罢官后回到家乡宁晋
所建的书院,约建于嘉靖二十六年(1547 年)。书院中建有"景泉堂",
意为"景仰甘泉"之意。两侧廊房做斋舍和厨房,招收生徒四十余人,传
授若水之学。

太原甘泉书院,是若水门人、太原少参政潘高捐俸银在宁化创建的
书院。书院建筑采用四进式:五间门楼、五间正堂察伦堂、五间后堂息
存堂、五间南云楼,左边敬义斋、右边进修斋、左右厢房各五间、号房数
间等。正门门楼上悬有门匾"甘泉书院"。这是潘高考察了罗浮山和西
樵山上的书院之后仿照建造的,建于嘉靖二十九年(1550 年)。

安徽祁门神交精舍,本是祁门人谢惟仁在祁门缉功山所建的全交
馆,嘉靖二十年左右若水为其题写馆名。十多年后,嘉靖三十一年
(1552 年),谢惟仁的三个儿子谢慎德、谢堂、谢知远从四千里之外来到
广州天关书院拜访若水。若水在与三位年轻人交谈中发现他们的学问
大有长进,已基本领会了自己学说的精髓,于是赞叹道:"今祁门之风勃
焉而兴,宜进之全交为神交,馆曰精舍。"[1]祁门的道德教化效果显著,
应该把原来的"全交馆"改称"神交精舍"。"神交"具体到人与人就是
"心交",即参透天地至善玄机之圣人之心。

《泉翁大全集》和《湛甘泉先生续编全集》中提及的迁冈书院、廉州
府崇正书院、新江书院定山先生祠堂、南京上元县程明道先生书院、六
安龙津精舍三程祠、虎丘三贤书院等多所书院都不是若水兴建或讲学
的地方。这些纪念性的文字都是若水应他人之请而写的。例如迁冈书
院,本是翰林院侍讲伦迁冈家族的祠堂和藏书楼,后经伦氏后人扩建而
成为书院。若水应伦迁冈后人之邀而撰写了《迁冈书院记》。

《泉翁大全集》收录的《会华书院讲章》和《宿和州香泉书院题壁兼
寄州守鲁君承恩》中提及的会化书院和香泉书院,因材料不足,无法考

---

① 《祁门神交精舍记》,《甘泉先生续编大全》卷六,嘉靖三十四年刻本。

证其与湛若水之间的关系。

湛若水在创办书院过程中也经历了许多波折。嘉靖十六年(1537年),嘉靖帝为了限制阳明心学的传播而下令禁毁书院,若水的书院也受到了波及。此年四月,御史游居敬上奏折弹劾湛若水:"王守仁之学主于致良知,湛若水主于体认天理,皆祖宋儒陆九渊之说,少变其辞以号召好名谋利之士,然守仁谋国之忠,济变之才,尤不可泯。若水迂腐之儒,广收无赖,私办书院,其言近是,其行大非,乞戒谕以正人心。"①游居敬把若水学说与阳明学说等同视之,污蔑若水所办的书院是社会盲流聚集地,有些耸人听闻。所幸吏部和嘉靖帝都比较明智。吏部的答复如下:"若水尝潜心经学,希迹古人,其学未可尽非。诸所论容有意见不同,然于经传多所发明,但从游者日众,间有不类,因而为奸,故居敬以为言。惟书院名额似乖典制,相应毁改。"②嘉靖帝御批:"若水已有旨谕留,书院不奉明旨,私自办建,令有司改毁。今后再有私办者,巡按御史参奏。"③嘉靖帝御旨继续留用湛若水,只是要求若水整顿书院。同年五月,时在济宁的湛若水接圣旨后写了《途中谢恩疏》,表达了对皇恩的感激之情和对过失的悔改之意:"臣诚无任感谢之至,臣诚不胜悔过之至。"④这次禁毁书院的风波持续时间并不长,很快就过去了。

① 沈朝阳编:《皇明嘉隆两朝闻见纪》第 5 册,北京:国家图书馆出版社,2013 年,第 465—466 页。
② 《明世宗实录》卷一九九,第 4191 页,原北平图书馆所藏"红格本"影印本。
③ 同上。
④ 《泉翁大全集》卷三十八《途中谢恩疏》。

## 附录：湛若水兴修和讲学书院一览表（共计 32 所）

| 书院名称 | 地址 | 修建者 | 兴建时间 | 参 考 资 料① |
|---|---|---|---|---|
| 莲洞书院 | 广东增城 | 湛若水 | 正德 10 年（1515 年） | 《峨眉莲花洞开创书馆记》《莲洞书馆赡田仓记》《游莲洞书院》《初卜筑莲花洞祭告土地文》《莲花洞书馆上梁祭告文》《莲花洞书馆讲章》《峨眉山莲花洞作》。 |
| 明诚书院 | 广东增城 | 湛若水 | 正德年间 | 《重修明诚书院席光亭记乙巳二月》《明诚书院阁厨》《明诚书院柴门》《凤凰山明诚书院白沙祠春秋祭文定式》《慈节诗有序》《初宿凤凰山房二首》。盛贲汝撰：《重修明诚书院碑记》。 |
| 甘泉山书院 | 广东增城 | 湛若水 | 嘉靖 15 年（1536 年） | 《甘泉洞修建书馆记》《甘泉山书院赡田诚》《书甘泉子山书院翻刻神禹碑后》《甘泉洞讲章》《初宿甘泉山书院楼中》。 |
| 独冈书院 | 广东增城 | 湛若水 | 嘉靖 13 年（1534 年） | 《游独冈书院》《独冈赠言因》《奠告独冈玄明石室土地文》。 |
| 龙潭书院 | 广东增城 | 不详 | 嘉靖 34 年（1555 年） | 洪垣：《墓志铭》；罗洪先：《湛甘泉墓表》；屈大均：《广东新语》。 |
| 大科书院 | 广东西樵山 | 湛若水 | 正德 12 年（1517 年） | 《祭告大科书院落成文》《西樵大科书堂训规》《樵语》。（清）刘子秀撰：《西樵游览记》。 |
| 云谷书院 | 广东西樵山 | 湛若水 | 嘉靖 23 年（1544 年） | 《四月二十一日与诸生视卜云谷精舍》《卜筑云谷精舍及石翁祠告土神文》《云谷精舍及石翁祠树柱告土地文》《奠告云谷第一关土地文》《祭告西樵云谷土地文》《云谷新祠奉安石翁神位祭告文》。（清）刘子秀撰：《西樵游览记》。 |
| 天阶精舍 | 广东西樵山 | 不详 | 不详 | 《新创天阶精舍作》。 |

---

① 未标明作者的资料均来自《泉翁大全集》和《甘泉先生续编大全》。

续表

| 书院名称 | 地址 | 修建者 | 兴建时间 | 参 考 资 料 |
|---|---|---|---|---|
| 白沙书院 | 广州 | 吴久祥御史 | 嘉靖10年（1531年） | 《白沙书院志》《白沙书院记》《白沙书院讲章》。 |
| 白云书院 | 广州 | 欧阳约庵御史等 | 嘉靖29年（1550年） | 《新创白云书院记》《祭奠告白云书院土地文》《白云祭告白沙祠文》《白云书院立宣圣四配像碑告文》《祭白沙先生白云新祠文》。 |
| 天关书院 | 广州 | 洪垣御史 | 嘉靖19年（1540年） | 《卜筑天关精舍》《告天关土地文》《天关上梁祭告文》《天关隐居落成人宅告文》《天关精舍讲章》《天关精舍语录》。 |
| 禹山书院 | 广州 | 湛若水 | 嘉靖34年（1556年） | 《禹山书院兴工告土地文》《禹山书院上梁告神文》。（清）任果等主编：《番禺县志》卷七《学校》。 |
| 鳌峰书院 | 广州 | 广州府李文通判 | 不详 | （清）任果等主编：《番禺县志》卷七《学校》。 |
| 朱明洞书院 | 广东罗浮山 | 湛若水 | 嘉靖十七年（1538年） | 《祭告罗浮朱明洞土地文》《罗浮朱明洞建造精舍记》《复庞举人朱明洞》。 |
| 青霞书院 | 广东罗浮山 | 湛若水 | 嘉靖20年（1541年） | 《卜得青霞书院》《新居青霞书院告土地文》《到青霞书院》。 |
| 天华书院 | 广东罗浮山 | 湛若水 | 嘉靖20年（1541年） | 《和答少参王敬所访黄龙洞天华书院》《黄龙洞题名》《谒奠天华精舍四贤祠文》。 |
| 帽峰精舍 | 广东韶关 | 知府符锡 | 嘉靖19年（1540年） | 《至帽峰精舍坐忠信堂登息存台亭作》《题曲江新定行窝壁》《宿韶州行窝》。（明）符锡编纂：《韶关志》。 |
| 灵泉书院 | 广东英德 | 不详 | 不详 | 《观清溪灵泉书院刻崖石》《九日与诸同志观清溪灵泉》。2014年7月英德市沙口镇清溪凤凰山挖掘出土湛甘泉草书手迹石碑。 |

续表

| 书院名称 | 地址 | 修建者 | 兴建时间 | 参 考 资 料 |
|---|---|---|---|---|
| 五溪书屋 | 安徽九华山 | 门人江学增、施宗道等 | 嘉靖 8 年(1529 年) | 《寄题心期院有序》《送周克道吕汝德入九华兼寄先在山诸君有序》。(明)吕柟：《五溪书屋记》。 |
| 中华书院(中华馆谷) | 安徽九华山 | 门人江学增、池州知府侯缄、同知任柱等 | 嘉靖 13 年(1534 年) | 《九华山甘泉书院讲章》《寄题九华山书院有序》。(明)顾元镜撰：《九华志》。 |
| 福山书院 | 安徽婺源 | 儒生方纯仁等、邑令吴辕韧等 | 约嘉靖 15 年(1536 年)之前 | 《福山书堂讲章》《至福山书堂示诸学子诗有序》。 |
| 斗山书院 | 安徽歙县 | 儒生冯实子等 | 嘉靖 15 年(1536 年) | 《宿斗山书院诗有序》《跋斗山书院所刻训规》《斗山书堂讲章》。 |
| 天泉书院 | 安徽休宁县 | 儒生 | 不详 | 《题天泉书院壁示诸同志》《天泉书院讲章》。 |
| 神交精舍 | 安徽祁门县 | 谢惟仁 | 嘉靖 32 年(1553 年) | 《祁门神交精舍记》《神交碑记》。 |
| 新泉书院 | 江苏南京 | 门生史际 | 嘉靖 14 年(1535 年) | 《新泉精舍赡田誓》；吕柟：《五溪书屋记》；《江宁府部学校考》《古今图书集成方舆汇编职方典》卷六五七)；(明)李三省修：《万历上元县志》卷四(《金陵全书》)；(明)陈沂撰：《金陵世纪》卷二。 |
| 甘泉精舍(张公洞书院) | 江苏宜兴 | 溧阳史恭甫 | 嘉靖 14 年(1535 年) | 《宜兴甘泉精舍记》。 |

| 书院名称 | 地址 | 修建者 | 兴建时间 | 参 考 资 料 |
|---|---|---|---|---|
| 甘泉行窝 | 江苏扬州 | 门人葛涧 | 嘉靖6年（1527年） | 《甘泉山诗有序》。(明)吕柟《甘泉行窝记》。(明)邹东廓：《至止堂记》。 |
| 萧山行窝 | 浙江杭州萧山区 | 湛若水 | 嘉靖15年（1536年） | 《偶书萧山行窝小记》。(明)方献夫：《别王阳明》。 |
| 紫云书院（石泉精舍） | 湖南衡山县 | 湛若水 | 嘉靖32年（1554年） | 《衡岳甘泉精舍上梁告土地文》《衡岳书堂讲章》《题石泉精舍图》《贺国子罗君子钟冠子于岳庙文言》。 |
| 甘泉书院 | 山西太原 | 门生潘高 | 嘉靖29年（1550年） | 《太原甘泉书院记》。 |
| 洨滨书院 | 河北宁晋 | 蔡御史 | 嘉靖26年（1547年） | 《洨滨书院记》 |
| 一曲书院（大同书院、仙掌书院、合一精舍） | 福建武夷山九曲溪 | 建宁太守刘佃等。 | 嘉靖38年（1559年） | 《九曲擢歌》《与何吉阳启》。邹东廓：《武夷第一曲精舍记》。 |

# 本书作者简介

李洪卫,河北工业大学马克思主义学院研究员。哲学博士,从事中国哲学、政治哲学研究,曾出版专著多部。

罗云锋,华东政法大学副教授。华东师范大学文学博士,法学博士后,社会学博士后。曾分别在韩国、美国和德国工作和访学,访学论题分别涉及东亚研究与教育学理论等。独立撰写出版有《学问与修行:松江先生奥义书》《礼治与法治》《人情社会学思考札记》《文教与政教》《儒家广议》等十二本著作,将要出版《儒家广论》《〈孟子〉广义》《不舍得独自看风景》等书。现在主要关注人情社会学"治国学术体系的建构""新经学"等论题。

孙颖,华东政法大学民商法讲师,中美老龄问题研究中心秘书长。哲学博士,主要从事民法和老龄化法律问题研究,出版《老吾老:老年法律问题研究起点批判》等相关著作两部。

高丹华,东理工大学研究生,中美老龄问题研究中心研究助理。

安曦萌,华东政法大学国际金融法律学院讲师。法学博士,发表学术论文多篇,另有专著即将问世,目前主要研究领域为金融刑法、刑事政策等。

梁世和,河北社会科学院哲学研究所研究员。主要从事中国哲学和宗教问题研究,出版和编校整理相关著作多种。

张慧芝,河北工业大学马克思主义学院教授。历史学博士,主要从事历史地理学研究,曾出版《天子脚下与殖民阴影——清代直隶地区的城市》等著作。

石彦霞,河北工业大学人文与法律学院讲师。文学博士,主要从事汉语言研究和文化研究，出版《〈纪效新书〉语法研究》等著作。

赵淑华，河北工业大学人文与法律学院讲师。文学硕士，主要从事比较世界文学研究和民俗研究。

潘志锋，广东警官学院副教授。哲学博士，主要从事先秦哲学、道统思想以及明清文化思想史研究，曾出版《清代道统观研究》等。

田达，上海师范大学西方哲学专业研究生，在读。

**图书在版编目(CIP)数据**

礼仪、文化与法律秩序:传统礼俗转型及其对京津冀的考察/
李洪卫主编. —上海:上海三联书店,2017.8
ISBN 978 - 7 - 5426 - 5918 - 7

Ⅰ.①礼…　Ⅱ.①李…　Ⅲ.①礼仪-文化-研究-华北地区
Ⅳ.①K892.26

中国版本图书馆 CIP 数据核字(2017)第 110799 号

# 礼仪、文化与法律秩序

## ——传统礼俗转型及其对京津冀的考察

主　　编 / 李洪卫

责任编辑 / 郑秀艳
装帧设计 / 一本好书
监　　制 / 姚　军
责任校对 / 张大伟

出版发行 / 上海三联书店
　　　　　(201199)中国上海市都市路 4855 号 2 座 10 楼
邮购电话 / 021 - 22895557
印　　刷 / 上海盛通时代印刷有限公司

版　　次 / 2017 年 8 月第 1 版
印　　次 / 2017 年 8 月第 1 次印刷
开　　本 / 640×960　1/16
字　　数 / 220 千字
印　　张 / 16.625
书　　号 / ISBN 978 - 7 - 5426 - 5918 - 7/G·1456
定　　价 / 38.00 元

敬启读者,如发现本书有印装质量问题,请与印刷厂联系 021 - 37910000